Ilse Hampe

Papsch im Ersten Weltkrieg

Briefe eines Stabsoffiziers

Bibliografische Information der Deutschen Nationalbibliothek
Die Deutsche Nationalbibliothek verzeichnet diese Publikation
in der Deutschen Nationalbibliografie; detaillierte
bibliografische Daten sind im Internet über http://dnb.dnb.de
abrufbar

©2015 Ilse Hampe
Herstellung und Verlag
BOD – Books on Demand, Norderstedt
ISBN: 978-3-7347-8103-2

Inhaltsverzeichnis

Einleitung	7
1914: Veni, vidi, vici	15
1915: „Der Friede steht an"	31
1916: „Wie steht's mit Helmuts Beförderung?"	54
1917: „Ist das Fleischpaket angekommen?"	82
1918 oder das wahre Bangen um den Großen	108
Emma und Julius als Vorkriegspaar	127
Julius' Briefwechsel mit Gerold	133
Das Umfeld für Gerolds Werdegang	150
Papsch, der sanfte, in seinem Verhältnis zu Klein Eddi	159
Das bizarre Hoffnungskind Helmut	163
Papsch und Pipsch, Vater und Tochter	175
Bibliographie	202

Einleitung

Im August 1914, als Elfriede 16 Jahre alt ist, bricht der Krieg aus, der für sie insofern eine große Veränderung mit sich bringt, als zwei männliche Familienmitglieder die häuslichen vier Wände verlassen sollen. Es handelt sich um ihren blutjungen Bruder Helmut und vor allem um den Vater. Dr. Julius Hampe ist Arzt, Spezialist für Nervenkrankheiten. Er hat bereits 1906 von Kaiser Wilhelm II. die Ernennung zum Stabsarzt der Reserve verliehen bekommen. Zu dem Zeitpunkt ahnt er wohl kaum, dass er eines Tages tatsächlich mit seinen Fähigkeiten dem äußerst militaristischen Vaterlande zu Diensten stehen wird. Aber *„der Titel des königlich-preußischen Reserveoffiziers war seit den 60-er Jahren (*des 19. Jahrhunderts) *zur alles entscheidenden Eintrittskarte für die gute Gesellschaft geworden* (vgl. Berno J. Lilge, *„Erziehung zum Krieg im Deutschen Kaiserreich"*, München 1997, S. 2), was im Bürgertum von großer Wichtigkeit war, denn bis dahin hatte überwiegend der Adel das Offizierskorps gestellt: *„Im Kaiserreich hätten sich Unternehmer und höhere Beamte aristokratischen Lebensformen angenähert, hätten ihre gewaltigen materiellen Erfolge durch Nobilitierungen, Reserveoffizierspatente und kaiserliche Orden zu veredeln gestrebt"* (s. Andreas Schulz, *„Lebenswelt und Kultur des Bürgertums im 19. und 20. Jahrhundert"*, Oldenburg 2005, S. 69). Und *„Führungspositionen in der Zivilverwaltung wurden vornehmlich den Reserveoffizieren vergeben" (*s. B. Lilge, ebd., S. 2), ein weiterer Beweis für die hohe gesellschaftliche Bewertung dieser Auszeichnung.

Bereits im August 1914 begleitet Julius als Stabs- und Bataillonsarzt das Landsturmbataillon I von Braunschweig in feindliches Gebiet. Er kann von Glück reden, denn er betritt als Besatzungsmacht bereits erobertes Land, sodass er keine Kämpfe durchstehen muss. Die über vier Jahre des Krieges wird er keinerlei wirklicher Gefahr ausgesetzt sein, steht immer nur als stiller Beobachter daneben, was nicht bedeutet, dass er und seine

Familie es momentan anders sehen und sich Sorgen um den Verteidiger machen. Die meiste Zeit wird er sich im besetzten Belgien aufhalten, in Lüttich und Aywille, später sogar im Heimatlande selbst, in Oldenburg, immer in nicht zu großer Entfernung von Braunschweig, Aufenthaltsort seiner Angehörigen.

Die Jahre der Trennung versucht der Familienvater durch emsiges Briefeschreiben zu überbrücken. Hauptempfängerin ist seine Ehefrau Emma. Von den an sie geschriebenen Briefen sind insgesamt 370 vorhanden, 17 aus dem Jahre 1914, 69 von 1915, 91 von 1916, 93 von 1917, 70 von 1918 und 30 undatierte. Ihre Anzahl war wahrscheinlich noch viel ansehnlicher, wenn man bedenkt, dass er an einzelnen Tagen mehrere Briefe abgeschickt hat, offensichtlich unter Ausnutzung der verschiedenen Postsendungen. Bei diesen Schriftstücken handelt es sich ab Beginn des Krieges um Feldpostkarten, um Ansichtskarten aus den Städten seines Verbleibs und um Feldpostbriefe im normalen Umschlag versandt oder in Form von Spezialbriefen, die in zwei Größen erhältlich waren, ab Mitte 1915 die kleineren in Hellblau und ab ca. März 1916 die größeren in Weiß. Nur auf einer einzigen Postkarte erscheint der Vermerk: *„geprüft und zu befördern"*. Die Adressatin ist immer als Frau Dr. med. Emma H. angegeben, was klarlegt, wie wichtig ihm Titel sind, in diesem Falle sein eigener. Aber die Übernahme von Titel und Rang des Mannes durch die Ehefrau *„in der hierarchischen Bürgerwelt"* war allgemein üblich in der wilhelminischen Zeit (vgl. Thomas Nipperdey, *„Deutsche Geschichte"*, Band I, München 2013, S. 52). Diese Titelreiterei in Bezug auf andere Personen wird uns noch öfters in seinem Briefwechsel begegnen; vielleicht ist sie es, die verhängnisvolle Folgen für seinen ältesten Sohn heraufbeschwört. Seine eigene Adresse ist die ganze Zeit hindurch als „Landsturmbataillon I, Braunschweig" bezeichnet. Sein tatsächlicher Aufenthaltsort soll ja geheim bleiben, damit der Feind nicht eventuell die Stellung des Regiments in Erfahrung bringt.

Seine Briefe zeugen von großer Liebe für seine Ehefrau und für seine Kinder. Allein die Vielfältigkeit der Anreden, die er für seine Gattin findet, stellt einen Beweis für seine Zärtlichkeit dar. Er wechselt zwischen *„liebes Mimchen"* zu *„liebes Mimschen"*, von *„liebes Frauchen"* oder gar *„mein liebes Frauchen"* zu *„lieb' Frauchen"* oder *„mein lieb' Frauchen"*, neben

„*süß' Frauchen*" oder redet sie ganz einfach mit „*liebe Emma*", „*liebes Mamachen*" oder schließlich nur mit „*meine Lieben*" an. Seiner Kinder gedenkt er meist mit den Worten „*liebe Kinderchen*", obwohl sie gar nicht mehr so klein sind, aber die Verkleinerungsform beweist ebenso wie die Vielfalt der Bezeichnungen für die Mutter seine große Zuneigung für sie alle. Auch er selber besitzt einen Kosenamen, den er nicht scheut, als Unterschrift unter seine Briefe zu setzen, von einem einfachen „*Papa*" über „*Papsch*" bis zu „*Papisch*" oder „*dein Männchen*". Auch die Kinder tragen ihre Kosenamen: Elfriede nennt er „*Pipsch*", meist erweitert zu „*mein lieber süßer Pipsch*", der erstgeborene Helmut heißt einfach der „*Große*" oder „*unser Ältester*", später „*der Mann*", während er Edgar, den jüngsten, mit Eddi oder noch liebevoller mit „*mein Herzblatt*" erwähnt. Sein drittes Kind, Gerold, spricht er meist mit „*Stumpel*" an, während er bei der Adresse, nochmals höchst penibel auf Äußerlichkeiten Wert legend, die Anrede höchst korrekt formuliert, entweder „*Herrn Gymnasiast*", „*Herrn Quintaner*" (ab 1915), „*Herrn Quartaner*" (ab 1916) oder „*Herrn Tertianer*" (ab 1917) schreibt. Für die damalige Zeit vielleicht eine recht übliche Anrede, die aber heute vollkommen in Vergessenheit geraten ist.

Auch in der Findung von Schlussworten für seine Briefe zeigt er sich erfinderisch: „*Grüße auf vergnügtes Wiedersehen*", „*Grüße auf fröhliches Wiedersehen*" oder „*Grüße Euch allen mit hoffentlicher baldiger Umarmung*" stammen noch aus den ersten Kriegsmonaten, wo der Kriegsgang allgemein als ein längerer Spaziergang gedeutet wurde. Häufiger steht die Wendung: „*Grüße und Küsse von Eurem getreuen Papsch*", auch abgewandelt in „*Herzlichste Grüße und süße Küsse*" oder in „*Seid alle herzlichst gegrüßt und geküsst von Eurem stets an Euch denkenden Papa*" beziehungsweise in „*Herzliche Grüße und Küsse, Euer ständig gedenkend, Euer Papa*" bis zu „*So seid alle recht süß geküsst und innigst gegrüßt und träumt recht hübsch und wonnig von Eurem lieben Papisch*". Manchmal ergeht er sich in leicht pikantere Worte, die Emma wohlweislich der Nachwelt nicht erhalten hat, indem sie die Schere an sie ansetzte. So verbleiben nur Andeutungen einer heißen Liebe in Ausdrücken wie „*Dein sich sehnendes Männchen*" oder „*Herzliche Grüße und innige Küsse*", gekrönt durch „*Herzliche Grüße Euch allen, ein besonderer Kuss noch dem ungeduldigsten süßen Edgar und - na, du weißt schon, Euer Papisch"*.

Allein schon diese verbalisierten Liebesbekundungen stellen klar, dass Elfriede und ihre Geschwister inmitten wohliger, menschlicher Wärme aufgewachsen sind. Der Vater erkundigt sich ständig und voller Ernst gemeintem Interesse nach ihrem Wohlbefinden und ihren Fortschritten.

Da die größte Anzahl der Briefe der Gemahlin Emma gelten, sind in ihnen die interessantesten Informationen beispielsweise über die Kriegssituation enthalten. Der Rest der Familie ist selbstverständlich als Mitleser einkalkuliert. Somit befasse ich mich als erstes mit diesem Konvolut von immerhin 370 Briefen.

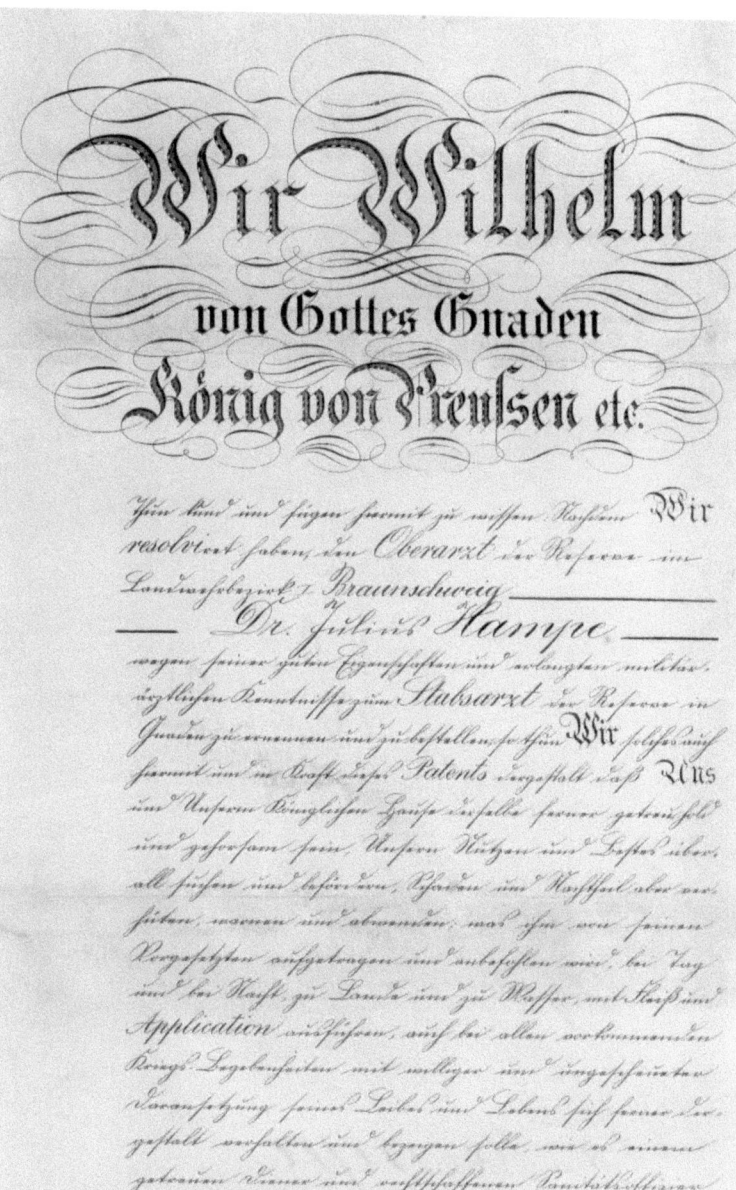

Dagegen wollen Wir Unseren nunmehrigen Stabsarzt Dr. Hampe bei diesem Dienstgrade und allen damit verbundenen Praerogativen jederzeit in Gnaden schützen und maintenir.

Des zu Urkund haben Wir dieses Patent Eigenhändig unterschrieben und mit Unserem Insiegel bedrucken lassen.

So geschehen und gegeben Bonn den 16. Oktober 1906.

Wilhelm R.

Patent

als Stabsarzt der Reserve

für den bisherigen Oberarzt der Reserve

Dr. Hampe.

Wir Wilhelm
von Gottes Gnaden
König von Preußen etc.

Thun kund und fügen hiermit zu wissen: Nachdem wir
resolviret haben, den Oberarzt der Reserve im
Landwehrbezirk Braunschweig

Dr. Julius Hampe

wegen seiner guten Eigenschaften und erlangten militär-
ärztlichen Kenntnisse zum Stabsarzt der Reserve in
Gnaden zu ernennen und zu bestellen, so thun wir solches auch
hiermit und in Kraft dieses Patents dergestalt dass uns
und Unserem Königlichen Hause derselbe ferner getreu, hold
und gehorsam sein, Unsern Nutzen und Bestes überall suchen und befördern, Schaden und Nachtheil aber ver-
hüten, warnen und abwenden; was ihm von seinen
Vorgesetzten aufgetragen und anbefohlen wird, bei Tag
und bei Nacht, zu Lande und zu Wasser, mit Fleiß und
Application ausführen, auch bei allen vorkommenden
Kriegsbegebenheiten mit williger und ungescheueter
Daransetzung seines Leibes und Lebens sich ferner dergestalt verhalten und bezeigen solle, wie es einem
getreuen Diener und rechtschaffenen Sanitätsoffizier
eignet und gebührt, auch dessen Eidespflicht es gemäß ist,
Dagegen wollen Wir Unsern nunmehrigen Stabsarzt
Dr. Hampe bei diesem Dienstgrade
und allen damit verbundenen Praerogativen jederzeit in

Gnaden schützen und mainteniren.

Das zu Urkund haben Wir dieses Patent Eingenhändig unterschrieben und mit unserem Insiegel bedrucken lassen. So geschehen und gegeben

Bonn, den 16. Oktober 1906 Ll

Wilhelm

Patent

als Stabsarzt der Reserve
für den bisherigen Oberarzt der Reserve
Dr. Hampe

Briefe an die Strohwitwe Emma

1914: Veni, vidi, vici

Der Stimmung der deutschen Allgemeinheit in Anbetracht dieses Krieges unterliegt auch Julius. Es herrscht die Überzeugung, das mächtige Deutschland werde die Feinde in Windeseile besiegen. Julius strotzt über vor Übermut und Stolz, die ihn dazu verleiten zu Kriegsbeginn, am 24.8.1914, zu schreiben:
"Soeben den Vater Rhein überfahren! Großartige Stimmung! Überall begeistert aufgenommen...! Große Dinge sind wieder gemeldet. In 8 Tagen werden wir in Paris sein!!!"

Den Enthusiasmus der deutschen Bevölkerung, das so genannte „Augusterlebnis", gibt Stefan Zweig sehr eindringlich in *„Die Welt von gestern"* wieder. Er zeigt auf, dass ein starkes Zusammengehörigkeitsgefühl sie eint, es keine sozialen Unterschiede mehr gibt, alle gleichgestellt sind, jeder einzelne zum Helden werden kann, sich Fremde nunmehr grüßen, da sie ein Volk sind. Männer in Uniform flössen selbstverständlich Ehrfurcht ein. Dieses Phänomen beschränkt sich nicht nur auf Deutschland: Auch in Frankreich dominiert die gleiche Begeisterung für den Kampf. In beiden Ländern beteiligen sich die Sozialisten der Regierung an den Kriegsplanungen, sodass man in Deutschland die Absichten fallen lassen kann, die Sozialisten bei Kriegsausbruch einzusperren.

Der Krieg wird irrtümlicherweise als Erlösung aus der Erstarrung und Langeweile des Friedensdaseins empfunden. So sehen es viele Maler und Dichter wie Georg Heym, Hermann Hesse und sogar Rilke, obwohl die meisten nach Erfahrung der Realität ihre Meinung revidieren werden (vgl. Gunther Mai, *„Das Ende des Kaiserreichs",* München 1997, S. 14 ff.). Max Beckmann, einer der vielen Freiwilligen unter den Künstlern, in Belgien als Sanitäter eingesetzt, *„zeitweilig dicht hinter der Front",* findet keine Erwähnung von dem in seiner Nähe stationierten Julius! (s. W. Mommsen, *„Bürgerliche Kultur und* *künstlerische Avantgarde 1870 – 1918"*, Frankfurt 1994).

Am deutlichsten äußert sich Thomas Mann in seinen „*Gedanken zum Kriege*" zur Gemütslage:

„*Wie hätte der Künstler, der Soldat im Künstler nicht Gott loben sollen für den Zusammenbruch einer Friedenswelt, die er so satt, so überaus satt hatte! Krieg! Es war Reinigung, Befreiung, was wir empfanden, und eine ungeheure Hoffnung!*" Wohlbemerkt erst im Frühjahr 1915 niedergeschrieben! (zit. nach Mommsen, ebd. S. 130)

Allgemein scheint die Auffassung Victor Klemperers vertreten zu sein: „*Geht es wirklich um Deutschlands Existenz - und es scheint doch darum zu gehen -, dann muss eben der letzte Mann heraus*" (V. Klemperer, „*Curriculum Vitae*", Berlin 1996, S. 180). Und konsequenterweise meldet sich dieser Dr. phil. freiwillig! Aber er ist offensichtlich nicht der einzige, der auf diesen Gedanken kommt: „*Auch er* (ein Bekannter) *erzählte, es würden massenhaft Freiwillige entlassen, weil alles überfüllt sei*" (ebd. S. 186). Und woher stammt diese Begeisterung? Klemperer fasst die Empfindung in Worte: „*Das märchenhafte Gefühl, in einer großen historischen Epoche wie der napoleonischen zu leben, von dem ich früher phantasiert habe!*" (ebd. S. 207) Ja, Deutschland macht Geschichte, nur eine erbärmliche, in der das Leichenzählen Bücher füllen wird!

Ein weiterer Grund für die Befolgung des Marschbefehls liegt in der „*Autoritätsfixierung*" und im „*Systemmodell des Obrigkeitsstaat*s", dem sich das wilhelminische Bürgertum unterworfen hat (vgl. A. Schulz, ebd. S. 58). Diederich Heßling, der Held des 1914 erschienen zeithistorischen satirischen Romans von Heinrich Mann, spricht von seiner „*treudeutsche(n) und kaisertreue(n) Gesinnung*", von seinem „*echt deutsche(n) Charakter*", dass „*einzig unser scharfes Schwert... unsere Stellung in der Welt (*sichert*), und es scharf zu erhalten, ist der Beruf Seiner Majestät des Kaisers!*" (s. Heinrich Mann, „*Der Untertan*", Ulm 1983) Die Machtstellung des Militärs ist so omnipräsent, dass sich 1906 ein Friedrich Voigt als „Hauptmann von Köpenick" bedingungslosen Gehorsam verschafft!

Für viele bedeutet der Krieg auch, dass man etwas von der Welt, zumindest der um Deutschland befindlichen, sehen wird. Man kommt auf diese Weise hinaus. So schildert es auch Victor

Klemperer in seinem zitierten autobiografischen Werk: „*Die andern strebten alle hinaus, mit der Begründung, dass es draußen „etwas zu sehen" und weniger Drill (als in der Kaserne) gebe...*" (ebd. S. 305). Julius hatte zwar schon einiges von seiner Heimat näher kennengelernt, denn sein Medizinstudium verlegte er von einer Universität in eine andere, von Gießen über Leipzig nach München, eine vielleicht für die damalige Zeit angebrachte Usanz, da man wohl nicht alle Spezialgebiete seines Faches in einer Stadt antraf. Dennoch erfüllt ihn bei der Überquerung des Rheins, des urdeutschen Flusses, ein besonderes Gefühl, und anscheinend nicht nur ihn allein, sondern die ganze Mannschaft mit ihm. Natürlich soll sich die Hoffnung, Paris im Handumdrehen einzunehmen, im Nichts auflösen: Die deutsche Armee erreicht dieses Ziel überhaupt nicht.

Begonnen hatte der Krieg zwar mit ganz anderen Objektiven, nach Osten ausgerichtet, aufgrund der Ermordung des österreichischen Thronfolgers Franz Ferdinand und seiner Gemahlin in Sarajevo durch einen serbischen Fanatiker am 28. Juni 1914. Einen Monat später erst erfolgte die Kriegserklärung Österreich-Ungarns an Serbien. Da Serbien aber zu Russlands Interessensgebieten zählte, mobilisierte das Zarenreich seine Truppen, was wiederum zur Mobilmachung Deutschlands, des Verbündeten Österreichs führte. Am 1.8.14 erfolgte die Kriegserklärung des Reichs an Russland; marschiert wurde dann aber in die entgegengesetzte Richtung, nach Belgien, denn Berlin hatte auch Frankreich am 3.8.14 den Krieg erklärt. Es galt nämlich den aus dem Jahre 1905 stammenden Plan Schlieffens durchzuführen, der die Einnahme von Paris nach der Belgiens inszeniert hatte. Gewählt wurde dieser Weg über das neutrale Belgien, weil ein direkter Angriff Frankreichs über die Ardennen aufgrund der bergigen Beschaffenheit der Region für die Truppen sehr aufreibend gewesen wäre. Der Plan enthielt aber das große Risiko, dass England nicht untätig zuschauen würde. Und tatsächlich reagierte Großbritannien am 4.8. prompt mit der Kriegserklärung an Deutschland. Die Deutschen stießen am 30.8.14 bis an die Marne vor und bedrohten Paris, zogen sich aber furchtsam am 11.9. wieder zurück. Auf diese kommenden Ereignisse bezieht sich Julius siegessicher. Die Einnahme des unbeteiligten Belgiens hingegen glückte und war am 15.10.14

vollendet. Der Kriegsgrund, Serbien, scheint zumindest für die Deutschen in Vergessenheit geraten zu sein. Der eigentliche Serbienfeldzug wird erst am 6.10.15 starten und mit der vollständigen Eroberung des Königreichs inklusive Montenegros und Albaniens innerhalb von ein paar Wochen vollzogen sein. Die Ausweitung des Krieges auf mehrere Gebiete findet ihre Erklärung im Streben nach einer Großmachtstellung, denn *„nur wer über ein Großreich – ein Imperium – verfügte, so lautete die gängige Vorstellung, konnte im bevorstehenden 20. Jahrhundert Weltmacht sein und sich im angenommenen Daseinskampf der Völker behaupten"* (s. L. Grevelhörster, *„Der Erste Weltkrieg und das Ende des Kaiserreiches"*, Münster 2004).

Im nächsten Brief, vom 31.8.14, hat Julius auch schon Kriegswirklichkeiten zu berichten, die ihn selber erschaudern lassen:

„Bevölkerung zahm, ganz verarmt. Heute über Dörfer geritten, deren Häuser bis auf einige wenige die weißen Fahnen aufgesteckt hatten, zusammengeschossen und ausgebrannt sind. Interessant, aber schauerlich. Wundervolle Gegend hier, wie im Harz; wir sind wie im Kurort (Aywille)."

Der Krieg zeigt seine Monsterseiten. Das Spielchen beginnt ernst zu werden. Das Leiden ist angedeutet, obwohl Julius sich nie näher damit befassen wird, weil er ja nicht an die Front kommt, sondern im Gegenteil das Glück hat, sozusagen zur Nachhut zu gehören, die bloß die „Früchte" der Krieger zu ernten hat. Über seine Kranken verliert er auch später kein Wort, vielleicht um seine zarte Familie zu schonen, denn er muss doch im Lazarett Gräuel erlebt haben.

In diesem frühen Schriftstück findet bereits eine Beschäftigung Erwähnung, die ihn auch in den folgenden Jahren angenehme Stunden bereiten wird: Das Reiten.

Der nächste mehrseitige Brief vom 7.9.14 stammt ebenfalls aus Aywille, Ortsnamen, den er nicht scheut, im verschlossenen Umschlag als seinen Aufenthalt anzugeben.

Seine Überheblichkeit hat in dieser kurzen Zeit sogar zugenommen:

„Ja, wir sind hier die Herren, auch die Kohlen haben wir dem Wirt geliefert."

Oder: *„Wir sind Herren hier und fühlen uns auch als solche."*

Das Herrenvolk macht sich schon um einige Jahrzehnte verfrüht bemerkbar! Die Selbstsicherheit ist allgegenwärtig, so auch als Begleittext auf einer handkolorierten Postkarte zur Beschießung der Festung Namur mit der Abbildung einer Riesenkanone:

„Der Weltkrieg 1914
Die Einnahme der belgischen Festung Namur.
25. August 1914
Nach Lüttich die Festung Namur! 9 starke Forts bildeten einen schwer bezwingbaren Gürtel um die davon eingeschlossene Stadt. Aber die Belgier hatten die Rechnung ohne die hier in Tätigkeit tretenden neuen, die Welt in Staunen setzenden Kruppschen Riesengeschütze gemacht, deren 42 cm-Geschosse Betonmauern, Felsen und Panzertürme umblasen und fortfegen. Oft genügte ein einziger Schuss, um einen Panzerturm wie eine Rakete in die Luft zu sprengen! Am 21. August abends begann die Beschießung, am 24. August waren 5 Forts und die Stadt Namur in deutschem Besitze, und am 25. August brachen auch die letzten 4 Forts zusammen!"

Eine den Patriotismus schürende Schilderung aus den ersten Kriegstagen, in der die Kriegsdauer noch auf das Jahr 1914 beschränkt gesehen wird!

Julius berichtet über Truppenbewegungen:

„Freilich gibt's häufig starke Stockungen im Zugverkehr, wenn Zug auf Zug mit Soldaten hier vorbei ins Feld fahren, da liegen oft 7 und mehr Züge vor dem Bahnhofe und können nicht weiter, zumal das Signalsystem hier noch vorsintflutlich (ohne Blocksystem) und die Weichen nicht halten, die ganze Bahn überhaupt eingleisig ist."

Eine herbe Kritik am technischen Rückstand der Belgier, obwohl sie zu den Pionieren der industriellen Revolution gehört hatten. Bei Kriegsausbruch erwirtschaftete dieses kleine Land aber nur 2,0 % der industriellen Weltproduktion, Deutschland hingegen 15,7 %. (s . C. Gispert, Hrsg., *„Historia Universal"*, Band 4, Océano Verlag, Barcelona 1998, S. 905)

Die Verachtung des Feindes finden wir auch beim schon zitierten Romanisten Klemperer: *„Ich glaube doch, dass der*

Volksdurchschnitt bei uns ein besserer ist als anderwärts. Wenn ich mir die Enge französischen Volksdenkens vorstelle! Von allem, was außerhalb Frankreichs liegt, haben sie keinen Schimmer; die Pariser kennen überhaupt nur Paris" (ebd. S. 194).

Aber es kommt noch heftiger von Julius:

„Bei unserer Ankunft sahen wir noch belgische Lokomotiven in den zahlreichen Tunnels des gebirgigen Landes. Die dummen Belgier glaubten, wenn sie die Tunnel verstopften, könnten die Deutschen nicht hindurch. Sie hatten es gar nicht dumm angefangen: Sie hatten bei Doppelgleisen die Schienen ein wenig verbogen, dann zwei Maschinen auf den beiden Gleisen sich mit voller Kraft entgegenlaufen lassen, so dass sie sich schräg vorn fassten und seitwärts geschleudert den Tunnel verstopften; so machten sie es mit z. T. 7 Maschinen hintereinander. Sie waren aber sehr erstaunt, die Herren Belgier, als die Deutschen mit ihren eigenen Lokomotiven kamen und die belgischen einfach herausholten. „Ja", haben sie verwundert ausgerufen, „wenn Ihr alles mitbringt, was Ihr braucht, dann könnt Ihr wohl Krieg führen."

Und ihre Augen wurden immer größer, als sie die unendlichen Militärzüge erblickten, die nun sich häuften, mit den fröhlichen, kampfbegierigen jungen kräftigen Gestalten, die drei dumme Belgier in eine Faust nahmen, und nicht fassen konnten sie, woher die vielen Gefangenen, die nun wieder zurück aus dem Feld kamen, denn genommen sein konnten, und Angst hatten sie, auf den Knien lagen sie, um die gefangenen Verwandten noch einmal zu sehen, denn sie waren überzeugt, dass jene in Deutschland nun würden erschossen werden; überglücklich waren sie, als sie sich endlich überzeugen ließen, dass das ja Blödsinn sei und dass ja ihre Leute in Deutschland gut behandelt und verpflegt würden."

Julius schreibt wie im Rausche. Er kann gar nicht aufhören über die Dummheit der Belgier zu berichten, seine Sätze verheddern sich, so ungeduldig und aufgeregt wirkt er bei seiner Schilderung. Er ist noch ganz in Rage gegen sie, die schon die Gräueltaten des Zweiten Weltkrieges zu erahnen scheinen. Dabei ist er immer noch voller Enthusiasmus für sein eigenes Volk, blickt stolzen Auges auf die deutsche Jugend, ohne das Opferlamm in ihr sehen zu wollen. Auf dieselbe Art wird er über seinen Soldatensohn Helmut sprechen, bis das Schicksal ihn auserwählt...

Sabotageakte sowie belgische Franktireurs waren äußerst gefürchtet, so dass es auch zu Überreaktionen der deutschen Soldaten bei unbedeutenden Zwischenfällen kam. *„Am schlimmsten war die Erschießung von sechshundert Zivilisten in Dinant (Belgien) am 23. August (1914), als Antwort auf angebliche, nie nachgewiesene Guerilla-Aktionen gegen die deutschen Truppen"* (s. Wolfgang Mommsen, ebd., S. 120).

Der Privatdozent Klemperer schreibt mit ähnlicher Begeisterung über das deutsche Potenzial: *„Welch ein unerschöpflicher Soldatenreichtum - Millionen im Felde, und noch Millionen zu Haus!"* (ebd., S. 203) Aber all diese Millionen werden nicht ausreichen! Obendrein beschränkt sich die Truppenstärke der Mittelmächte Deutschland und Österreich-Ungarn zu Kriegsbeginn auf 3,7 Millionen Mann, während die Alliierten, Frankreich, Russland und Großbritannien, 5,8 stellen! (s. Ludger Grevelhörster, *„Der Erste Weltkrieg und das Ende des Kaiserreiches"*, Münster 2004, S. 42 – 43).

Stolz ist Julius aber auch auf den deutschen materiellen Reichtum: Die Eisenbahn zählt zu den großen Errungenschaften der letzten Dekaden. Sie war der Motor der Industrialisierung im 19. Jahrhundert, da sie den Transport der Arbeitermassen sowie des Rohmaterials in die Industriewerke ermöglichte. Und Julius gehört zu diesem wohlhabenden Volk, das damit alle Voraussetzungen erfüllt, den Krieg erfolgreich zu gewinnen. Aber gerade an Material wird es dem deutschen Reiche in diesem Kriege fehlen durch die Seeblockade, die England ab Februar 1915 errichtet. Julius freut sich zu früh, denn der Riegel Großbritanniens wird sich auch als Hungersnot in der deutschen Bevölkerung stark bemerkbar machen. Aber Tatsache ist, dass Deutschland zu Kriegsbeginn *„bereits zu den weltweit führenden Industriestaaten* (zählte). *Die Industrialisierung des Landes hatte später als in anderen westeuropäischen Staaten wie England oder Frankreich eingesetzt, war dann aber umso dynamischer vonstattengegangen. Besonderen Anteil daran hatten neben der Eisen- und Stahlindustrie die elektrotechnische und – mehr noch – die chemische Industrie, die in den 1890er Jahren zu neuen Leitindustrien aufgestiegen waren und die so genannte zweite Industrielle Revolution mit Macht vorantrieben. Zwischen 1870 und 1913 stieg die Industrieproduktion in Deutschland* *infolgedessen um mehr als das Vierfache; seit 1880 betrugen die jährlichen Steigerungsraten durchschnittlich 5,3%... Im Jahr 1912 entfielen schon 12,1% des Welthandels auf Deutschland. Das Reich war damit im Begriff, das industrielle Pionierland Großbritannien an ökonomischer Kraft zu übertreffen und sich neben den USA zur ersten Weltwirtschaftsmacht zu entwickeln. Bei den Deutschen erzeugte der unbestreitbar rasante wirtschaftliche Erfolg verbreitet Gefühle von Stolz und ausgeprägter Selbstgewissheit."* (s. Ludger Grevelhörster, ebd. S. 5)

Julius fährt weiter mit einer psychologischen Analyse des Feindes, immerhin aus der Feder eines Nervenarztes:

„Ja, die Bevölkerung ist hier sehr dumm und ungebildet. Trotz alle dem von ihr Geschauten, trotz unserer Proklamationen über unsere Züge glauben sie lieber den Lügengeschichten ihrer Verführer, dass die Franzosen in 3 Wochen hier sind und die Deutschen dann vertreiben würden. Dass Franzosen und Engländer ausgerissen, dafür hatten sie nur ein: „Ce n'est pas vrai!" („Das ist nicht wahr!")

Es ist den Belgiern wohl kaum zu verdenken, dass sie noch Hoffnung auf Rettung schöpfen. Und sie versuchen, sich in der Form von Sabotage zu wehren, durch das erwähnte Verstopfen der Tunnels und weiterhin:

„Die eiserne Soldatenfaust machte sich alsbald geltend. 4 Pfarrer wurden festgenommen unter dem Verdacht, falsche Nachrichten verbreitet zu haben; es konnte ihnen nichts bewiesen werden, aber sie bleiben unter Bewachung... Am anderen Morgen wurde das Schloss nebst Stallgebäude und einem Bauernhause niedergebrannt, gerade als die Schlossbesichtiger aus Lüttich (also die Deutschen) ankamen (Die Schlossfrau ist sehr verdächtig der Anstiftung zum Mord)."

Trotz dieser Gräueltaten, die bestimmt allerseits gleichermaßen durchgeführt wurden, schreibt der Bruder des Schriftstellers Klemperer an diesen voll Begeisterung: *„Über alles Grausige triumphiert bisher in mir das Erhebende, die Herrlichkeit des Krieges"* (ebd., S. 201). In seiner Verblendung steht er bestimmt nicht alleine da.

Und so siegestrunken ist der Offizier Julius, dass er es nicht abwarten kann, bis sein Sohn Helmut Karriere beim Militär gemacht hat:

„Wenn Helmut schon Offizier wäre, könnte er meinen Husarensäbel mitnehmen."

Einige Jahre später wird er sich ebenfalls lamentieren, aber aus einem anderen Grunde, was ihn dennoch nicht daran hindert im nächsten Brief nachzufragen: *„Hat er feldgrüne Uniform?"* Fragen einer aufs Militär ausgerichteten Mentalität, die ihn wiederum ausrufen lässt: *„Da kannst Du doch stolz sein; 2 Männer im Felde!"* Emma ist zweifelsohne zwischendurch stolz, aber in erster Linie macht sie sich als Mutter und Ehefrau Sorgen um ihre Männer, die sie viel lieber neben sich in Sicherheit wähnt.

Es ist eine Zeit, in der die Ehre noch eine große Rolle spielt und die Aufopferung des Soldaten eine Selbstverständlichkeit darstellt. Der Kodex verbot es, vor feindlichem Feuer Deckung zu suchen, und ein Offizier ging seiner Abteilung mit erhobenem Degen in der Hand voraus. Auf diese Weise wurde die deutsche Führungsschicht im 1. Weltkrieg dahingeopfert. Aber auch die Feinde, wie beispielsweise Winston Churchill, lobten die deutschen Truppen mit ihrem ungebrochenen Kampfesgeist, der trotz der Ferne zur Heimat anhielt. Der Brite T. E. Lawrence, der die Araber in Syrien, Palästina und Arabien gegen die Herrschaft des Osmanischen Reiches aufgewiegelt hat, bringt in seinem Werk *„Der Aufstand der Wüste"* seine Bewunderung über die Nervenstärke des deutschen Soldaten und über sein geordnetes Auftreten auf dem Schlachtfeld zum Ausdruck.

Am 16.10.14 muss Julius auch gestehen:

„Hier kommen jetzt wieder viele Züge mit Gefangenen und Verwundeten durch. Wir helfen auf dem Bahnhof nach Möglichkeit." Also auch auf der deutschen Seite Verluste. Trotzdem ruft er aus: *„Zu tun ist wenig oder gar nichts."*

Dann die Beschreibung der Franzosen und der Engländer:

„Die Franzosen mit ihrem weiten roten Rock und langen blauen Schoßröcken sehen ganz unmilitärisch aus, sie sind sehr friedlich und gewöhnlich froh, gefangen zu sein, haben gar keine Wut auf die Deutschen, umso mehr auf die Engländer, die ihnen das ganze Elend gebracht haben, was sie jetzt einsehen. Englische Gefangene kriegt man nicht mehr zu sehen, auf die herrscht solch Ingrimm, dass sie kein Pardon mehr erhalten, sondern regelrecht abgemurkst werden. Es ist mir wiederholt erzählt worden, dass die

Hauptleute ihren Mannschaften gesagt haben: "Wer mir einen gefangenen Engländer bringt, kriegt 3 Tage Arrest." Die Bayern sollen 10 m vor der englischen Bande das Gewehr weggeworfen, den Rock ausgezogen und mit dem Messer auf sie losgegangen sein. Eine Truppe Bayern hatten 200 englische Gefangene zu transportieren, sie kamen aber nur mit 7 an ihrem Bestimmungsort an. Gefragt, wo denn die anderen 193 wären, haben sie geantwortet, die hätten unterwegs einen Herzschlag gekriegt. Na, den „Herzschlag" kann man sich denken!"

Ob dies wohl möglich gewesen sein kann? Die gewöhnlichen Gräueltaten eines Krieges? Anscheinend schon, denn V. Klemperer erwähnt die gleiche Anekdote mit nur leicht veränderten Zahlen (vgl. ebd. S. 216). Julius scheint aber das Ganze nicht weiter zu beeindrucken. Keinen Ton der Entrüstung lässt er verlauten. Julius, der typische Soldat?

Dann wieder über die verhassten Belgier:

„Unsere Belgier sind eine saudumme Gesellschaft. An unserem Siege glauben sie immer noch nicht, nur ihre Lügengeschichten; sie sind überzeugt, dass wir wieder hinausgeworfen werden; wenn Franzosen in Eisenbahnzügen hier durchkommen, winken sie ihnen zu und werfen Kusshände. Auf den Bahnhof dürfen sie natürlich nicht, abends 9 Uhr darf keiner mehr auf der Straße sein. Wir halten sie im Druck und sie sind sonst auch ganz artig."

Mal wieder liegt Julius im Irrtum und es sind die Belgier, die Recht behalten werden. Er sollte den Tag nicht vor dem Abend loben, was er dennoch auch am 13. November 1914 tut: *„Der Sieg ist sicher unser."* Oder: *„Über April 1915 hinaus wird überhaupt der Krieg nicht dauern."*

Diese war die Einstellung der Kriegsführung, die einen Blitzkrieg zu führen gedachte, denn für einen längeren Krieg fehlte Deutschland die Versorgung an Material und Lebensmitteln. Aber diese Sichtweise war eigentlich seit der Niederlage bei der Marneschlacht vor Paris begraben. Dennoch gehört dieses Gefühl des Stolzes, das alle bisherigen Briefe von Julius durchzieht, in den damaligen Zeitgeist, was Sebastian Haffner, den berühmten Journalisten zu folgenden Kommentar verleitet: *„Die Deutschen waren damals die führende Macht Europas. Während es in England nur noch langsam, in Frankreich noch langsamer* *vorwärtsging und Russland noch ganz in den Anfängen der Industrialisierung steckte, wurde Deutschland in technisch-industrieller Hinsicht in reißendem Tempo modernisiert und war darauf auch ungeheuer stolz. Leider setzte sich das alles oft in bramarbasierende, übermäßig selbstbewusste, selbstliebende Haltung um, die einem heute, wenn man die damaligen Äußerungen liest, etwas auf die Nerven fällt"* (S. Haffner, „Von Bismarck zu Hitler", München 1987, S. 89).

Im gleichen Brief ein Bericht der Privilegien:

„In den großen Städten (Lüttich usw.) hatten die meisten Offiziere ihre Frauen bei sich; jetzt aber sind letztere alle ausgewiesen, und das ist schließlich recht so, denn damit wird den Mannschaften ein untröstliches Beispiel gegeben."

Und weiter geht es mit der Schilderung seines Tagesablaufs, d. h. jenes eines Stabsarztes:

„Ich schlafe gut aus, vor halb neun Uhr stehe ich gewöhnlich nicht auf, wenn nichts Ärztliches passiert ist (anfangs waren wir eifriger, haben schon morgens 7 Uhr geritten). Dann trinke ich meinen Kakao, der eine oder andere Kamerad kommt. Um halb elf gehe ich ins Revier, d. h. mein Lazarett, die Kranken zu besichtigen und neu aufzunehmen. Ich kann mir den Dienst hier einrichten, wie ich will, da ich als Bataillonsarzt ganz selbstständig bin. Auch die mancherlei schriftlichen Sachen werden erledigt. Manchmal dauert es bis zum Mittagessen (1 Uhr), häufig aber bin ich früher fertig. Nach dem Essen, das gewöhnlich gut ist, und der Stärkung durch unseren vorzüglichen Rotwein, kommt die Zigarre und dann die Siesta. Von 4 bis 6 Uhr wird geritten mit Kameraden oder mit einem - auch zwei - Burschen, da ich ja 3 Pferde habe (auch gelegentlich reite ich noch andere). Ein hübscher Ritt auf Pferdes Rücken in die herrliche Natur hier, in die Berge und über die Dörfer bei bisher prächtigem Himmel, in wunderbaren Abendlandschaften erfrischt Körper und Geist."

Man könnte fast vergessen, dass es sich um einen Bericht sozusagen aus dem Kriegsgemetzel handelt. Man glaubt sich eher in eine Urlaubsschilderung versetzt, in der die maximal zweieinhalb Stunden Dienst eine willkommene Abwechslung darstellen. Wie passend doch das spanische Wort „Siesta" zu seinem Leben als „Gaucho" wirkt, der immerhin auch eine Art Uniform trägt. Das gute Leben, das Offiziere während des Krieges führen, ihr gutes Essen und die Möglichkeit, sich vor exponierten Taten zu drücken, werden den Hass des gemeinen Soldaten oder einfach des Mannes dermaßen schüren, dass die aufgestaute Wut sich berechtigterweise in Form der Rebellion und des Ungehorsams gegenüber den Offizieren am Kriegsende, in der Revolution der Soldatenräte äußern wird. Auch Klemperer erwähnt, dass *„auf hundert böse Äußerungen über die Offiziere höchstens eine freundliche kam und dass diese eine unfehlbar den Zusatz erhielt: „Der ist anders als die andern"* (ebd. S. 372).

Unterdessen braucht sich Emma wahrhaftig keine Sorgen mehr um ihr „Männchen" machen, das nicht nur gut speist, sondern auch noch mit guten Weinen verköstigt wird. Kein Wunder, dass es ihn zumindest in den ersten Kriegsmonaten nicht zu stark nach Hause zieht. Er liefert auch eine Erklärung dafür, dass die Weine so exzellent sind:

„Wir essen vorzüglich und trinken die feinsten Weine aus den vielen Schlössern hier."

Wein als Beute- beziehungsweise Diebesgut!

Aber weiter geht es mit der Beschreibung des Ausritts:

*„Ich reite jetzt ohne Waffen, die Einwohner sind vernünftig und haben uns schätzen gelernt, sie rühmen es, dass aus unserer vortrefflichen Kompagnieküche die Armensuppe und das Brot verabfolgt wird (dafür müssen die Frauen Kartoffeln schälen); man weiß das weit ins Land hinein. Die „Blauen" (das sind wir) schätzen sie als gute Leute, aber die „Grünen" (unsere Vorgänger, Sachsen) haben sie nicht geliebt. Wir mussten ihnen ja freilich auch alles wegnehmen, Rinder, Pferde, Getreide, Betten und alles mehr, aber es geschah auf nette Weise, da wurde es ihnen nicht fühlbar. Jetzt sogar, wo wir Verpflegungsgelder bekommen, erhalten sie alles bezahlt (anderen wurde nur ein Gutschein ausgestellt) - leider sind letztere wieder auf die Hälfte herabgesetzt, da die großen Städte die Kriegskontribution nicht bezahlt haben, statt 12,- Mk. mehr bekomme ich jetzt nur 6,- Mk. täglich, dazu aber noch 655,- Mk. Gehalt. Die Leute sind sehr freundlich, grüßen nett, auch die Weiber - das ist sehr ulkig - durch Anlegen der Hand an die Schläfe, ob sie einen Hut aufhaben oder nicht. Mich kennt die ganze Bande als Monsieur le docteur...
Nach dem Reiten wird eine Zigarre geraucht, zur Abkühlung auch noch ein Glas Bier - wir haben jetzt deutsche Biere, die wir aus*

Lüttich mit dem Kompagniewagen holen - vertilgt; ein paar Karten werden geschrieben oder die Zeitung gelesen bis zum Abendessen, wenn nichts Ärztliches mehr zu erledigen ist. Nach dem Essen sitzen wir noch ein bisschen beisammen beim Glase Bier, ich lege Leutnant Jakobi im Schachspiel hinein oder dergl."

Krieg als geselliges, vergnügliches Beisammensein, bei dem es den Beteiligten an nichts zu mangeln scheint. Wo bleibt die Realität der uns gezeigten Filme über den Ersten Weltkrieg? Alles phantasiert oder hat Julius nur einfach Glück? Er ist ja auch kein Soldat, der in den Kampf ziehen soll, aber seiner ganzen Kompanie scheint es kaum schlechter zu gehen als ihm selber. So etwas wie Luxusdasein inmitten eines Tränentals, das in Werken wie Erich Maria Remarques *„Im Westen nichts Neues"* oder in Ernst Jüngers *„Unter Stahlgewittern"* mit den schauderhaften Schilderungen der erfolglosen Stellungsschlachten in den Schützengräben dargestellt ist.

Trotz seines Soldatentums hofft Julius immer auf baldigen Frieden:

„Heute waren Leute von uns in Lüttich, um Sachen zu holen, die trafen einen von unseren Husaren, die vor Reims liegen. Der sagte, sie seien schon lange untätig, Frankreich habe an England das Ultimatum bis 23. des Monats gestellt, 250.000 Mann zu schicken, sonst müssten sie Frieden machen. Endlich scheinen die Franzosen einzusehen, wie sie von den niederträchtigen Briten betrogen sind; vielleicht gehen sie mit uns noch zusammen gegen die Bande. Das wäre eine Lust! Dann gäbe es auch bald Frieden! Es sieht so aus, als wäre in Frankreich so eine Art Waffenstillstand. Hoffen wir das beste. Lange können die Franzosen ja auch nicht mehr aushalten, vermutlich, wenn der Winter kommt."

Die Briten niederzumetzeln wäre also ein Genuss für ihn gewesen. Dieser Hass auf die Engländer liegt vielleicht in deren Kriegserklärung an Deutschland begründet. Die deutsche Heeresführung hatte die Wahnvorstellung gehegt, England würde die Deutschen unbehelligt nach Frankreich einmarschieren lassen, aber das Inselvolk, stets auf das Gleichgewicht auf dem Kontinent bedacht, konnte diese Kräfteerweiterung des deutschen Reiches unmöglich hinnehmen. Außerdem hatte die Reichsführung es nicht versäumt, die Legende des Angriffs der Alliierten auf das friedliche Deutschland zu propagieren.

Tatsache ist, dass seit der industriellen Revolution ein Wettkampf zwischen Großbritannien und Deutschland um die kontinentale Vorherrschaft bestand. 1913 hatte Deutschland seinen Widersacher bereits aus seiner Vormachtstellung katapultiert, denn England war nur noch mit 14 % (gegenüber 15,7 % Deutschlands) an der industriellen Weltproduktion beteiligt gegenüber satten 31,8 % im Jahre 1870. Hinzu kommt die Bestrebung Deutschlands im Schiffbau England ebenbürtig zu werden.

Auf jeden Fall teilt Julius diese negative Meinung über die Engländer mit vielen Deutschen: *„Allen ist England der Hauptfeind. Der Gefürchtetste? Der Verachtetste? Der Verhassteste? Alles das zugleich."*, so gibt V. Klemperer in seinem Lebensbericht die Einstellung der deutschen Intelligentsia wieder (vgl. ebd., S. 202).

Die gleiche Voreingenommenheit vertritt die bereits erwähnte Romanfigur Diederich Heßling: *„So wie ich England hasse, hat nur Friedrich der Große dies Volk von Dieben und Händlern gehasst. Das ist ein Wort Seiner Majestät und ich unterschreibe es"* (Heinrich Mann, ebd., S. 450).

Zum ersten Mal muss Julius das Weihnachtsfest fern von der Familie verbringen, denn *„das Vaterland verlangt uns"*, und er kann nicht einmal etwas schicken, *„denn hier ist nichts zu haben."* Dafür kann er mit Schilderungen der belgischen Sitten aufwarten:

„Hier werden die Kinder nicht zu Weihnachten, sondern zum Nikolaustage, d. i. 6. Dezember, beschenkt (katholisch). Die Kinder unserer Wirtsleute haben wir auch mit Kleinigkeiten beschenkt, dafür haben wir das Landesgebäck bekommen: eine große Frau aus Semmelteig (die habe ich schon beinahe ganz aufgegessen) und einen Mann aus Makronengebäck, den ich Euch mitschicke." Also hat er doch noch etwas zum Schicken gefunden!

Dann aber wieder im selben Brief vom 16.12.14 Berichte zur Kriegslage in Russland, da Julius annimmt, dass Helmut dorthin geschickt wird:

„In Russland ist es weniger gefährlich; dass er nur ordentlich warme Sachen hat, Leibbinde, Kopfschützer, warme Handschuh usw. Auf dem Pferde freilich wird man warm, aber nachher wird's recht kalt sein. Vielleicht kann er auch Pelzkragen gebrauchen. Andere Artillerie für Russland hat Schafpelze geliefert bekommen."

Er versucht eindeutig, Emma in ihrer Angst um ihren Erstgeborenen zu beschwichtigen, ist aber gleichzeitig rührend um das körperliche Wohlbefinden des jungen Mannes besorgt. Es geht weiter:

„Ist Helmut schon geimpft? Er soll draußen möglichst kein Wasser trinken, nur gekocht." Hier kommt der Arzt zu Worte, der ein paar Zeilen vorher berichtet hat:

„Das ganze Bataillon impfe ich jetzt gegen Typhus." Er weiß also ganz genau, welchen Gefahren ein Soldat nicht nur durch die schlechte Ernährung im Kriege ausgesetzt ist.

Für seine restliche Familie braucht er sich in dieser Hinsicht nicht zu sorgen:

„Dass Ihr doch nicht hungert, wie es erst die Aussicht hatte, freut mich sehr; ich hoffe, Euch hübsch rund wieder anzutreffen."

Gute Ernährung als die Grundlage für Gesundheit ist für einen Arzt eine Selbstverständlichkeit. Aber die Lebensmittelversorgung der Bevölkerung wird sich aufgrund der englischen Seeblockade zusehends verschlechtern. Ab Februar 1915 führt sie zu Mangelerscheinungen beim deutschen Volk. Das Land war schon vor Kriegsbeginn auf Lebensmittel- und Futterimporte angewiesen gewesen. Die sofortige Antwort des Reichs auf die englische Maßnahme ist der U-Boot-Krieg, der immer wieder fallen gelassen und dann nochmals aufgenommen wird. Durch diese Angriffe möchte man die Versorgungsschiffe der Briten treffen und bei ihnen das gleiche bewirken, was die Blockade bei den Deutschen erreicht: Das Aushungern der Bevölkerung. England ist nämlich vollkommen auf den Import von Agrarprodukten angewiesen, zu 85 % stammen der Weizen, zu 75 % die Butter und zu 45 % das Fleisch aus dem Ausland. Aber für beide Länder gilt, dass, abgesehen von den Lebensmitteln selber, nun auch die natürlichen und künstlichen Düngemittel (Nitrate) für die Landwirtschaft fehlen, wodurch der Rückgang der eigenen Agrarproduktion beschleunigt wird.

Deutschland verfügt den ganzen Krieg lang über ca. 100 Schiffe, d. h. dass die versenkten immer wieder ersetzt werden können. Die große Gefahr für Deutschland hierbei ist, dass die USA in den Krieg eintreten, wenn z. B. versehentlich ein amerikanisches Schiff getroffen würde. Das Angreifen neutraler

Schiffe ist nämlich durch eine auch von Deutschland unterzeichnete Konvention sanktioniert. Am 6.4.17 wird es so weit sein: Die USA erklären Deutschland den Krieg, was dem Lande zum Verhängnis wird.

Auf jeden Fall müssen die Lebensmittelrationen auf 1.000 bis 1.200 Kalorien gesenkt werden, wo doch ein normaler Tagesbedarf 2.500 bis 2.750 beträgt. *„Nach Berechnungen des Reichsgesundheitsamtes verloren die Erwachsenen im Krieg ca. 20 % des Körpergewichts, nachdem bereits 1915 erstmals Anzeichen für eine verbreitete Unterernährung beobachtet worden war"* (s. Gunther Mai, *„Das Ende des Kaiserreichs"*, München 1987, S. 113). Einiges konnte durch den Kauf auf dem Schwarzmarkt wettgemacht werden, aber für viele langte es nicht: Von 1915 bis 1918 starben in Deutschland 763.000 Menschen den Hungertod. Diese Situation veranlasst den General Landwehr, der für die Lebensmittelversorgung Wiens zuständig war, seine Memoiren unter dem Titel *„General Hunger"* zu verfassen. In den späten Kriegsjahren treibt der Hunger die Menschen auf die Straßen. Es wird gestreikt, z. B. am 16.4.17 in Berlin und Sachsen, am 14.1.18 in mehreren Städten Österreich-Ungarns, am 26.1.18 nochmals in Deutschland. Alle Streiks haben die Forderungen nach Beendigung des Krieges und nach einer besseren Versorgung mit Lebensmitteln gemein.

1915: „Der Friede steht an"

Auch das neue Jahr bringt keine wesentlichen Veränderungen. Aber die deutsche Besatzungsmacht fasst ernsthaft Fuß in Belgien, gemäß Julius' Bericht vom 25.1.15:

„Hier ist jetzt großer Trubel, gestern ist eine Eisenbahnkompagnie mit 2 Arbeiterkompagnien angekommen, um die hiesige Bahn zweigleisig auszubauen (Belgien wird immer mehr deutsch). Ich wollte gerade mich fertig machen zum Kirchgang (für Kaiser Geburtstag), da überraschte mich Kollege T. mit seinem Besuch... Wir haben also 750 Mann mehr im Städtchen."

Dann kreisen wieder die Gedanken um den Soldatensohn:

„Mach Dir nicht so unnötige Sorgen, der Große hilft sich schon durch und gefährlich ist es da nicht, zumal er ja bei den sicheren Geschützen ist, die weit zurückstehen, und die Russen schlecht schießen, auch keine Munition mehr haben."

Julius hat keine hohe Meinung von den Feindesmächten, aber die Russen waren tatsächlich sehr rückständig, vollkommen verarmt, nicht gut ausgebildet und verfügten über zu wenige Waffen. In manchen Fällen erhielten nur drei von zehn Soldaten ein Gewehr, sodass sieben einfach Krach machen mussten, um den Eindruck zu erwecken, sie besäßen auch Waffen. Nur mit einem übertrumpften sie alle ihre Gegner: Mit Menschen, von denen hatten sie unzählige. Eine ebenso geringe Meinung über den östlichen Feind vertritt auch der Kulturträger Klemperer: *„Ich kann mich des Gedankens nicht erwehren, dass es eigentlich keinen Blutstropfen wert ist, ob zwischen Kulturländern die Grenze so oder so verläuft. Nur freilich: Es müssen Kulturländer sein. Russland ist keines, und Frankreich und England helfen dem Kulturfeind Russland."* (ebd., S. 187) Sehr voreingenommene Worte aus dem Munde eines Dr. phil. hab.!

Julius erhält einen Brief aus Russland, von der Hand eines deutschen Soldaten geschrieben, der ähnliche Ansichten über dieses große Reich vertritt:

"Gott, ist das ein finsteres Land. Die Bauern kaum 60 km diesseits der Grenze wissen stellenweise noch nicht, dass Russland Krieg mit Deutschland führt. Wo da die Begeisterung herkommen soll, ist einem rätselhaft. Die Bauern halten uns auch viel für russische Soldaten. Die russischen Soldaten haben anscheinend keine große Lust mehr, sonst würden sie sich wohl nicht in solchen Massen gefangen nehmen lassen. Wir haben ja schon allerhand vernichtet, wir hoffen aber auch, dass es mit Russland allmählich zu Ende geht. Wir haben langsam genug davon. Leider Gottes sind wir so von aller Welt abgeschieden, dass wir gar nicht wissen, wie es sonst in der Welt aussieht. Post haben wir natürlich auch noch nicht bekommen, es sieht auch nicht danach aus, als ob sie bald kommen wird. Die Wege sind trostlos. Bahnverbindung fehlt. Die Russen sind ein Jammervolk. Die Männer sind wie geprügelte Kinder und winseln, wenn man sie schief ansieht. Gewaschen haben wir uns die letzten 3 Wochen nicht all zu viel. Ohne warmes Wasser wird man nicht sauber und das ist rar." (11.3.15)

Julius' Vertrauen in die Deutschen bleibt weiterhin unerschütterlich. Der Krieg ist für seine Landsleute eine Bagatelle.

Ein anderes Mal tröstet er Emma darüber hinweg, dass sie keine Post vom Sohne erhält:

"Die Post kommt nicht an, da die Wege zu schlecht sind und die Truppen zu schnell vorrücken. Sonst scheint es ja ganz harmlos zu sein."

Oder: *"Die Feldpost scheint ganz miserabel zu sein."*

Und ausführlicher:

"Wenn sie auf dem Marsch, im Gefecht, auf der Verfolgung sind, haben sie keine Gelegenheit, ihre Post loszuwerden, Postämter gibt's ja nicht im Feindesland, die Postsachen werden gesammelt, und wenn einmal eine Bagage nach der Heimat abgeht, wird das Gesammelte mitgegeben, das kann wochenlang dauern. Du brauchst Dich aber nicht zu ängstigen, bei der Artillerie hat der so leicht keine Gefahr, noch dazu, wo er bei den Haubitzen ist, die schweren Geschütze, die meistens noch hinter den leichten Feldgeschützen und ganz in Deckung stehen, die sie in hohem Bogen schließen. Und die Fahrer sind ganz in Sicherheit. Bei den Russen ist die Gefahr überhaupt an sich gering, da sie nicht treffen. Jetzt sind die Gefechte ja geliefert. Helmut wird viel

gesehen und erlebt haben, er wird sich als Held fühlen können und hat auch für später schöne Erinnerungen. Er ist eigentlich zu beneiden. Du musst Dich freuen und stolz auf Deinen Jungen sein." (20.2.15)

„Helmut wird jetzt weit im nördlichen Russland sein, wo wahrscheinlich Größeres geplant ist. Er erlebt sicher viel Interessantes." (1.5.15)

Im gleichen Tenor ein paar Wochen später:

Mit seinen militärischen Kenntnissen versucht Julius Emma auf wissenschaftliche Weise zu beruhigen. Ob ihm das wohl gelingt? Er ist immer noch der Auffassung, sein Sohn sei nicht nur ein Held, sondern er befinde sich auf einer Art Lehrgang oder Studienreise, von der er für den Rest seines Lebens einen Schatz schöner, wertvoller Erinnerungen mitbringen wird. Nur scheint er aus heutiger Sicht ziemlich allein mit seiner Sichtweise dazustehen: Soldaten kehren doch meist mit schauerlichen Eindrücken von einem Kriegsschauplatz zurück, wie beispielsweise in Pat Barkers *„Niemandsland"* beschrieben. Als Arzt kann Julius diese Realität nicht verborgen geblieben sein, sodass man davon ausgehen muss, dass er einzig und allein die Strategie verfolgt, Emma in ihren Befürchtungen zu besänftigen. Und Recht hat er damit, denn die Zahl der Gefallenen steigt von Schlacht zu Schlacht. Man spricht von einer viertel Million Toten und anderthalb Millionen Verwundeten auf Seiten der Engländer und Franzosen für das Jahr 1915, während sich im gleichen Zeitraum die deutschen Verluste auf die Hälfte beliefen; allein in der Somme-Schlacht von Juni bis November 1916 belaufen sich die Zahlen auf 600.000 Tote für England und Frankreich und auf 400.000 für Deutschland, immerhin 1 Million Tote insgesamt! Dieser Krieg zeichnet sich durch einen riesigen Verschleiß an Menschen aus, dem insignifikante Geländegewinne gegenüberstehen.

Der Aufenthalt Helmuts sind vielleicht die Masuren gewesen, wo die Russen in der Zeit zwischen Februar und April 1915 vernichtend geschlagen wurden, während die Österreicher im März 1915 in Galizien ihrerseits eine Niederlage erlitten und 120.000 Mann in russische Gefangenschaft gingen. Im Mai schon eroberten deutsche Truppen das verlorene Terrain zurück und im Juni sogar die galizische Hauptstadt. Als auch Nordpolen in deutsche Hände fiel, *„mussten sich die demoralisierten Russen nun auch aus Polen, Teilen Weißrusslands sowie aus Litauen und Kurland insgesamt 400 Kilometer nach Osten zurückziehen. Zugleich verlor die Armee des Zaren rund 850.000 ihrer Soldaten großenteils als Gefangene. Diese Sommeroffensive der Mittelmächte wurde ein sensationeller militärischer Erfolg, ja ihr größter militärischer Kriegserfolg überhaupt"* (s. Grevelhörster, ebd. S. 52).

Wie zart und feinfühlig Julius wiederum sein kann, beweist er weiterhin im gleichen Briefe anlässlich Emmas Geburtstages:
„Wenn Du am 24. des Monats erwachst aus süßem Traum, dann glaube nur, dass ich Deiner gedenke und Dir zurufe: „Herzliche Glück- und Segenswünsche zu Deinem Geburtstage", hören kannst Du es freilich nicht, denn:
Fern von mir, Frauchen, musst diesmal Du Deinen Geburtstag erleben,
Nicht kann, so bitter getrennt, Dir Geschenke und Blumen ich geben,
Nicht kann umschlingen ich Dich, mich schwingen an Deine Brüste,
Innig vereint, die Lippen im Kuss, mit Liebesgelüsten,
Wünschen nur kann ich Dir manche wundervoll süße Stunde,
Die Erinnerung rufe Dir zurück als freundliche Kunde,
Froher Zukunft recht wonnige Wochen in heiterer Liebe,
Dann, wenn zurück ist Dein Schatz zu Dir mit heißem Triebe."

Also ein Gedicht hat er für seine Liebste wie ein Primaner erfunden. Man muss sich den einsamen Ehemann inmitten einer Männergesellschaft vorstellen, der sich in sein Kämmerlein zurückzieht, wo er seine Stärke und Härte abwerfen kann, um nur Mensch, Mann, Ehegatte zu sein. Er demonstriert heiße Liebesempfindungen, die von Keuschheit seiner Gattin gegenüber nichts erahnen lassen, im Gegenteil sie künden von einem normalen, gesunden und kompletten Verhältnis zu seiner Frau. Außerdem verspürt er keine Hemmungen, seiner Frau seine Gefühle und Bedürfnisse zu offenbaren, wovon noch andere Briefe Zeugnis ablegen, so wie die Abschlussworte des vorliegenden:
„Nun seid recht herzlichst gegrüßt, besonders Du, liebes Geburtstagskind, recht süß geküsst im Geiste - heute ist Sonntag,

da hätten wir so schön beisammen sein können, wo ich jetzt schreibe, schon am Morgen." Was er mit dem schönen Beisammensein meint, braucht kaum erläutert zu werden.

Auch die Literatur kommt nicht zu kurz. Julius sieht sich für die Weiterbildung seiner Familie verantwortlich und unterlässt es nicht, hin und wieder Titel zur Lektüre weiterzuempfehlen. Hierzu gehören: *„Der große Heimweg"* von Rudolf Herzog, *„Der Brief der Sibylle Brand"* von Grabein, *„Komödiantinnen"* von W. Blöm, *„Das Weihnachtsoratorium"* von Adolf Stern, *„Humoristische Plauderei"* und *„Hunger"* von Otto Ernst, *„Die Kinder des Gestürzten"* von Marie Diers, *„Der Wehrwolf"* von Hermann Löns oder *„Inger und Ingraben"* und *„Die Bilder aus der deutschen Vergangenheit"* von Gustav Freytag, *„Renate"* von J. Wolf, *„Zwölf aus der Steiermark"* von Rudolf Hans Bartsch, allesamt Autoren, die zwar damals en vogue waren, heutzutage aber vollkommen in Vergessenheit geraten sind. Dabei zählte Gustav Freytag, *„Die Ahnen"*, zu den *„klassischen Konfirmationsgeschenke(n)"* (s. Nipperdey, ebd. S. 760) und H. Löns' *„Der Wehrwolf"* brachte *„es zu einer Auflage von 800.000"* (s. Nipperdey, ebd. S. 789). Julius fühlt sich offensichtlich dem *„Bildungsbürgertum"* der wilhelminischen Zeit zugehörig. Dieses *„meint zunächst Leute, die ein akademisches Studium absolviert und mit Prüfungen, dem Erwerb von „Bildungspatenten", abgeschlossen haben, auf Grund dieser Tatsache ihren Beruf ausüben und ihr Einkommen beziehen."* Und vor allem: *„es ist die Bildung, die die Gruppe konstituiert. Die Bildungsbürger genießen soziales Ansehen, sie gehören zu den höheren Schichten, sie sind in der Nähe der kulturellen, sozialen, ja auch politischen Macht angesiedelt."* (s. Nipperdey, ebd. S. 382) Offensichtlich ein Streben Julius' für sich und seine ganze Familie, denn *„Bildung war ein Abgrenzungskriterium"* (s. Nipperdey, ebd. S. 389), das zur eigenen Identifikation und zum Zugehörigkeitsmerkmal der angestrebten Schicht dient. Diese war *„eine vergleichsweise schmale, wenn nicht gar hauchdünne Schicht"* (s. Mommsen, ebd. S. 61).

Das Thema Helmut durchzieht wie ein Leitmotiv die

Briefe. Selbstverständlich geht dem Vater sein Schicksal sehr nahe:
„*Sein Humor und seine Ruhe halten ihn froh und lassen ihn die Strapazen leicht ertragen. Er kann nun einmal nicht genug kriegen, deshalb hat er sich auch zum Meldereiter gedrängt (bestimmt werden sie nicht; nur auf freiwillige Meldung), er sprach schon in Münster davon, sein Vorgänger hätte nicht gut reiten können. Besonders gefährlich ist das bei der Artillerie nicht, da ja der Meldereiter in Deckung reiten muss, damit er vom Feinde nicht gesehen wird; auch wird ein schneller Reiter nur höchst zufällig getroffen. Das wird ihm Vergnügen machen, so hin und her zu sausen, vom Stab zu den Batterien und zur Division mit schneidigem Ritt und schneller Meldung, aber anstrengend wird's schon sein, wenigstens gelegentlich, dafür ist er aber beim Stab, kommt in Berührung mit höheren Offizieren, wird auch wohl eher befördert und hat auch besseres Quartier, auch nur ein Pferd zu besorgen. Na, er wird schon wissen werden, was er tut.*" (7.3.15)

Hier spricht wieder der stolze Vater, der mit seinem Wissen sein Hausmütterchen aufklärt und die Gefahr für ihr Kind mal wieder ziemlich plump herunterspielt. Freiwillige Meldungen für ungefährliche Tätigkeiten sind kaum vorstellbar! Aber ein neues Thema tritt in Erscheinung: die Beförderung. Helmut soll ja Karriere beim Militär machen, es gehört sich so, und Privilegien erhascht er nebenbei auch noch. Erstaunlich ist, welches Vertrauen Julius in seinen Sohn setzt. Er verurteilt dessen freiwillige Meldung nicht im geringsten, befürwortet sogar sein Handeln und ist der Überzeugung, dass der Achtzehnjährige, der noch nicht einmal sein Abitur hat ablegen können, reif und selbständig genug ist, seine Entscheidungen alleine und vor allem korrekt zu treffen. Vielleicht doch keine Selbstverständlichkeit für einen Vater Anfang des vergangenen Jahrhunderts. Aber wir werden noch weiteren Beispielen für das fortschrittliche Erziehungsideal des Stabarztes begegnen.

Und immer wieder die Gleichstellung Krieg = unterhaltsames Spiel:
„*Heute habe ich eine Karte von Helmut erhalten vom 20. Mai. Sie sind sehr tätig gewesen, haben 7-8.000 Gefangene gemacht. Ihm scheint die Sache jetzt erst rechten Spaß zu machen, aber ihre erste Batterie (die aber wahrscheinlich nicht bei ihm war) ist auch gefangen.*"

Der Vater scheint genauso begeistert wie der Sohn, obwohl der Ältere doch bestimmt die Gefahr für sein Kind erkannt hat, denn ihn hätte ja das Schicksal der ersten Batterie ebenfalls ereilen können. Dennoch bleibt der Papa verblendet und versucht nur die positiven Seiten des Krieges mit seinen Schlachten zur Schau zu stellen:

„*Jedenfalls wird es für den Großen ganz interessant gewesen sein, meinst Du nicht auch?*" Eher wohl gefährlich.

Dann wieder zurück zum Alltag des Soldatenvolks mit einer nicht sehr erfreulichen, aber durchaus menschlichen Begebenheit:

„*Merkwürdig, dass er so gar nichts Militärisches schreibt, dass ihm sein Kram gestohlen ist, gehört ja freilich auch zum Militär; verschließbare Schränke wird es da nicht geben.*"(29.3.15)

Die Schränke kann man sich an der Front tatsächlich nur schwer vorstellen, und der Diebstahl scheint den Vater nicht weiter aufzuregen. Es bewegt ihn ein anderes Thema viel stärker:

„*Er müsste übrigens jetzt Gefreiter geworden sein, da er ein halbes Jahr dabei ist. Ich werde mal bei ihm anfragen.*"

Aber die Kommunikation geht nur beschwerlich, und die Beförderung kommt nicht zustande oder zumindest nicht so schnell, wie Papa es gerne hätte. Und dennoch, am 12.7.15 ist es so weit: „*Helmut ist Gefreiter? Na, das ist ja nett.*" Ein Kommentar, der ein wenig trocken ausfällt, wo Julius doch so großen Wert auf die Beförderung gelegt hat. Sofort nutzt Papa wieder die Gelegenheit seine Emma über Militärisches aufzuklären:

„*Na, vielleicht kommt er eines Tages wirklich an, denn er schreibt da so etwas von Offiziersaspirant, darauf müsste er ja Offizier werden wollen. Solche werden in die Heimat geschickt zur Ausbildung auf der Kriegsschule und kommen danach erst wieder ins Feld. Aber bei der Artillerie ist doch kein Offiziersmangel. Ich will Dir also keine vergeblichen Hoffnungen machen.*" Die macht er sich selber aber im gleichen Maße!

Auf seinen Feldpostkarten steht jetzt für jedermann fein leserlich sein Aufenthaltsort drauf: Aywille. Er erklärt seiner Frau:

„*In der Zeitung soll berichtet sein, dass die Briefe aus Deutschland jetzt offen bleiben müssen, dann schreib nun lieber Karten*" (27.3.15), was er sich selber beherzigt. Dazu erläutert er weiter:

"Postkarten bekomme ich hier unentgeltlich, auch die Kartenbriefe." Also standen den Offizieren, vielleicht auch den Soldaten die Feldpostkarten und Briefe umsonst zur Verfügung.

Aber bald wird er wohl umziehen müssen:

"Man beneidet mich, dass ich hiergeblieben bin, da es in Stavelot viel unbehaglicher ist, trotzdem alle bei vielfachen Millionären wohnen (Stavelot gilt als die reichste Stadt Belgiens.)." (29.3.15)

Und dann am 28.4.15 nach einem Aufenthalt im Familienkreise:

"Wie geht's Euch denn nun nach der Trennung? Ich will nur wünschen, dass Ihr's überwunden habt und nicht mehr scheußlich empfindet, besonders die liebe Mimsch... In Stavelot wohne ich nun (also doch!) *auf dem Marktplatz in einem hübschen Hause, dessen Besitzerin in Lüttich wohnt. Ich habe den ganzen ersten Stock für mich, 2 Wohnzimmer (1 Salon mit Plüschmöbeln, Sofa wie in meinem Sprechzimmer, 6 Plüschstühle, 2 große Bücherschränke mit allerhand französischen Büchern, großer Spiegel, Brüsseler Teppich usw.), daneben ist ein Herrenzimmer mit großem Diplomatenschreibtisch, Büchern usw., ferner 2 Schlafzimmer nebeneinander mit Rokokomöbeln. Luft, Berge, Ausblick sind wunderbar, ganz anders, großzügigeren Charakter als in Aywille. Die Vegetation ist hier noch sehr zurück, weil das Klima rauer ist."*

Julius' Wohlstand scheint weiter zuzunehmen. Er lebt in dieser trüben Zeit umgeben vom feinsten Mobiliar in einer landschaftlich reizvollen Gegend, deren Schönheit er wahrnehmen und genießen kann, da er über genügend Mußestunden verfügt. Bei der Lektüre seiner Beschreibungen fällt es schwer, ihn als Diener des Vaterlandes und seiner Kaiserlichen Hoheit zu sehen! Oder ist er ein Lebenskünstler, der es versteht das Beste aus seiner Situation herauszuholen? Wohl kaum. Für ihn ergibt sich durch seine Position als Offizier eine Gleichstellung mit den Adligen, die bis zu diesem Kriege die einzigen gewesen waren, die die hohen Militäraufgaben übernommen hatten.

Aber er kann auch schreiben:

"Dass Pfingsten herankam, habe ich gar nicht gemerkt, hier ist ein Tag wie der andere." Viel Abwechslung wird in dem

kleinen Ort nicht geboten, sodass er auch mal schreibt: *„Schreibt mir doch öfter und ausführlicher."* Der in seinem Luxus vereinsamte Stabsarzt!

Auch am 7.5.15 geht es ihm wieder prächtig:

„Ich sitze hier an meinem Fenster in meinem ganz behaglichen Zimmer, schreibe und blicke ab und zu auf den großen stillen Markt mit seinem leicht plätschernden Brunnen und seinen vornehmen Häusern, in denen die Millionäre wohnen, die reich geworden sind durch die Lederverarbeitung, welche hier im Schwange ist seit ewigen Zeiten (man spricht teilweise von 58 Millionen, also ein ganz hübscher Besitz); es riecht auch ein bisschen nach frischem Leder. In der Ferne ragen die schönen Berge empor. Vom Wald ist die Stadt etwas weiter entfernt als Aywille, das jetzt im Blütenflor recht lieblich sein soll und wo überall die Nachtigallen schlagen. Doch die Umgebung ist auch herrlich, zu Pferde und zu Wagen kommt man bald in die wundervollen Täler und Berge, hat auch alsbald den Blick auf deutsches Land."

Man darf nicht außer Acht lassen, dass Julius jahrelang Mitglied des Braunschweiger Tierschutzvereins gewesen ist, dessen Vorsitz er auch bis zu seinem Tode innehat. Seine Naturverbundenheit ist somit nicht verwunderlich. Aber darüber hinaus besitzt er die Fähigkeit, die Schönheiten um ihn herum wahrzunehmen, obwohl auch auf den hohen Stellenwert „*ein(*es*) ehrenamtliche(*n*) Engagement(*s*)"* im Bildungsbürgertum seiner Zeit hingewiesen werden muss (s. Andreas Schulz, *„Lebenswelt und Kultur des Bürgertums im 19. und 20. Jahrhundert"*, München 2005, S. 17).

In seiner Schilderung kann man den Kriegszustand vollkommen vergessen. Es mutet einem an, als wäre er auf einer Urlaubsreise und diesem Tenor folgend kann er kühn behaupten: *„Gesorgt werdet Ihr Euch aber um mich wohl nicht haben, denn mir kann es ja hier nicht schlecht gehen."* Dieser Kommentar, da sich die Familie wegen ausbleibender Post Sorgen um ihn gemacht hatte. Und seine Interpretation des Krieges entspringt dem Sicherheitsgefühl seines Nestchens:

„Wir hofften schon mit einem baldigen Ende des Krieges, als die große (falsche) Nachricht über die karpatische und galizische Schlacht kam, aber es wird wohl noch ein bisschen

dauern, wenn auch nur höchstens bis Herbst. Wenn nur Italien standhält, sonst kann es wohl nicht böse werden."

Leider wird er mit seiner Befürchtung recht behalten: Italien tritt am 23.5.15 in den Krieg ein, und es wird nichts mit einem Ende im Herbst 1915.

In Julius' Einstellung zu seinem Sohn macht sich eine Veränderung bemerkbar, vielleicht aufgrund folgender Erkenntnis:

„Ich hätte gar nicht gedacht, dass ihn das Heimweh packen könnte." (17.5.15) Und am 20.6.15 das gleiche Thema:

„Heimweh soll er wohl haben mit seinen 18 Jahren und noch dazu bei dem Jammer dort. Das haben sie wohl alle. Aber das überwindet er schließlich mit seinem Humor und seiner Ruhe... So weich kennt man ihn ja gar nicht, das sind einmal so Stimmungen, die den Menschen überfallen."

Der Vater ist endlich zur Einsicht gelangt, dass die Front kein Zuckerschlecken ist, vor allem nicht für einen Jüngling, der auf seiner ersten großen Expedition in die weite Welt gerade das Grauenhafteste mitmacht, was sie zu bieten hat. Dass er Heimweh empfindet, ist ihm nicht zu verdenken; die verschiedensten Arten von Entschuldigungen haben ihre Gültigkeit: sein Alter, der Jammer dort, die allgemeinen Stimmungsschwankungen der Menschen, die Julius alle als Ausrede für die fehlende Männlichkeit seines Sohnes vorschiebt.

In Anbetracht der bedrückenden Kriegsrealität ein gemäßigter Julius:

„Helmut ist immer noch bei den alten Stellungen und hat wieder manches erlebt, ist ganz vergnügt und wohlauf. Er schreibt darüber, dass er höchstwahrscheinlich Offiziersassistent würde und nach Deutschland käme (zur Ausbildung). Freilich besteht dann die Gefahr, dass er zur Infanterie versetzt wird. Das gefällt mir nun nicht. Einstweilen würden ja Wochen bis Monate vergehen, bis er dann wieder ins Feld kommt, dann ist der Krieg vielleicht vorbei. Trotzdem habe ich ihm abgeraten, er solle ruhig Fahrer bleiben (als Meldereiter ist er glücklicherweise wieder abgelöst), später wird er ja doch befördert. Die Hauptsache ist, dass er gesund bleibt. Ich habe ihm sehr eindringlich geschrieben. Ob das was nützt?" (27.6.15)

Julius, einst der fordernde, nun Julius, der warnende. Die Augenbinde hat er abgelegt, um nunmehr Augen zu öffnen, eigene und fremde. Das Vertuschen von Gefahren ersetzt durch Hinweis auf diese. Ein gewandelter, geängstigter Julius. Hat er inzwischen mehr gehört oder gar selber gesehen? Er sehnt sich nunmehr nach einem heilen Kinde und nicht mehr nach einem Held, der verletzt oder gar tot heimkäme. Hatte er kürzlich nicht beteuert, die Meldereiterei sei vollkommen ungefährlich? Und nun ist er glücklich darüber, dass sein Sohn wieder einfacher Fahrer ist? Langsam kommt er heraus mit der Sprache. Aber seines Einflusses über seinen fernen Sohn scheint er sich nicht mehr sicher. Der unabhängige junge Mann, zu den er ihn erzogen hat, wird doch tun, was ihm behagt. Er wird sich wohl mit Inbrunst ins Zeug legen für das Vaterland, so wie sein Herr Papa es ihm stets geheißen hatte.

Für Julius steht nochmals ein Umzug bevor:

„Lüttich heißt die Losung!, d. h. unser Bataillon wird verlegt in Vorstädte von Lüttich. Das ist scheußlich, aus unserer schönen Sommerfrische, unserem guten Quartier müssen wir fort in die lärmende, schmutzige, heiße Großstadt. Am 8. Juli ziehen wir um. Befehl wird ausgeführt, da ist nichts zu machen. Das sind grässliche Fabrikstädte. Wir liegen wieder alle auf einem Haufen, 15 km lang ist unsere Linie (jetzt über 70 km). Beklagen können wir uns ja eigentlich nicht, so gut wie wir hat es noch kein Bataillon gehabt. Aber darum ist es doch scheußlich, gerade jetzt in den heißen Sommermonaten. Unser Idyll ist weg. Na, hoffentlich hat der ganze Zauber bald ein Ende. Man kriegt es gründlich satt, wenn wir es auch so gut wie hier noch nie gehabt haben und wohl nicht mehr wieder kriegen. Wenn unser Frauchen und Kinderchen hier wären, wäre unser Glück vollkommen gewesen. Aber die Trennung halte auf die Dauer aus, wer kann." (29.6.15)

Julius weiß, wie gut er es hat. Aber kein Mensch möchte von sich aus Privilegien aufgeben, obwohl er schon Nachricht davon erhielt, dass er auch in der neuen Stadt *„in schönen alten Schlössern"* untergebracht sein wird. Einmalig, fast unwirklich, ist die Art und Weise, wie die Stadt Lüttich von den Deutschen bereits in den ersten Kriegstagen, zwischen dem 7. und 16.8., eingenommen wurde. Der erste Angriff war gescheitert, und General Ludendorff versuchte einen zweiten. Irgendwie trennte er sich aber von seiner Truppe und begab sich alleine zum Fort der Stadt in der Annahme, es sei bereits eingenommen. Die belgischen

Soldaten empfingen ihn und ergaben sich dem General, den sie ihrerseits in Begleitung seiner Streitmacht vermuteten. So nahm Ludendorff vollkommen alleine das Fort ein, ein kleines Vorzeichen für seine kommende Leistung bei der Schlacht von Tannenberg vom 26.8.14 bis 30.8.14, hier allerdings im Beisein von General Hindenburg.

Vor seinem Umzug in die lärmende Großstadt Lüttich nimmt Julius noch an einem besonderen Festakt teil:

„Das war heute der Festtag des Bataillons. Bis Herbesthal (Grenzstation) waren die hohen Herrschaften mit der Eisenbahn gefahren, von da ging's im Auto noch nach dem Landwehrschwadron unserer Husaren, dann zu uns nach Spa usw., nach halb ein Uhr mittags trafen sie in Stavelot ein, wurden von uns auf dem Marktplatz in Paradestellung begrüßt, mit Hurra empfangen. Der Herzog und die Herzogin sprachen mit jedem einzelnen. Dann zu Fuß nach unserem Casino (einige Minuten vom Markt), wo die Kompagnie im Parademarsch vorbeimarschierte. Alles klappte tadellos. Dann Essen. Ich saß zu zweit vom Herzog, schräg gegenüber der Herzogin. Der Herzog trank jedem von uns zu, nach aufgehobener Tafel (auch später beim Abschied, wie bei der Parade, auch die Herzogin) reichte er uns die Hand. Es war alles wunderhübsch. Beide äußerst liebenswürdig, sahen sehr gut aus, auch die Herzogin. In unserem Garten hat uns die Herzogin (das andere Mal der Herzog) photographiert, da der Photograph, der auf dem Markt und beim Vorbeimarsch Aufnahmen gemacht hatte, schon wieder nach Aywille fort war. Ihr könnt Euch denken, dass das wohl ein Freudentag für uns war. Die Herzogin hat einen wundervollen Liebreiz und gibt sich dabei so einfach und natürlich, dass es eine wahre Freude ist." (30.6.15)

Eine kurze Abwechslung im feudalen Leben dieses fast elitären Bataillons. Julius strotzt über vor Stolz seinem Herzogspaar so nahe gestanden und gesessen zu haben. Ein einmaliger Besuch, der wohl dazu dienen soll, die Moral der Truppe zu heben, was in Julius' Falle kaum nötig war. Einige Monate später, am 17.11.1915 darf er wieder an einem außergewöhnlichem Festakt teilnehmen: Der Geburtstag desselben Herzogs von Braunschweig, seiner Königlichen Hoheit Ernst August, wird feierlich im Gasthofe Verlkak zu Lüttich begangen. Auf einer Postkarte mit der Abbildung des hochdekorierten

Herzogs steht die Speisenfolge:

„Kräutersuppe
Seezunge
Rindersteak mit Gemüse
Gebratene Hähnchen mit Salat und Obst
Eis
Butter und Käse
Früchte"

Es ist anzunehmen, dass das Menü auch bei dem Bataillonsbesuch kaum ärmlicher ausgefallen war. Doch etwas bedenklich in diesen Kriegszeiten, in Frontnähe!
Schnell kehrt aber das Thema Helmut wieder in den Mittelpunkt zurück:

„Machst Dir so viele Sorgen um unseren Großen? Du wirst mir schließlich noch krank. Es ist doch schon öfters vorgekommen, dass wir wochenlang ohne Nachricht blieben, und jetzt bei den unaufhörlichen Kämpfen und Verfolgungen ist das nicht anders zu erwarten. Die Post kann nicht ran." (6.8.15)

Ob seine Worte Emma beruhigen können? Anscheinend schon, denn am 15.8.15 schreibt er ihr sichtlich erleichtert:

„Ich freue mich, dass Du nun wieder ruhiger geworden bist und Dir nicht so viele Sorgen mehr um unseren Großen machst. Wer weiß, wofür es gut ist, dass er noch nicht kommen kann. Er hat doch wieder schöne Erlebnisse hinter sich, und jetzt ist es ja auch ruhiger da oben, wenn ihm auch starke russische Kräfte entgegen stehen, da die Russen fürchten, wir wollen nach Petersburg marschieren, was wir aber wahrscheinlich nicht tun werden. Bei der Artillerie ist er immer noch am besten aufgehoben."

Julius hat wohl seine Taktik geändert. Er schenkt Emma reineren Wein ein. Er relativiert die Gefahren, aber verschweigt sie nicht. Sie liest ja auch täglich die Braunschweiger Zeitung, die sie ihm paketweise zuschickt. Neben Briefsendungen bedenken sie sich gegenseitig auch mit anderen Waren:

„In dem Paket, das W. mitbringt, kannst Du 1 Flasche Sybels Likör miteinlegen. Wir sollen eine schicken, da die letzte sehr gute Dienste getan habe und verbraucht sei."

Diese Sendung geht an Helmut an die Front, wo der Alkohol nicht verachtet wird, ein anderes Mal ist von Rum die Rede. Aber auch Gamaschen, Stiefel, Revolver, Fotoapparat oder einige Lebensmittel gehen dorthin, d. h. die Verbindung ist bisweilen gar nicht so übel:

„Butter in Büchsen ist sehr gut, da sie dort wegen der Cholera-Gefahr nichts kaufen können und alles auch so teuer ist." (1.9.15)

Aber nicht nur Krankheiten liegen den Soldaten auf der Lauer:

„Wer weiß, ob Helmut am 18.9. kommt; wenn sie nicht wieder auf dem Vormarsch sind, kann es sein, er müsste ja doch auch etwa 1 Woche vorher abreisen wegen der langen Bahnfahrt und der wahrscheinlichen Quarantäne in der Entlausungsanstalt."

Kein Wunder bei den kümmerlichen Hygieneverhältnissen, denen die Soldaten an der Front sicherlich ausgesetzt sind!

Und immer noch auf dieser Feldpostkarte vom 1.9.15:

„Ich habe Helmut soeben geschrieben zur größeren Sicherheit, dass er sofort Urlaub nimmt."

Das Wort *„sofort"* ist unterstrichen. Der Vater hat reelle Angst um das Leben seines Sohnes. Was meint Julius? Ist es der bevorstehende Serbienfeldzug, der am 6.10.15 starten soll? Auf jeden Fall bekommt Helmut tatsächlich Urlaub:

„Nun hast Du ja Deinen großen Jungen, Du Glückliche! Und gut sieht er aus! Hat alle Strapazen glücklich überwunden...! Dass er ordentlich reiten gelernt hat, das kann er als Adjutant oder Kompagnieführer gebrauchen." (9.9.15)

Der Junge befindet sich wohlauf und in Sicherheit, nun kann Julius weiter Beförderungspläne schmieden. Alle Ängste sind begraben, weiter geht's im Leben und in der Laufbahn. Ein wenig konstanter Julius, der sich um nichtige Äußerlichkeiten Gedanken macht:

„Trägt er seine Extrauniform? Hat er Seitengewehr?"

Ein stolzer Vater, der nicht müde wird, den Rang seines Sohnes sogar im Familienkreise zu wiederholen:

„Das war wohl eine hübsche Freude, Euren Unteroffizier schon wieder bei Euch zu haben." Titelreiterei, die wir heute nicht unbedingt nachvollziehen können.

Auf jeden Fall beeilt er sich, Urlaub zu beantragen, um

ebenfalls die Nähe seines Sohnes zu genießen. Statt der 14 beantragten Tage bekommt er nur sieben, worüber er vollkommen resigniert kommentiert: *„Doch was hilft's? Das ist nun einmal Krieg."* Ändern kann er nichts daran und begnügt sich mit dem, was er erhält. Eine gewisse Bescheidenheit gehört zu seinem Wesen, vielleicht auch in seine Zeit. So auch mal wieder in puncto Friedenshoffnungen:

„Es verlautet, dass doch in 3 Monaten Frieden sein wird, da Belgien aufgegeben, also darauf verzichtet und man sich mit Polen begnügen wird. Jedenfalls werden jetzt viele Truppen nach den Westen geschickt, damit wir dort zu Ende kommen. Das wäre schön mit der Aussicht auf Frieden, nicht wahr? Aber wer weiß." (15.9.15)

Deutschland würde also auf Belgien, in das es ja so viel investiert hat, verzichten. Wohl eher eine Fata Morgana, denn das Reich klammerte sich bei allen Friedensangeboten fest an das eroberte Bollwerk Belgien. Aber im Grunde kümmert das Julius wenig, solange Schluss gemacht wird. Der Enthusiasmus des Anfangs ist abgeschwächt. Eine leichte Kriegsmüdigkeit stellt sich ein.

Einige Tage später, vom Urlaub wieder zurückgekehrt, ein kleiner Zwischenfall:

„Nun habe ich schon wieder eine Nacht in meinem anderen „zu Hause" geschlafen, und zwar so fest, dass ich gar nicht gehört habe, dass wir heute Nacht alarmiert worden sind, da es hieß, man wolle das Wasserwerk in Lüttich mit einem Attentat beehren, und wie man an meine Tür geklopft hat, trotzdem ich geantwortet haben soll. Na, desto besser, es war auch unnötig, da hier nichts passiert ist. (Neulich sind 5 Flieger hier gewesen, um die Bahn zu sprengen, 2 sind gelandet und gefangen). Hier ist jetzt größerer Betrieb, sehr verstärkter Bahnschutz, da viele Truppen durchkommen nach den Westen. Die beurlaubten Offiziere, die sich erst hier ein bisschen (vom Osten her) erholen sollten, sind telegraphisch vom Urlaub zurück geholt... Wein kriegen wir jetzt nicht mehr zu Tisch, da aller Wein in Belgien hat beschlagnahmt werden müssen!" (29.9.15)

Was ist das für ein Soldatendasein, in dem der Offizier es sich erlauben kann, so fest zu schlafen, dass er die hörbaren Kriegsgefahren in seiner unmittelbaren Nähe in Form von Alarm ignoriert? Er ist es dermaßen gewohnt, sich in Sicherheit zu wähnen, dass nichts seine innere Ruhe trüben oder durcheinander bringen kann. Und obendrein behält er mit seiner Einstellung auch noch Recht. Das Attentat löst sich in nichts auf, obgleich echte Gefahren in Fliegerfigur über seinem Kopf geschwebt hatten, d. h. auch er zwischendurch daran erinnert wird, dass man sich im Kriegszustand und im besetzten Feindeslande befindet. Ein Glück also, dass Julius zumindest in Form des Weinverzichts etwas von den Unannehmlichkeiten des Krieges zu spüren bekommt. Immerhin für ihn von solch großer Wichtigkeit, dass er diesen Umstand für erwähnenswert hält. Und wohin geht der beschlagnahmte Wein? Etwa nach Berlin?

Manchmal packt Julius heftig das Heimweh:

„Nun seid Ihr wohl wieder alle hübsch beisammen, wenn Helmut wieder dort ist, was ich wohl annehmen darf. Da möchte ich wohl auch in die welchen Arme meines mich sicher gern empfangenden Weibchens eilen und süß plaudern mit den lieben Kinderchen, umso mehr, als es hier recht trüb und regnerisch, recht einsam ist. Ja, da hilft nun nichts. „Aushalten" ist die Losung, das Mütchen bezähmen." (9.10.15)

Während man sich zu Anfang des Krieges des Eindrucks nicht erwehren konnte, dass Julius gern in der Ferne weilte, der Abstand vom Heim eine angenehme Abwechslung für ihn darstellte, so wird nach Ablauf des ersten Kriegsjahres deutlich, dass es ihm inzwischen reicht. Es zieht ihn ein starker Magnet nach Hause, er vermisst zusehends Ehefrau und Kinder. Er ist ein Paterfamilias und kein Vagabund, aber auch Emma erträgt die Trennung nur schwer:

„Noch wieder Sehnsucht?", schreibt ihr ihr Ehemann ein wenig schelmenhaft.

Diese zaghaft in Erscheinung tretende Ermattung stellt auch Klemperer in Deutschland fest, als er 1915 von seiner Vorlesungszeit in Neapel zurückkehrt: *„Überall traf ich jetzt auf Missmut und Gereiztheit"* (ebd., S. 276). Also ist der anfängliche Enthusiasmus verflogen. Auch das Stadtbild hat sich geändert: *„Auf den Straßen begegnete ich überaus vielen Frauen und Mädchen in Schwarz und überaus vielen Verwundeten und Amputierten..."* (ebd., S. 277) Die Kriegsrealität dringt quasi bildhaft in die deutschen Städte und ins Landesinnere hinein.

Langsam kommen auch Aufgaben auf die Zivilbevölkerung zu:

"Neulich stand in der Zeitung, dass die Frist der freiwilligen Abgabe der Kupfer- und Nickelgegenstände noch bis 16. Okt. verlängert und der Andrang nicht so groß sei; es wurde empfohlen, die Sachen hinzubringen, da nachher vielleicht nicht ein so hoher Preis bezahlt würde wie jetzt. Also? Die Nickeltöpfe könnten ja hingebracht werden, der Waschkessel müsste durch die Mauer herausgenommen und hingefahren werden. Vielleicht kann man mit dem Waschkessel noch warten. Für Dich müsstest Du einen eisernen kaufen." (12.10.15) Ein anderes Mal wird er ihr einen emaillierten, nahtlosen empfehlen. Denn die Wäsche wird immer noch per Hand in großen Behältern gewaschen!

Nicht Patriotismus scheint Julius dazu zu verleiten, die Gegenstände abgeben zu lassen, sondern eher die Aussicht auf einen besseren Erlös bei sofortiger Lieferung. Kupfer wurde für die Herstellung von Geschossen und von Zündern benötigt, aber der Import dieses Rohstoffes verringerte sich 1917 durch die erfolgreiche britische Seeblockade von 230.000 auf nur 123.000 Tonnen. Über eigene Eisenvorkommen verfügte Deutschland zwar, dessen Förderung ging jedoch zwischen 1913 und 1918 von 19,3 auf 10,8 Millionen Tonnen zurück.

Eine weitere Information aus der Presse leitet Julius an seine Familie weiter:

"Ich habe in der Zeitung gelesen, dass alle, die nicht zum Verein der Brieftaubenzüchter gehören, ihre Tauben anmelden müssten bis 1. Juli, ansonsten würden sie beschlagnahmt." (17.10.15)

Es geht darum, dass der zwölfjährige Sohn Gerold ein paar Brieftauben hält. Da diese zu Spionagezwecken verwendet werden könnten, müssen sie offiziell aufgenommen sein. Der Gedanke mutet heute befremdend an, da wir ja inzwischen Tauben eher als Friedensboten empfinden und nicht mehr mit Krieg in Verbindung setzen. In Belgien waren die Bestimmungen noch strikter, wie Julius Gerold am 20.7.15 berichtet hat:

"Hier in Belgien mussten alle Tauben getötet werden, damit sie nicht als Brieftauben zu unserem Schaden verwendet wurden. Das gab sehr viel Herzensleid, denn es gab sehr viele Tauben hier, da die Belgier sehr tierfreundlich sind. Da haben wir

eine Zeit lang immer Tauben essen müssen. Das wäre was für Euren Schnabel gewesen, nicht wahr?"

Die Taubengeschichte wird im folgenden Jahr ihre Fortsetzung finden:

„Habt Ihr den beiliegenden Zeitungsausschnitt, der mir soeben zu Gesicht gekommen ist, nicht gelesen? Danach kann Gerold seine Tauben behalten. Ihr hättet keine zu töten brauchen, da die Tauben ja nicht abgerichtet sind, Reisen auszuführen. Natürlich hast Du auch die Jungen schon getötet, das wäre schade, denn da sie dort geboren sind, fliegen sie nicht weg, und es hätte können der Taubenpapa mit einer jungen, wenn ein Weibchen dabei wäre, gepaart werden. Wenn sie noch leben, so setzt sie nur in den alten Bauer wieder, und lasst sie ausfliegen. Die alte Taube aber, die ja mit dem Tauber gepaart ist, darf nicht hinausgelassen werden, da sie sicher fortfliegt. Wenn die jetzigen Tauben, die noch nicht ausgebrütet sind, groß sind, könnt Ihr die alten Tauben aufessen. Ferner musst Du zur Polizei gehen und angeben, dass die angemeldeten keine Reisetauben sind, sondern nicht abgerichtete Haustauben. Leider ist diese Zeitungsaufklärung zu spät gekommen, ein paar Zuchttauben sind aber vorläufig bei der Futterknappheit auch genug." (23.6.16)

Wie arg es wirklich mit der Futter- und Lebensmittelknappheit steht, beweist die nächste Bemerkung: *„Freilich ist Gefahr, dass die Tauben gestohlen werden, wenn keiner im Hause ist."*

Und im Folgenden der Inhalt des Zeitungsausschnitts:

„Was ist eine Brieftaube? Verschiedentlich geäußerte Zweifel über die Auslegung des Begriffes „Brieftaube" in der Verordnung des stellvertretenden Generalkommandos vom 31. Mai 1916 betreffend den Verkehr mit Tauben geben Veranlassung zu folgenden Erläuterungen: Nach § 1 dieser Verordnung darf Brieftauben außer der Heeresverwaltung nur derjenige halten, der dem „Verbande deutscher Brieftauben-Liebhaber-Vereine" angehört. Unter Brieftauben im Sinne dieser Verordnung sind nur Reise-Brieftauben zu verstehen; es sind das Brieftauben, die auf Grund ihrer Abstammung und Behandlung befähigt sind, weitere Reisen mit Sicherheit auszuführen und die geeignet sind, aus größerer Entfernung in ihren Heimatschlag zurückzukehren. Unter

den Begriff Brieftauben im Sinne des §1 dieser Verordnung fallen also unter keinen Umständen Tauben, die zwar äußerlich als Brieftauben erscheinen, aber nie zu Reisen Verwendung finden und lediglich als Haustauben oder zu Ausstellungszwecken gehalten werden, auch fallen darunter nicht die dauernd in Volieren gehaltenen Brieftauben sowie Kreuzungen von angeblichen Brieftauben. Solche Personen, die Reise-Brieftauben im Sinne des §1 der Verordnung besitzen, sind gehalten, diese Reise-Brieftauben bis zum 20. Juni 1916 bei der Polizei anzumelden, sofern sie nicht dem „Verbande deutscher Brieftauben-Liebhaber-Vereine" bereits angehören. Lediglich diese bisher durch den Verband nicht kontrollierten Reise-Brieftauben unterliegen der Beschlagnahme, d. h. diese Tauben sind vorläufig sicherzustellen, auf keinen Fall zu töten oder sonst wie zu beseitigen. Die Verfügung über diese Reise-Brieftauben trifft in jedem einzelnen Falle das Generalkommando..."

Wozu doch so ein vollkommen unschuldiges Hobby führen kann! Das Generalkommando kümmert sich höchst persönlich darum! Und dieses komplizierte Amtsdeutsch soll auch noch ein zwölfjähriger Junge verstehen und danach handeln!

Aber Emma handelt nicht in Julius' Sinne:

„Wie mir Gerold schrieb, hast Du die beiden jungen Tauben nicht angemeldet; das ist sehr töricht, hätte natürlich geschehen müssen. Auf die Unterlassung steht Gefängnisstrafe, nur bei mildernden Umständen Geldstrafe. Wenn das Mädchen das anzeigt oder sonst jemand, bist Du schön in der Tinte. Wenn es noch geht, und niemand davon weiß, isst sie schleunigst auf; bei dem Fleischmangel ist das ganz angebracht. Sonst müssen sie noch nachgemeldet werden, kannst Dich damit rausreden, dass die Alten Junge bekommen hätten. Die Polizei köpft die Tauben sicher nicht, sie sollen nur kontrolliert werden darauf, dass sie nicht zu Spionagezwecken verwendet werden. Schreibe mir schnell, dass ich die Sorge loswerde (die gewiss überflüssig war)." (22.6.16)

Eine Bagatelle, die durch den Kriegszustand eine vollkommen neue, nicht kalkulierte Dimension erreicht. Aber zu einer Gefängnisstrafe kommt es nicht! Dennoch steht das schlichte Ausfliegenlassen laut Zeitungsartikel vom Oktober 1915 ebenfalls zeitweilig unter Strafe:

„Eine Festsetzung aller Tauben, einschließlich der Brieftauben, hat das stellvertretende Generalkommando des 10. Armeekorps' verfügt. Danach müssen alle Tauben einschließlich der Brieftauben im Bereiche des 10. Armeekorps' für die Zeit vom 9. bis 15. Oktober 1915 einschließlich in sicherem Gewahrsam gehalten werden, sodass ein Entweichen aus dem Schlage ausgeschlossen ist. Zuwiderhandlungen werden, soweit nach dem bestehenden Gesetz eine höhere Strafe nicht erwirkt ist, mit Gefängnis bis zu einem Jahre bestraft."

Eine etwas zu harte Strafe für ein so leichtes Vergehen!

Währenddessen haben aber die Belgier auch mit anderen Tieren ihre Probleme:

„Neulich hatte ich auch noch einen Hund, eine echte schottische Schäferhündin, von einem Belgier, der kein Futter mehr dafür hatte."

Die Futterversorgung für Gerolds Tauben ist auch nicht einfach.

Am 20.11.15 mal wieder ein ganz persönlicher gefühlvoller Brief:

„Schon wieder in Unruhe, wenn mal 1 oder einige Tage nichts von Deinem Männchen kommt? Na, Du weißt doch, hier geht alles seinen Gang, da hatte ich letztlich viel zu tun und war auch nicht immer in der Stimmung, meine Gedanken an Dich und die Kinder niederzuschreiben. Das trübe Herbstwetter macht auch nicht fröhlich, lässt einen die „Verbannung" von Haus und Hof, von seinen Lieben noch düsterer erscheinen. Vergnügt bin ich, wenn ich auf meinem stattlichen Luy - so hat J. den neuen Braunen getauft - dahinreite in die Natur und die Vöglein am Wege mich erfreuen. Meist reite ich allein, dabei kann ich so hübsch an Euch denken, an das, was ich nun einmal gern wieder möchte - du weißt ja schon, an Euer hübsches Beisammensein in der schönen Wohnung, an mein Zimmer und wie alles werden soll, wenn ich wieder daheim bin, wie herrlich es dann wohl werden wird, wie ich Euch so innig in meine Arme schließen, mein Herzblatt, süß' Eddi auf meinem Schoße halten will, und wie ich dann wohl gar nicht wieder fort möchte. Gut, dass Ihr alle wieder gesund seid, und mein kleiner Liebling muss doch gar nicht krank sein, wenn sein lieber Papisch so weit weg ist und ihm nicht helfen kann. Bei dem schlechten Wind bleibt er lieber noch im Zimmer, oben kann er

*doch auch recht hübsch spielen mit den Soldaten und Papisch'
Bilder ansehen, nicht wahr Süßling? Ja, man denkt von Tag zu Tag,
es könnte vorbei sein. Helmuts Kursus dauert bis 1. Februar.
Jetzt werden sie nicht gleich Offizier, sondern erst Vizefeldwebel und
Zugführer. Das ist also noch nicht so gefährlich. Es fragt sich
auch, ob sie gleich hinauskommen. Jetzt wird auch vorsichtiger
verfahren; den Offizieren ist gesagt, sie sollten sich mehr
schonen."*

Julius wirkt sentimental. Glücklicherweise besitzt er die Fähigkeit, seine Gefühle zu äußern. Ein anderer Mann könnte sich ihnen verschließen, er aber empfindet das starke Bedürfnis, sie seiner Frau mitzuteilen, was andrerseits der Strohwitwe Sicherheit übermittelt. Rührend ist, dass er an das Beisammensein im Kreise der ganzen Familie denkt, und seine Liebe für seinen Jüngsten, den dreijährigen Eddi, ist einfach goldig. Dass Eddi mit Soldaten spielen soll, passt in das allgemeine Kriegsbild und braucht uns heutzutage nicht zu verwundern.

Am 24.11.15 dann wieder Kriegsberichterstattung:

"Wenn Du so ungeduldig bist, muss ich wohl schnell mal wieder schreiben. Na, ich denke, die Ungeduld wird bald ganz vorbei sein. Sehr fern kann der Frieden nicht mehr sein. Bei uns werden jetzt die ältesten Jahrgänge (die 69-72 geboren sind – d.h. ich bin natürlich nicht dabei, nur die Mannschaften) nach Hause geschickt, dafür kommen allerdings jüngere her, jedenfalls Ungediente, die nun ausgebildet sind; aber wenn man die woanders bräuchte, würde man sie wohl nicht austauschen gegen andere, die in die Heimat sollen. Die Serben sind in allernächster Zeit ganz erledigt, dann bleibt nichts mehr zu tun, da wir nach Ägypten wohl nicht gehen werden, weil das doch aussichtslos wäre. Im Westen und Osten ist nichts mehr zu erreichen, wir haben genug und die Feinde kein Geld mehr. Na, also vielleicht zu Ostern. Was meinst Du dazu? Wir wollen aber noch nicht jauchzen."

Nett, wie Julius Emma um ihre Meinung bittet, wo er doch so belehrend wirkt. Etwas vorsichtiger ist er nun mit seinen Prognosen geworden und fordert seine Frau auf, noch nicht zu „jauchzen". Es könnte eventuell doch noch anders kommen, als er es sich und ihr vormacht. Obwohl er auch am 8.12.15 noch der Meinung ist, es könnte nicht mehr lange dauern mit dem Krieg:

„Na, drei Jahre dauert der Krieg nicht mehr, das hält keiner aus, ich auch nicht. Mit Ägypten müssten wir im März fertig sein, sonst wird's zu heiß dort. Vielleicht geht's schneller, als wir denken."

Wieder vollkommen geirrt. Und ausgehalten haben es er und viele mehr. Im nächsten Brief vom 13.12.15 klingt er zuversichtlich wie zu Kriegsbeginn:

„Es ist jetzt ja tüchtig vorwärts gegangen auf dem Balkan, da werden die Herren Feinde wohl doch bald ins Mauseloch kriechen. Auf dem Wege nach dem Suezkanal sind die Deutschen auch schon. Es sind schon Karten aus Bethlehem und Jerusalem von deutschen Soldaten angekommen; auf die Araber in Ägypten geht es auch schon los. Wir werden sie schon bald klein haben. Bald sind wir dann hoffentlich dafür alle zusammen!"

Man bekommt fast den Eindruck, die deutschen Soldaten sollten sich allein für sein privates Schicksal einsetzen; ihn interessiert im Endeffekt nur das Resultat für sein eigenes Leben, d. h. seine Rückkehr in ein geregeltes Familienleben. Somit wünscht er auch:

„Möge das neue Jahr uns bringen, dass wir alle wieder hübsch beisammen sind!"

Kein verwunderlicher Wunsch, aber dennoch ein wenig egoistisch in Anbetracht all des Leidens um sie herum. Weihnachten 1915 steht vor der Tür. Für Julius ein trauriges Ereignis, denn er wird zum zweiten Male der Familie fern bleiben müssen. Kein Wunder, dass er, der sentimentale, nun melancholisch gestimmt ist:

„Hab schönen herzlichen Dank für Deine rührende Liebe, mit der Du mich zu Weihnachten bedacht hast. Das süße Tannenbäumchen, das mir zum Heiligen Abend leuchten soll, hat mich mit rührender Wehmut erfüllt, sodass mir einige Tränen ins Auge kommen wollten. Auch die hübschen Kastanien, die Du selbst z. T. gebacken hast, weiß ich zu schätzen, da Du mir Freude damit bereiten willst. Und Deine lieben Zeilen haben mich auch ergriffen. Aber wir wollen uns nicht gegenseitig das Herz noch schwerer machen, als es so schon ist. Ich werde Weihnachten in Gedanken immer bei Euch sein und mir ausmalen, wie die Kleinen sich freuen werden, und seid Ihr auch nur fröhlich und vor allem Du mit den Kindern, damit ihnen die Freude nicht verkümmert wird.

Es kommt ja auch wohl einmal wieder eine schönere Zeit, dann wollen wir an Freude nachholen, was uns jetzt abgeht. Also feiert nur fröhlich, als ob ich dabei wäre. Du hast ja wenigstens Deinen Großen." (22.12.15)

Was für ein Feingefühl Julius doch besitzt, dass er die kleinen Gesten seiner Gattin genau zu deuten versteht! Manch einem Ehegatten blieben die Hintergründe für solche Kleinigkeiten unentdeckt. In seinem Beruf als Nervenarzt, also als Psychiater, ist diese verständnisvolle Einstellung auch eher zu erwarten. Hinzu kommt, dass er Emma seine Entdeckungen in Bezug auf ihre Beweggründe nicht verheimlicht. Er teilt sie ihr mit, bestätigt sie in ihrem Handeln, zeigt ihr, dass es Früchte getragen hat.

Von Egoismus ist nichts zu spüren. Im Gegenteil, Julius möchte nicht, dass seiner als den Leidenden gedacht wird. Das höchste aller Feste soll die Familie, wenn schon ohne ihn, so harmonisch und ausgiebig wie nur möglich feiern. Er zeigt sich in Demut und Bescheidenheit, wie es sich für einen reifen Mann ziemt.

Nun aber vom gleichen Datum ein Brief Emmas an ihren Mann:

„Wie doch die Zeit eilt, noch 2 Tage und der Heilige Abend ist da. Aber merkwürdig, es will gar keine Weihnachtsstimmung aufkommen. Empfindet man doch grad in solcher Zeit die Trennung viel schmerzlicher als sonst. Aber was nützt es, wir müssen uns fügen, und ich habe es immer noch besser als Du, sehe ich doch klein Edgar sein strahlendes Gesichtchen, wenn der Baum brennt, Du kannst nur aus der Ferne an uns denken... Ich wollte so gern, dass er allein einschlief, aber ich habe es nicht erreichen können trotz des Weihnachtsmannes. Bleibe doch bei mir Mutti, ich bin doch noch klein, will auch immer klein bleiben, dann kann ich doch bei Mutti sein, ja! Was soll man da wohl weiter machen, als dem kleinen Schlingel den Willen tun. Er ist grad dann so herzig und lieb und kann so wonnig plaudern."

Emma, die Mutter, heute, gestern, ewig.

1916: „Wie steht's mit Helmuts Beförderung?"

Auch das neue Jahr setzt sich mit den alten Sorgen fort:
„Ich habe soeben einen langen Brief an unseren Großen geschrieben; er fragt auf Karte an, warum ich nicht schriebe, in 8 Tagen ginge er ins Feld, die Artilleristen würden nicht befördert. Ich habe ihn getröstet, das sei umso besser, dazu sicherer, vielleicht auch müsse er dann noch einen Kursus durchmachen." (20.1.16)

Einmal tröstet er den Sohn, das nächste Mal muss wohl eher er selbst getröstet werden oder zumindest mit bestimmten Nachrichten verschont bleiben:
„Helmut ist wohl doch nicht befördert? Ihr könnt mir's ruhig sagen, es kommt ja nicht darauf an." (8.2.16)

Eine vorsichtige Familie, die seine Schwachstellen mit Treffsicherheit kennt. Denn für Julius bedeutet die Beförderung des Sohnes bestimmt nicht nur Ruhm, sondern auch mehr Sicherheit für dessen Zukunft: *„Wenn du zurückkommst, wird es dich sehr stark in deiner Laufbahn fördern"*, schreibt Klemperers Bruder an diesen (ebd., S. 315). Kriegsdienst als Sprungbrett in der Karriereleiter, für uns heute undenkbar. Dabei hatte Helmut aufgrund seines Alters nicht einmal Zeit gehabt, vom deutschen *„Berechtigungssystem"* zu profitieren, das Männern mit gymnasialem Schulabschluss *„Vorteile beim Militärdienst"* verschaffte, nämlich statt der dreijährigen Ausbildungszeit beim Militär nur die begehrte *„Einjährige"* zu leisten (vgl. Nipperdey, op. cit., S. 548). Julius hingegen hatte dieses Privileg sicherlich mit dem weiteren verbunden, *„binnen eines Jahres, den sozial angesehenen Status eines Reserveoffiziers zu erlangen"* (s. Mommsen, ebd., S. 61).

Emma drängt wohl auf ein Wiedersehen, da sie ja auf ein gemeinsames Weihnachtsfest hatten verzichten müssen, aber daraus wird nichts:
„Du meinst, Urlaub nehmen. Ja, daran ist ja jetzt gar nicht zu denken. Sämtlicher Urlaub ist jetzt gesperrt, solange die Truppenverschiebungen andauern. Wie lange das dauert, kann

keiner wissen. Es kommen eine Menge Truppen jetzt hier durch, viel Artillerie, auch junger Ersatz. Wahrscheinlich ist im Westen etwas los, ein Durchbruch bei Verdun. Aber man weiß natürlich nichts Sicheres, hört und sieht aber manches."

Und dann die Angabe eines weiteren Grundes für sein Fernbleiben:

„Also Urlaub in den nächsten Wochen ist ganz ausgeschlossen. Außerdem habe ich immer noch viel zu tun, ich gehöre einer Kommission jetzt an mit noch 2 Kollegen, die eine Menge Offiziere, die nicht felddienstfähig waren, nochmals zu untersuchen hat, ob sie nun nicht kriegsverwendbar und einsatzfähig geworden sind. Ich bin also jeden Morgen von 11 bis 1 Uhr im Gouvernement in Lüttich, wo die Untersuchungen stattfinden." (8.2.16)

Eine Wende im Krieg: Der Enthusiasmus des Anfangs ist geschwunden. Man versucht sich zu drücken, auch als Offizier. Und Julius, der ärmste, hat ganze zwei Stunden Extradienst zu leisten! Aber wichtig scheint er sich zu fühlen. Die anderen merken schon, wie gefährlich es auf dem Felde sein kann, nur für Helmut weiß Julius die Gefahr immer wieder herunterzuspielen:

„Er wird doch nicht schon wieder hinaus müssen? Na, hoffentlich nicht. So gefährlich wie früher ist es jetzt ja nicht mehr draußen, sie sind alle ganz vorzüglich bombensicher eingebaut, und es wird ja auch nicht mehr so leicht gefeuert! Mach Dir nur keine unnötigen Sorgen, es ist ja bis jetzt gut gegangen." (17.2.16)

Julius, der beschützende, der bestimmt selber weiß, wie wenig stichhaltig seine Argumentation wirkt. Aber er tut, was er kann. Und wieder mal ein Hinweis für die Zivilbevölkerung:

„Hast Du den Nussbaum angemeldet? Du meintest wohl 100 cm Umfang (nicht Durchmesser)? Ob er gefällt wird, ist noch unsicher. Vorläufig sind alle Nussbäume in Belgien gefällt und nach Deutschland gebracht. Schade wäre es, aber es gibt auch Luft im Garten, und bezahlt wird er ja auch. Das Fällenlassen brauchst Du aber nicht zu besorgen."

Das Holz wurde zur Herstellung von Gewehrkolben verwendet.

Am 1.3.16 schreibt er wieder ganz sentimental, Emmas Geburtstags und ihrer beider Hochzeitstages gedenkend:

„Ich habe gleich frühmorgens Deiner gedacht und mich in

unsere Umarmung hineingeträumt. Den ganzen Tag habe ich es gewünscht und mir dann ausgemalt, was Ihr nun wohl treiben werdet. Mittags habe ich dann ein ganzes Glas Wein auf Dein Wohl geleert und auch abends Deiner gedacht... Ich wollte ganz allein für mich innerlich feiern. Am Hochzeitstag war es dann ähnlich. Auch ich versetzte mich zurück um 20 Jahre und gern hätte ich mit Dir zusammen in Erinnerung mich ergötzt und alles „Schöne" nochmals durchkostet. Am anderen Morgen war es mir, als ruhtest Du süß in meinen Armen zu ehelichen Freuden. Ja, mir ist es auch so, als wäre es erst heute. 20 Jahre in der Vergangenheit sind eine kurze Zeitspanne für die Gedanken."

In ähnlicher Stimmung berichtet er dann am 22.3.16 über seinen eigenen Geburtstag:

„Allerdings bin ich an meinem Geburtstag nicht recht zum Nachdenken gekommen. Das war aber auch ganz gut so, denn Geburtstag im Feindesland fern von seinen Lieben ist nicht gerade hübsch... Am 20. bin ich auch erst um 12 Uhr hier zu Bett gegangen und habe allerdings Deiner gedacht; vielleicht war's deshalb solch Wallung!"

Auf feine, aber doch deutliche Art macht Julius seine Andeutungen und mit der Wallung bezieht er sich wohl auf einen zarten Hinweis gleichen Inhalts seiner Frau in einem Brief an ihn. Also Wallungen durch den Äther! Der Stabsarzt kann sich mit dieser Gefühlsduselei befassen, denn:

„Wir Offiziere leiden natürlich keine Not. Fett- und fleischlose Tage gibt's nicht... Also könnt Ihr in der Heimat Euren Schinken und Wurst behalten, und das ist auch besser so; wir brauchen Euch nicht zu berauben, Eure Not ist größer als die unsere, wenn auch die Nahrungsmittel hier ständig teurer werden, so sind sie doch wenigstens immer noch vorhanden."

Dabei wurden für die normale Bevölkerung die Fleischrationen in den Jahren 1916/17 auf 31,2% des Friedensverbrauchs vermindert, die von Butter sogar auf 22 %. Julius gehört aber zur Elite, auch was die Behausung bei einem nochmaligen Umzug, diesmal nach Anbel, anbetrifft:

„Der Umzug ist beendet, das Quartier ganz gut, bei einem Notar in dessen Villa; vorzüglich sind sie alle nicht, aber meins ist immer vom Besten. Die Leute sind unfreundlich, wehrten sich gegen die neue Einmietung, was ihnen natürlich nichts half."

(26.3.16)
Und am 28.3.16 eine genauere Beschreibung der neuen Umgebung:

„Anbel ist ein freundliches, reinliches Dorf, das man besser einen Flecken nennt, mit über 3.000 Einwohnern, die zwar hier und da uns grüßen, aber im Ganzen sich ablehnend verhalten, vor allem gegen die Lasten der Einmietung, wiewohl sie eigentlich deutschen Ursprungs sind und fast alle vollkommen Deutsch sprechen. Die umgebende Landschaft ist gar lieblich, saftig grüne Hügel in Höhe von 2-300 m, durchzogen von einem anmutigen Bächlein mit viel gewundenem Lauf, sich rundenden Ufern und umsäumt von zahlreichen knorrigen Weiden, hübschen Baumgruppen dazwischen und das Land abgeteilt durch dicke, grüne Hecken, nirgends langweilig, immer abwechslungsreich begrenzt und belebt durch eingestreute Dörfer und Flecken mit schönen Kirchen, von denen die Anbels allerseits weither zu erblicken ist, und der Blick sich öffnen lassend über die Weiten bis zu fernem Horizont. Das Land zu Pferd zu durchstreifen und sich zu erfreuen an den artigen Ausblicken, ist sehr verlockend und verspricht in sommerlicher Wärme und in strahlendem Sonnenschein ergötzliche Erquickung. Die Stille der Landschaft, die reine Bergluft bilden einen angenehmen Gegensatz zu der dumpfen berußten Luft unserer letzten Wohnstätte und zu dem lärmenden Getriebe der Großstadt. Wir fühlen uns erinnert an unser unvergessliches Ambleve Tal, das freilich großartiger und romantischer war. Nur vermissen wir zunächst das gesellige Leben der Bierstube, das uns angenehme Kameraden und Freunde brachte, sowie deren Erlebtes aus dem Kampf der Völker und die daraus zu knüpfenden Ausblicke in die Zukunft. Nun fremde Gestalten tauchen hier nicht auf in unserem Gesichtskreis, wir sind einsam und auf uns allein angewiesen in unserer kleinen Zahl."

Julius' Bericht lässt einen erschaudern, wenn man bedenkt, dass zu diesem Zeitpunkt der Angriff auf die Festung Verdun im Gange ist. Von 21.2.16 bis 21.6.16 folgt Schlacht auf Schlacht um die Einnahme dieser gut verteidigten Stadt, Monate, in denen das deutsche und das französische Heer ausbluten. Verdun wird deswegen die „Blutmühle" genannt. Zu der Zeit, wo Julius' Landsleute zu Hunderttausenden in den Granattrichtern und im Schlamm dieser Abnutzungsschlachten versickern, macht er sich voller romantischer Melancholie Gedanken über sein eigenes Wohlbefinden. Natürlich stehen uns jetzt die Fakten und Zahlen zur Verfügung, während Julius unmöglich mit Genauigkeit wissen konnte, wie verheerend es damals in nicht weiter Ferne zuging. Dennoch überkommt einen Scham in seinem Namen. Aber Julius' Lebensweise ändert sich nicht:

„Der Regen hatte aufgehört um 4 Uhr, sodass ich mir schleunigst meinen Luy geholt habe und nach Battice geritten bin, um die Truppenunterkünfte auf ihre hygienische Beschaffenheit zu untersuchen. Der Ort ist fast ganz zerstört (Anbel ist unversehrt), sogar die Kirche ist ganz zerschossen. Es geht dorthin bergauf, bergab durch wunderliebliche Landschaft, der schlanke Kirchturm von Anbel winkt bei der Rückkehr von weitem her bereits gar lieblich herüber. Solch eine neue Gegend hat auch ihre Reize; die neuen Eindrücke beleben das Nervensystem nach langer Eintönigkeit der Umwelt und des Lebens überhaupt. Demnächst werde ich auch einmal den elektrischen Grenzzaun an der holländischen Grenze besichtigen. Er ist nicht weit von hier.
Heute scheint die Sonne gar prächtig und es ist kein Wind. Da gibt's einen schönen Ritt. Im Ganzen also, Ihr braucht Euch nicht zu sorgen: mir geht's gut. Auch das Essen ist vorzüglich; ich glaube, ich werde jetzt wieder dicker, auch die Bergluft bekommt mir. Eigentlich wäre es doch schade, zu Ostern diese Sommerfrische zu verlassen und heimzufahren? Na, da male ich mir aber Eure langen Gesichter aus, die Ihr jetzt macht! Die Sehnsucht nach Hause ist bei alledem groß.
Für meinen Luy könnte mir der Tierschutzverein auch Kraftmittel spenden, der hat's eben nötig." (30.3.16)

Bei einigen seiner Ausritte kombiniert Julius also die Pflicht mit dem Vergnügen. Allgemein betrachtet tragen sie dazu bei, seine aristokratische Lebensweise in gediegenen Unterkünften zu vervollkommnen. Sein Offiziersdasein bietet ihm die einmalige Gelegenheit, seine Zugehörigkeit zu einer oberen Schicht vorzutäuschen, was er zusätzlich durch intensives Zigarrenrauchen besonders zu betonen weiß. Dass er aber für die Ermöglichung seiner Spazierritte Futtermittelspenden in Anspruch nehmen möchte, wo diese doch für dienstliche Zwecke eher notwendig sein durften, klingt in dieser Kriegslage sehr unverschämt und unpassend.

Auch dem armen Helmut geht es zumindest zeitweise beneidenswert gut:
„Helmut hat mir von Bremen geschrieben, scheint dort recht lustig gewesen zu sein."
Auch am 1.4.16 gleichermaßen:
„Heute Nachmittag fahre ich nach Lüttich zum Ärzte- und Korpsabend. Das bringt Abwechslung."
Im gleichen Brief dann wieder sentimental:
„Der Freude gibt's ja sonst so wenig hier, und von seinen Lieben hört man immer gern."
Auch um Alltagssorgen geht es hin und wieder:
„Habe Dir soeben Butter geschickt (6 Pfund). Vielleicht könnt Ihr Sonntagabend auf der Post nachfragen und sie Euch holen. Nicht sagen, was darin ist. Die Butter hättest Du am 1. September nicht angeben brauchen. Meldest Du sie überhaupt an? Sie kann beschlagnahmt werden. Nichtanmelden steht unter Strafe." (2.4.16)

Die Rationierung der Butter führt zu Mangelerscheinungen in der Ernährung der Bevölkerung. Es wird nicht ganz klar, ob Julius nun erwartet, dass Emma ihren Schatz anmeldet oder nicht, was übrigens beim Magistrat zu verrichten ist. Auf jeden Fall wird die Bevölkerung durch Strafandrohungen vor Schwarzmarkthandel zurückgeschreckt, denn *„amtlichen Schätzungen zufolge liefen zuletzt ein Drittel bis die Hälfte der vorhandenen Nahrungsmittel durch die Kanäle des illegalen Schwarzhandels, wo sie zu stark überhöhten Preisen angeboten wurden. Nicht selten lagen diese um das Zehnfache über dem Vorkriegsniveau"* (s. Ludger Grevelhörster, ebd., S. 95). Es sind regelrechte „Butterjagden" entstanden. *„Butter etwa war nach der Festsetzung von Höchstpreisen im Frühsommer 1916 zeitweise vollständig aus dem freien Verkauf verschwunden"* (ebd. S. 70). Der Grund für den Mangel liegt aber tiefer, denn *„noch vor dem Krieg hatte Deutschland etwa 20 bis 25 Prozent seiner Nahrungsgüter aus dem Ausland eingeführt, darunter besonders Milchprodukte, Fleisch, Fisch und Pflanzenfette. Auch Futtermittel wie argentinischer Mais und russische Gerste gehörten zu den Importen, ebenso Stickstoffdüngemittel, mit denen sich der Ertrag der Böden erheblich steigern ließ. Als Folge der Blockade* (der Engländer) *gingen diese Einfuhren also nunmehr stark zurück. Gleichzeitig brach die inländische landwirtschaftliche Produktion um etwa 30 bis 40 Prozent ein, weil es wegen der Einberufungen an Arbeitskräften fehlte und das Militär in großem Umfang Pferde beschlagnahmte, die eigentlich als Arbeitstiere auf den Feldern gebraucht wurden. Hinzu kamen der Mangel an Betriebsmittel, an Saatgut und Dünger sowie die Folgen wiederkehrender Missernten wie die von 1916"* (ebd. S. 69). Um diese Missstände zu beseitigen wurden staatliche Kontrolleinrichtungen geschaffen, wie die Kriegsgetreidegesellschaft, die Kriegskartoffelgesellschaft oder die Kriegsgesellschaft für Sauerkraut. Und schließlich wurde *„zur Feststellung der zuzuteilenden Brotmenge ... die Brotkarte eingeführt. Als erste deutsche Stadt tat dieses im Februar 1915 Berlin; ab Juni des Jahres war Brot dann im ganzen Land rationiert."* (ebd. S. 71)

Noch an anderen Nahrungsmitteln mangelt es, die nunmehr ihren Weg von Land zu Land finden:

„Das Fleisch ist auch nicht billig, fast 3,- Mark das Pfund, es sind etwa 5 1/3 Pfund. Du musst es natürlich nochmals abwaschen und braten oder kochen. Sieh nur sorgfältig zu, ob es auch noch gut ist, dass Ihr nicht krank werdet daran."

Ja, um die Ernährung der Bevölkerung steht es schlecht. In Paketen wird noch andersartige Ware hin - und hergeschickt:

„Ein Wäschepaket hast Du nun schon erhalten, das ich einem Urlauber mitgab. Warst Du schon zu Bett? Oder bist Du nicht in süßem Traum gestört?" (8.4.16)

Emma soll seine Wäsche zu Hause waschen und mit dem Urlauber wieder zurücksenden. Verwunderlich, dass zu Kriegszeiten schmutzige Wäsche über die Grenze transportiert wurde. Dass Emma aber aus dem Schlafe geschreckt wird, diese Idee verfolgt ihn öfters mit dem entsprechenden Beigeschmack:

„Da bist Du mal wieder aus dem Schlaf geholt, vielleicht aus gar süßem Traum; wenn es Dein Männchen gewesen wäre, der Dich so grausam weckte, wäre es Dir vielleicht lieber gewesen. In dem Paket ist Schweinefleisch." (14.6.16)

Dann äußert Julius noch einen außergewöhnlichen Wunsch, der zu seinen adligen Allüren passt:

„Schicke mir 2-3 Servietten mit für Mittagessen. Wir haben

hier keine." Gemeint sind Stoffservietten.
Und weiter geht es mit Paketsendungen:
„Sage Käte schönen Dank für den Kuchen." (21.4.16)
Auch an Helmut kann geschickt werden:
„Wenn Helmut noch Zeug nötig hat, dann schreib es mir, ich kann das billiger besorgen."
Bald soll Julius auf Urlaub heim kommen:
„Also die Zeit kannst' kaum noch erwarten, Dein Männchen in die Arme zu schließen? Na, mir geht's auch nicht anders, muss auch bald anfangen, die Stunden zu zählen. Wenn Du diesen Brief erhältst, sind's ja bloß noch 2 Tage! Eine ganz kurze Zeit noch, dann haben wir uns wieder und wollen wir aber auch die ganze schöne Zeit im Wonnemonat Mai ganz für uns haben." (27.4.16)

Ein Brief wie von Jungvermählten! Dabei hat das Ehepaar vier Kinder und 20 Jahre Ehe hinter sich! Julius und Emma, das ewige Liebespaar! Aber es kommt noch spannender, denn sie haben beschlossen, sich in Hannover im Zug zu treffen, um ihre Zusammenkunft um einige Minuten oder Stunden vorzuverlegen:
„So ganz allein im Abteil, wäre doch niedlich." Und dann noch deutlicher: *„Hoffentlich sind wir hübsch allein."* Ein Treffen, wie das von zwei Schulkindern! Welche primitive Auffassung von Romantik! Wiedersehen im Zug, das Symbol für das Leben, das weiterzieht. Zusammensein in der Eisenbahn, die neue Errungenschaft der Technik dieser Dekaden. Aber die schöne Zeit ist schnell vorbei und nur die Erinnerung bleibt:
„Da bin ich nun wieder daheim. Aber dieses „zu Hause" will mir gar nicht gefallen, so öde und unbehaglich wie dieses Mal hat mich meine Soldatenbude noch gar nicht angemutet, schier wollen mir die Tränen kommen, so wehmütig ist mir's ums Herz." (14.5.16)

Und am 12.4.16 hatte er sich schon selber über seine Begriffsverwirrung gewundert:
„Hier hast Du einen Blick auf unsere Heimstätte - könnte man bald sagen - ja, wo bin ich eigentlich zu Hause? Der böse Krieg verwässert die Begriffe, man kann sich kaum noch denken, wie es ohne Krieg sein soll."

Dennoch immer wieder die Überzeugung, das Kriegsende sei in Sicht: *„Die längste Zeit ist vorüber. Im Herbst kommt der*

Frieden." (3.6.16) Oder: „Jetzt am Schluss des Krieges hat's auch keinen Zweck mehr." (13.6.16)

Dabei steht nun eine der schlimmsten Schlachten bevor, die von Somme, die in fünf Monaten im ganzen 1 Million Tote für 800 km2 Terrain fordern wird. Die Hoffnungen trügen, denn *„zu Beginn des Jahres 1916 lagen die militärischen Dinge zunächst so: Zwar war im Mai 1915 Italien in der Aussicht auf Gebietseroberungen zu Lasten Österreichs auf die Seite der Alliierten in den Krieg gezogen; doch an der Ostfront hatten deutsche Truppen... Russland im Sommer jenes Jahres weit zurückgedrängt und dadurch zugleich den militärischen Druck auf die österreichische Armee vorübergehend gemindert. Im Oktober 1915 schloss sich daraufhin Bulgarien den Mittelmächten (Deutschland und Österreich) an. Noch im selben Monat waren dann deutsche, österreichische und bulgarische Truppen gemeinsam gegen Serbien vorgegangen, das sich überraschend lange gegen die Angriffe der Donaumonarchie hatte halten können. Durch die endgültige Niederwerfung Serbiens war nun die strategisch wichtige Landverbindung zum Osmanischen Reich hergestellt und die Südostflanke der Mittelmächte vorerst gesichert. An der Front im Westen hatten unterdessen die deutschen Verteidigungslinien gegen wiederholtes Anrennen der Alliierten, zuletzt im Herbst 1915 in der Champagne und bei Arras, gehalten. Insoweit stellte sich die militärische Gesamtlage Anfang 1916 zwar momentan durchaus günstig dar; auf längere Sicht aber mussten die Aussichten des Krieges für die Deutschen und ihre Führung weniger ermutigend erscheinen. Denn inzwischen befanden sich deutsche Truppen unter anderem im Tirol, hierbei zur unterstützenden Abwehr italienischer Angriffe auf österreichische Stellungen, in Serbien, in Polen, in den baltischen Provinzen Russlands, in Kleinasien, sowie in Belgien und Frankreich im Einsatz."* (s. Grevelhörster, ebd., S. 76 – 77) Eine klare Überforderung für die Mittelmächte.

Nun Julius über einen Brief von Helmut:
„Gestern habe ich von Helmut einen Kartenbrief erhalten. Er ist leider nicht befördert. Es gefällt ihm dort nicht, er klagt, dass keine Kameradschaft herrsche und über den Dienst.

Verwundete gab es wenig, da die Russen zu dämlich seien, man könne am Tage auf der Deckung herumstiefeln. Er hat Pech, der arme Junge. Ich habe ihm heute einen Trostbrief geschrieben; es ist aber auch zu scheußlich. Da soll die Begeisterung wohl flöten gehen. Bei uns macht man jeden, der nichts ist und nichts kann, zum Leutnant und an der Front unter Strapazen und Gefahren kommt's auf Dienst an. Das ist mal so im Militär. Es geht nicht immer gerecht. Die Hauptsache ist, er bleibt uns erhalten, nachher soll an ihm wieder gut gemacht werden, was er jetzt zu erdulden hat... Hier ist alles beim Alten, ebenso langweilig wie bei Helmut, eine öde Quälerei. Wird ja wohl auch mal aufhören." (21.6.16)

Als einziger Kommentar reicht es, daran zu erinnern, dass an diesem Datum, dem 21.6., die viermonatige Schlacht von Verdun endet und die von Somme bereits begonnen hat.

Julius unterlässt es kategorisch, in seinen Briefen irgendwelche Berichte über die Kriegsverwundungen zu bringen. Er verschont seine Familie, obwohl er vieles hat sehen müssen. Andere Autoren beschreiben uns die Verletzungen, wie beispielsweise E. M. Remarque in seinem Werk *„Im Westen nichts Neues"*, S. 212, gegen Ende des 10. Kapitels. Neben diesen Gräueln gibt es aber noch andere Leiden, die auch Schmerzen und Tod herbeiführen, aber niemanden zu Ruhm verhelfen: *„Grippe, Lungenentzündung, Nierenentzündung: das ist jetzt unser Heldentod, und dafür gibt's nicht einmal das Biermarkl (Ehrenkreuz)"*, lässt Klemperer im erwähnten Werk erklären (ebd. S. 345). Diese sind die fatalen Krankheiten in den ständig mit Wasser gefüllten Schützengräben und Trichtern an der Westfront. Vielleicht hat Julius bei seinen Heimataufenthalten von diesen Leiden mündlich Bericht erstattet, was bei seinem Charakter kaum wahrscheinlich erscheint. Er hat das Grauen in sich hineingefressen, im vollen Bewusstsein des Schadens, den diese Vorgehensweise in seinem Innern anrichten würde.

Es kommt aber auch zu Besuchen der Familie beim Herrn Papa, der ihnen genau angibt, wie die Zugverbindungen aussehen:

„Ihr fahrt morgens 9 Uhr 42 aus Braunschweig ab nach Hannover, hier 1 Stunde Aufenthalt, dann nach Aachen (Fahrkarte natürlich in B. gleich bis Aachen), wo Ankunft abends ½ 7. Ich erwarte Euch dann am Bahnhof." (26.6.16)

Die kurze Entfernung bedeutete damals eine halbe

Weltreise! Und weitere wichtige Angaben:

„Fleischkarten gibt's in Aachen aber nicht, man kann alles haben, nur Brot auf Karte (müsst Euch zu Hause abmelden)." (30.6.16)

So eine Reise musste bis ins letzte Detail vorbereitet sein! Auch die Beschaffung der Unterkunft bereitet Probleme:

„Privatwohnung hätte ich wohl, aber da hapert's mit dem Essen. Die Hotels wollen an solche, die da nicht wohnen, nichts geben. In dem Hotel, wo ich dachte, ist wahrscheinlich kein Platz mehr."

Und dann Emmas Ankunft betreffend wieder mal eine Bemerkung à la Julius:

„Ich erwarte Euch am Hauptbahnhof! Ich denke, die erste Nacht bleiben zu können. Freust Dich schon?" (3.7.16)

Wer sich hier wohl bestimmt freut ist Julius selber, der immer wieder mit pikanten Bemerkungen aufwartet:

„Einen schönen Morgengruß Euch allen! Seid Ihr schon hübsch aufgestanden? Aber natürlich. Wie schade, dass ich Euch nicht gar freudig begrüßen kann mit einem süßen Kuss! Weißt Du, so im wonnigen Beieinander, im süßen Spiel, morgen ist Sonntag!!"

Wenn er zu direkt wird, greift ja Emma bekanntlich zur Schere, wie im nächsten Fall, wo der Satzanfang fehlt:

„ ... braucht noch nicht bang zu sein, kommt schon noch."

Man reime sich zusammen, was man will!

Julius lässt sich immer wieder von den Reizen seiner Gattin hinreißen:

„Die beiden Bilder sind ja famos, wenigstens das eine, auf dem Du ganz verführerisch aussiehst, sogar die linke Hand winkt sehr einladend. Die muss ich behalten." (14.9.16)

Es dauert nicht lange, und der Staat greift mit seinen Verordnungen in das Alltagsleben jedes Einzelnen ein:

„Ich lege Dir Zeitungsausschnitte mit hinein. Der eine betrifft die Fahrradschläuche. Ihr müsst sie irgendwie anmelden auf der Polizei." Und es folgt ein langer Artikel vom 13. Juli 1916, wahrscheinlich aus der „Braunschweiger Zeitung":

„Vom 12. August 1916 ab dürfen Fahrradbereifungen nur benutzt werden mit Erlaubnis des stellvertretenden

Generalkommandos 10. A-K. Diese Erlaubnis zur Weiterbenutzung der beschlagnahmten Fahrradbereifungen wird nur in besonderen Fällen erteilt werden, insbesondere wird sie nur solchen Personen erteilt werden, die das Fahrrad in Ermangelung anderer zweckdienlicher Verkehrsmittel als Beförderungsmittel zur Arbeitsstelle, die aber wenigstens drei Kilometer von der Wohnung entfernt sein muss, benutzen müssen. Die Erlaubnis wird auch nur in diesem Falle für den kürzesten fahrbaren Weg erteilt werden. Das Befahren anderer Wege von der Wohnung zur Arbeitsstelle ist verboten. Ferner wird die Erlaubnis erteilt werden solchen Personen, die einen im allgemeinen Interesse notwendigen Beruf ausüben und dazu des Fahrrades als Beförderungsmittel bedürfen. Die Erlaubnis wird aber nur erteilt werden können, wenn die Beförderung der Waren mittels Fahrrades zur Aufrechterhaltung des Betriebes erforderlich ist und nicht nur zu einer Erleichterung in der Beförderung der Waren dient. Personen, die des Fahrrades als Beförderungsmittel wegen ihres körperlichen Zustandes bedürfen, werden ebenfalls die Erlaubnis zur Benutzung des Rades erhalten. In allen diesen Fällen wird aber die Erlaubnis nur erteilt werden, soweit die Benutzung des Fahrrades zu dem im Antrage angegebenen Zweck unbedingt erforderlich ist. Erschwerungen in der Beförderung von Waren und Personen durch Nichtbenutzung des Fahrrades werden ertragen werden müssen...

Es dürfte sich auch empfehlen, dem Antrage (nebst vorgeschriebener Radfahrkarte) gleich ärztliche Atteste und dergl. beizufügen...

Die Sammelstellen werden für die zur Ablieferung kommenden Fahrradbereifungen folgende Preise zahlen:

	Decke Mark	Schlauch Mark
Klasse a sehr gut	*4,-*	*3,-*
Klasse b gut	*3,-*	*2,-*
Klasse c noch brauchbar	*1,50*	*1,50*
Klasse d unbrauchbar	*0,50*	*0,50*

Die Sammelstellen sind ermächtigt gegen Empfangsbescheinigung auch Fahrradbereifungen anzunehmen, die unentgeltlich zur Verfügung gestellt werden."

In den Kriegsjahren wird der Bevölkerung einiges aufgebürdet und zugemutet, zugleich eine Bescheidenheit erwartet, die uns in der heutigen verwöhnten Konsumgesellschaft lächerlich vorkommen kann. Julius meint, sein Rad solle als *„ärztliches angegeben werden, wird aber wohl keinen Zweck haben"*, wenn man annimmt, dass die Bestimmungen genau befolgt werden. Ein Jahr später, in Oldenburg residierend, wird Julius sich nach seinem Fahrrad zurücksehnen:

„Schade, dass ich jetzt mein Fahrrad nicht habe, hätte den Gummi doch nicht abgeben sollen; aber den alten kriege ich nicht wieder und neuer ist schlecht und teuer. Ich habe zu dem Lazarett viel zu laufen, da wäre das Rad angebracht." (6.7.17)

Da ist nichts mehr zu machen.

In der gleichen Zeitungsausgabe ein weiterer Hinweis auf die Knappheit, die auf verschiedenen Sektoren herrscht und die Notwendigkeit des Eingreifens der Behörden:

„Es erschien keine Kirsche und keine Erdbeere mehr auf dem Markt. Aber die Behörde ließ sich nicht übers Ohr hauen; sie ließ folgendes bekannt geben:
„Sollte nicht innerhalb drei Tagen der Markt von X wie ehedem mit Kirschen und Erdbeeren zum Preise von 25 Pfennig bzw. 45 Pfennig, beschickt werden, so werden unverzüglich Landsturmleute zum Einsammeln kommandiert und den Eigentümern das Obst zu einem festen Preise enteignet. Jedoch werden die Unterhaltungskosten für die Landstürmer abgezogen."
Zur Ausführung dieser Prüfung kam es nicht, denn sofort erschien auf dem Markt Obst in Hülle und Fülle. Man sieht also auch hier: Wo ein Wille ist, da ist auch ein Weg, und irgendeinen Weg sollte man auch hier gehen, um die übernatürlich hohen Obst- und Gemüsepreise auf ein erträgliches Maß herabzusetzen."

Die Bauern hatten es wohl vorgezogen auf dem Schwarzmarkt zu höheren Preisen zu verkaufen, aber schnell hat sich das emsige Amt zum Wohl der Zivilbevölkerung eingesetzt.

Inwieweit das Zivilleben bis ins letzte Detail geregelt war, zeigt auch der nächste Zeitungsausschnitt:

„*Abgabe von Waschmitteln.*
Für die Abgabe von Seife und Seifenpulver gelten von jetzt ab nach der Bekanntmachung des Reichskanzlers vom 21. Juli 1916 (R-G-Bl.1916 S. 766) und der Ausführungsvorschrift des Herzoglichen Staatsministeriums im Herzogtum folgende im Auszuge wiedergegebene Vorschriften:
Kleinhandel mit Seife und Seifenpulver für Selbstverbraucher:
1. Abgabe nur gegen Ablieferung des für den laufenden oder nächstfolgenden Monat gültigen Abschnittes der Seifenkarte. (Brotkartenabschnitt als Ausweis fällt fort)
2. Die Seifenkarte erhält man bei der Ausgabestelle des Stadtmagistrates oder dem Gemeindevorsteher des Ortes des Wohnsitzes oder dauernden Aufenthaltes. Sie ist nur gültig, wenn sie mit einer Nummer und mit dem Ortsstempel der Ausgabestelle versehen ist.
3. Bezug für zwei Monate in eins ist gestattet. Nicht verbrauchte Monatsabschnitte verlieren im folgenden Monat die Gültigkeit.
4. Abgabe von Schmierseife ist verboten.
5. Jede Person erhält eine Seifenkarte mit Monatsabschnitten für 50 Gramm Feinseife (Toilettenseife, Kernseife, Rasierseife) und für 250 Gramm Seifenpulver. Überlassung der Seifenkarten oder Veräußerung der bezogenen Waschmittel an andere ist verboten.
6. Zusatzseifenkarten können auf besonderen Antrag bei der Ausgabestelle erhalten:
a) Eine Zusatzkarte jedes Kind im Alter bis 18 Monaten.
b) Bis zu zwei Zusatzkarten: Grubenarbeiter unter Tage in Kohlenbergwerken und in gewerblichen Betrieben vor dem Feuer oder mit Kohlenbewegung ständig beschäftigte Arbeiter, außerdem Schornsteinfeger.
c) Bis zu vier Zusatzkarten: Ärzte, Zahnärzte, Tierärzte, Zahntechniker, Hebammen, Krankenpfleger, Personen, die mit Krankheitserregern berufsmäßig arbeiten; ferner Krankenhäuser auf die Kopfzahl der verpflegten Kranken nach Jahresdurchschnitt berechnet, endlich mit Ausweis des Kreisarztes oder des von der Kreis-, Polizeidirektion bestimmten Arztes, Personen, die an ansteckender Krankheit leiden."

Weiter geht es mit den Bestimmungen für die Abgabe von Waschmitteln für technische Zwecke. Die Intimsphäre ist auch mit geregelt!

Aber wie schwer die Lebenssituation nach zwei Kriegsjahren geworden war, zeigt auch der nächste Brief des Arztes:

„*Ist die Butter auch angekommen? Heute Abend werde ich wohl noch Nachricht bekommen. Wie Du aus dem Zeitungsausschnitt ersehen hast, unterliegen Butterpostsendungen aus dem Ausland der Beschlagnahme. Nun schicke ich freilich aus Aachen, aber ab Grenzstadt ist das auch nicht gestattet. Einem Offizier von hier ist sie beschlagnahmt worden. Hast Du die erhaltene Butter denn immer angemeldet? Von jetzt ab werde ich keine mehr schicken können. Nach der nächsten Bestimmung müssen die Bauern alles abliefern an eine Zentralstelle. Das hat unsere Zivilverwaltung angeordnet. Wir sind alle wütend, dass man so entgegenkommend die Herren Belgier behandelt aus Furcht natürlich vor den Herren Engländern, die sonst die ganze Nahrungszufuhr nach hier sperren könnten. Na, man wird ja bald sehen, dass es so auch nicht geht, womit die Truppen einstweilen keine Butter kriegen können, schließlich aus Deutschland!*" (5.8.16)

Die Seeblockaden der Engländer funktionieren. Deutschland hungert. Aber Belgien soll gefälligst weiterhin von den Briten beliefert werden, damit die Deutschen sie nicht ernähren brauchen! Und hier der Zeitungsartikel mit deutlichem Inhalt:

„*Butterpostsendungen aus dem Auslande werden mit Beschlag belegt. Jeder, der Butter aus dem Auslande erhält, muss sie nach den bestehenden gesetzlichen Bestimmungen sofort bei der Zentraleinkaufsgesellschaft in Berlin anmelden und nach erhaltener Anweisung abliefern. Diese Vorschrift bezieht sich auch auf Postsendungen. Die Unterlassung der Anmeldung und Ablieferung und insbesondere der Verbrauch der Butter sind mit schweren Strafen bedroht und haben bereits in zahlreichen Fällen zur Einleitung von Strafverfahren geführt. Auf diese Bestimmungen wird wiederholt hingewiesen, weil neuerdings holländische Firmen versuchen, für Butterpostsendungen aus Holland deutsche Einzelkäufer zu gewinnen, die natürlich vor der Absendung einen unerhörten Preis bezahlen müssen und dann durch die*

Beschlagnahme ihr Geld verlieren. Insbesondere wird vor der holländischen Firma „Cooperative Stoomquivelfabrik Concordia" in Koudum in dieser Hinsicht dringend gewarnt."

Bei Zwang zur Abgabe des Inhalts ist es ja vollkommen witzlos, Sendungen zu erhalten.

Wir nähern uns dem Hungerwinter 1916/17, der auch „Steckrübenwinter" genannt wurde, da die bereits zwangsrationierten Kartoffeln wegen schlechter Ernten ausfielen. *„In vielen deutschen Städten waren mehr als zwei Drittel der Einwohner unmittelbar von der dramatischen Nahrungsmittelknappheit betroffen. Untergewicht von 15-20% als Folge des Mangels wurde bei der Großstadtbevölkerung zur Regel; hinzu kam die verstärkte Ausbreitung schwerer Krankheiten wie Masern, Grippe, Lungenentzündung oder die ernährungsbedingte Tuberkulose... Die meisten Grundnahrungsmittel gab es mittlerweile nur noch gegen Lebensmittelkarten. Dabei waren die offiziell festgelegten Mengen inzwischen so gering, dass sie kaum noch zum Leben ausreichten. Ihr Kalorienwert sank bis Mitte 1917 auf unter 1000; das war lediglich knapp die Hälfte des normalen Kalorienbedarfs eines erwachsenen Menschen"* (s. Grevelhörster, ebd., S. 93).

Die Reaktion der belgischen Landwirte auf die eingeführten Maßnahmen kaum zwei Wochen später:

„Die Bauern weigern sich z. Z. schon hier, an Deutsche zu verkaufen; man wird hier allmählich wieder üppiger, da durch die Offensiven und aufgebauschten Nachrichten sie schon wieder in der Hoffnung leben, mehr als sonst, dass wir bald aus Belgien hinausgeworfen werden. Aber wir kommen ihnen auf den Kopf."

Für Julius steht mal wieder ein Ortswechsel bevor, was ihn überhaupt nicht betrübt:

„Nun sei mal recht vernünftig und rege Dich nicht auf, in die Schützengraben kommen wir ja nicht, aber wir müssen unsere Zelte hier abbrechen und mal wieder auf Reisen gehen und zwar - wir wissen noch nichts Bestimmtes - aber aus Belgien werden wir sicherlich rauskommen, vielleicht nach Rumänien, wer weiß, aber das wäre das Schlimmste noch nicht. Eine andere Welt, andere Eindrücke und Erlebnisse, ist ja auch ganz schön; hier wird's jetzt

eintönig und langweilig, freilich so nach 2 Jahren noch umziehen, ist ein recht eigenartiges Gefühl... Sprich aber noch nicht darüber, es ist geheim." (11.8.16)

Freut sich Julius nun wirklich auf etwas Neues oder simuliert er nur, damit Emma mal wieder beruhigt ist? Der gleiche Tenor im folgenden Brief:

„Ein schöner Morgengruß, diesmal noch aus Belgien. Der Freitagmorgen sieht uns woanders. Nun regt Euch nur nicht auf. Wir bleiben Besatzungstruppen wie hier zum Bahnschutz oder dergleichen, vielleicht an die Donau, das wäre freilich ein Küstenschutz (z. B. an die Nordsee gegen die Engländer). So was wird geheim gehalten." (12.8.16)

Bestimmt will er seine Emma durch die Erwähnung der bösen Engländer provozieren. Ihre ewigen Sorgen um ihn gehen ihm wohl zwischendurch auf die Nerven, und er rächt sich durch so einen kleinen Seitenhieb. Und in jedem Brief der Hinweis auf die Geheimhaltung seines Aufenthaltsortes. Auf jeden Fall schreibt er am gleichen Tag noch zwei weitere Briefkarten:

„Ich schicke noch 2 Pakete mit Butter und Fleisch. Die Butter musst Du hübsch waschen (es sitzen auch noch Papierreste daran)."

Also doch noch eine Buttersendung (und auch weitere werden folgen)! Dabei immer wieder die Ermahnung die Butter bzw. das Fleisch zu waschen. Man fragt sich, wo Julius diese Lebensmittel wohl erhielt, unter welchen hygienischen Verhältnissen sie verkauft oder verpackt wurden. Manchmal gibt er ja einen triftigen Grund an:

„Wenn er den Schinken bringt, musst Du den gut abwaschen mit Salzwasser, da im Bataillon jetzt Ruhr herrscht." (27.7.17)

Am 3.11.17 ähnlich:

„Das Wertpaket hat ein Patient von mir besorgt; also alles regelrecht waschen, am besten mit Salzwasser."

Vielleicht handelt es sich ansonsten nur um übertriebene Vorsichtsmaßnahmen eines hypochondrischen Arztes, denn bereits am 3.3.1906 warnte er seine Frau:

„Ich lege noch ein paar Karten ein. Du musst sie alle erst mit Benzin reinigen, ehe Du sie den Kindern gibst."

Und dann wieder das bekannte Leitmotiv:

"Dass Helmut nicht vorwärts kommt, hat mich schon oft scheußlich geärgert, fast täglich wurmt es mich; er hat entschieden Pech. Aber immerhin muss man sich damit trösten: Wer weiß, wofür es gut ist... Ich weiß nicht, woran es liegt, von ihm selbst ist nichts zu erfahren. Vielleicht hat er Schuld, da er zu verschlossen ist und zu wenig aus sich herausgeht. Die Friedensaussichten sind nicht gut, die Österreicher haben uns zu sehr in die Patsche gebracht. Hindenburg vermengt sie jetzt unter die deutschen Truppen, sodass sie nicht mehr selbständig sind."

Also Helmuts Charakter als Hindernis für seine Beförderung, was zutreffen könnte, wenn man sich die skurrilen, verkorksten kurzen Texte seiner Karten anschaut. Seine Schrift ist eine zusätzliche Bestätigung dieser Annahme. Aber kaum zwei Tage später schon eine kleine Wende:

"Schicke Dir hier einen Brief von Helmut, den ich heute erhalten habe, und der ja endlich wohl mal ein Lichtblick ist! Danach scheint er ja mit seinem Kompagnieführer gut zu stehen und auch schon an den Obersten herangekommen zu sein." (14.8.16)

Auch beim Militär zählt also: Beziehungen und Sympathien aufbauen und ausnutzen. Und dies tut der Herr Papa:

"Ich schicke Dir hier den Brief von meinem Freund Bues (brauchst ihn nicht zurückzuschicken, zeige ihn aber niemand). Es ist doch gut, wenn man hier und da einen Freund sitzen hat. Ob's viel hilft, weiß man ja trotzdem nicht, aber immerhin gibt's doch Hoffnung und im Militär ist Fürsprache sehr viel wert." (18.8.16)

Und tatsächlich fruchtet Bues' Vermittlungsversuch:

"Schnell noch eine freudige Nachricht: Mein Freund B. hat mir soeben telefoniert, dass Oberst Sch. ihm geschrieben hat, Helmut würde demnächst Leutnant werden. Da er erst kurze Zeit bei Oberst Sch. wäre, hätte er sonst noch lange warten müssen." (18.9.16)

Nach einem Monat schon die reellen Beförderungsaussichten. Verbindungen haben ihre Wirkung. Alles geht seinen Weg. Das Machtgeklüngel beim Militär scheint allgemein bekannt zu sein, einerseits, weil das Kürzel „kv", das im Fachjargon „kriegsverwendbar" bedeutet, von der Soldateska bedeutungsvoll in „keine Verbindungen" (die den Betreffenden dazu verhelfen würden, den Kriegsdienst zu umgehen) und andrerseits in folgendem Zitat von Klemperer belegt ist:

„Macht? Beim Militär gibt es immer noch einen Mächtigeren über dir, beim Militär bist du immer gebunden und irgendeiner Willkür ausgeliefert. Und Orden - bist du noch so naiv? Wenn mir heute einer fetten Käse besorgt, den ich für die Kinder nach Hause schicken kann - an diesem irrsinnigen Fettmangel werden wir noch den Krieg verlieren -, dann verschaff ich ihm das EK II dafür." (ebd., S. 525)

„Helmuts Beförderung muss täglich kommen, gewünscht ist es schon lange. Nach der Wahl dauert die Ernennung durch den Kaiser 4-6 Wochen." (22.10.16)

Der Kaiser pflegte sehr großzügig mit diesen Ernennungen und der Verteilung von Eisernen Kreuzen umzugehen. Graf Stürgkh, Mitglied des Generalkommandos, bezeichnet des Kaisers Handeln sogar als infantil, denn es überkam ihn bei der Vergabe der Ehrungen eine riesige Freude, die zumindest mitten auf dem Schlachtfeld umgeben von unzähligen Toten nicht angebracht war (vgl. Emil Ludwig, *„Wilhelm der Zweite"*, Berlin 1926, S. 348). Ähnlich lässt auch Klemperer im bereits zitierten Buch seinen Kameraden Clever berichten: *„Ich bin seit dem Anfang dabei"*, sagte er stolz, *„ich hab es bekommen, als es noch Wert hatte, jetzt fallen die Markln und das EK an die Offiziersburschen, die Köche und die Friseure"* (ebd., S. 345). Somit ist die Wirkung der Auszeichnung verwässert. Das Getue der Ankunft des Kaisers wegen wird auch in E.M. Remarques *„Im Westen nichts Neues"* kritisiert, wo die Soldaten ihre Schlafstellen plötzlich peinlichst reinigen sowie ihre Aufstellung unentwegt üben müssen. Viel wichtiger und reeller ist aber, dass sie an dieser gefährlichen Westfront im Angesicht des Todes stehen, vor dem ein Händedruck des Kaisers sie nicht bewahren wird (vgl. Remarque, Anfang Kapitel 9).

Beförderungen bringen immerhin reelle Verbesserungen im Leben:

„Helmut meint, er wolle mit dem Urlaub noch so lange warten, bis er Leutnant sei. Das ist auch für die Reise besser, da er dann 2. Klasse fährt." (9.10.16)

Es dauert nicht mehr lange und Helmut hat es geschafft:

„Es stimmt mit unserem Helmut, zugleich mit Deinem Brief zeigte er mir heute seine Beförderung an (vom 23. Okt.). Das ist doch großartig, was? Sieht doch gleich ganz anders aus." (30.10.16)

Damit hat der ehrgeizige Vater zwar ein wichtiges Ziel erreicht; vielleicht hätte aber seinem Sohn als einfacher Soldat ein günstigeres Schicksal geblüht. Voller Stolz schreibt er ihm anlässlich seines Urlaubs zu Hause:

„Ich begrüße Dich herzlichst in der Heimat. Freue Dich nach Herzenslust der heimatlichen Tage und empfange neue Kraft aus der heimatlichen Freude! Ruhe Dich nur erst mal ordentlich aus. Wenn Du ins Theater gehst, so hast Du in Uniform ermäßigte Preise, musst Dich erkundigen." (9.11.16)

Das Auftreten des Sohnes im Theater scheint einen hohen Stellenwert für Julius zu besitzen, denn er versäumt es nicht, das Thema in einem Brief an seine Frau aufzugreifen:

„Wenn er ins Theater geht, hat er in Uniform Ermäßigung, muss aber Mütze und Säbel mit hineinnehmen, Offiziere geben die nicht ab in Garderobe." Und weiter geht es um die äußeren Attribute eines Offiziers: *„Habt Ihr schon Leutnantskoffer und Waschsachen besorgt? Auch Offizierstornister muss er wohl haben, Feldflasche, Trinkbecher. Hat er schon Mantel?"* (10.11.16)

Julius kann sich nicht satt sehen an seinem frisch gebackenen Sohn in vollständiger Offiziersausrüstung. Es ist ein größeres Ereignis für den Vater als für den Sohn, dessen Einsatz wohl nur auf den Ehrgeiz seines Papsch zurückzuführen ist. Julius unterliegt einem starken Profitdenken, zumindest bezüglich seines Sohnes:

„Die Korpsbrüder und er haben mir aus Gießen eine Karte geschrieben; ich freue mich doch, dass es so gekommen ist, vielleicht bekommt er draußen Anschluss und Verbindungen."

Er denkt wohl an Verbindungen fürs Leben, für spätere berufliche Aussichten. Inzwischen gestaltet sich die Situation für die Bevölkerung immer härter. Es wird z. B. erwartet, dass man sein Gold hergibt:

„Wie stellst Du Dich denn zu dem Goldverkauf? Für die Kette und das Armband wäre es freilich schade. Meine und Deine alte Uhrkette ginge schon eher. Der Verlust wäre immerhin groß, da ja die Arbeit nicht bezahlt wird." (18.8.16)

Deswegen schreibt er eine Woche später im gleichen Sinne:

„Die Goldsachen behalte nur erst noch."

Es kommt noch schlimmer:

„Wie ich höre, muss jetzt alles, was man geschickt kriegt, angegeben werden, und was über 2 Tage hinausreicht, kann beschlagnahmt werden, wird es aber nicht. Vom 1. September findet eine Bestandsaufnahme statt, d. h. es muss alles angegeben werden, was man im Haushalt hat. Na, wirst es ja auch wissen." (20.8.16)

Gaben sich die Deutschen nicht als Sieger? Nun werden die deutschen Haushalte von der eigenen Regierung gefilzt, als gehörten sie zu einem besiegten ausländischen Volk! Die Regierung greift nach weiteren direkten Maßnahmen zur Finanzierung des Krieges: den Verkauf von Anleihen, die ersten bereits im September 1914, insgesamt neun. Die Rückzahlung sollte bei Kriegsgewinn vom unterlegenen Feind eingefordert werden. Da die Anleihenzeichnung nicht ausreicht, muss die Regierung auch noch vermehrt neues Geld drucken, womit die Inflation schließlich auf 250% steigen wird!

Es folgen mehr Einzelheiten zur Bestandsaufnahme:

„Ich wollte noch sagen, dass Ihr von dem Fleisch ruhig essen könnt. Wenn am 1. September nichts mehr davon da gewesen wäre, hättest Du es ja in der Bestandsaufnahme nicht anmelden brauchen. Du weißt doch darin Bescheid? In der Zeitung stand, was anzugeben war. Für Dich trifft zu: alles Fleisch und Fleischkonserven, auch in Gläsern, Schinken, Wurst und andere Dauerwaren. Butter wird nicht angegeben. Wenn ich in Urlaub komme, bringe ich natürlich Fleisch mit, auch sonst kann ich zwischendurch schicken. Fleisch leichter als Butter. Musst nur sagen, was Du nötig hast." (30.8.16)

Julius, der Belehrende. Er hat Grund dazu, denn Emma stammt zwar von einem üppigen Bauernhof, in dem sie das Haushalten gut gelernt hat, sie besitzt aber weder den Bildungsstand noch den Horizont ihres Mannes.

Erst am 22.9.16 ein Bericht über den neuen Verlegungsort:

„Mit dem Feind haben wir zwar nichts zu tun, wir liegen einstweilen weit hinter der Front, sehen von Kämpfen gar nichts, nur vorbeiziehende Truppen, wir sind an einer Bahnstation

(Lamouilly) und harren der Dinge, die da kommen sollen, einige Wochen werden wir hier wohl spazieren liegen bleiben. Trotz alledem sind wir jetzt richtige Feldsoldaten geworden. Wir liegen in Massenquartieren, ich habe ganz nettes Zimmerchen, sogar mit Ofen, den kein anderer hat, aber ohne Bettwäsche wie die anderen auch, und unter mir ein Waschlokal, neben mir und über mir ständig laufende Soldaten (die anderen haben sogar noch mehr über sich als ich). Essen gibt's aus der Feldküche wie die Mannschaften; mit dem Teller in der einen, den Löffel in der anderen Hand ziehe ich Punkt 12 durch's Dorf in die Feldküche, auf der Straße, auf einer Kiste wird gefuttert, dazu täglich 750 g Brot, 65 g Butter und Marmelade. Verhungern tut man also nicht, aber es ist eintönig. Schlaf gibt's wenig wegen der Unruhe. Läuse haben sich bisher noch nicht bemerkbar gemacht, sollen aber da sein. Mal was anderes. Schicke keine Eßsachen einstweilen. Die Bevölkerung ist ganz zahm und artig, macht stumpfsinnigen Eindruck. Manche Dörfer sind hier unversehrt, andere total zerschossen. Gegend recht hübsch. Wir liegen an einem Flusse, der umsäumt ist von Hügeln und Wäldern. Das Dorf ist ganz klein, nur 200 Einwohner, von denen aber wenig da sind, 1700 Soldaten und 40 Offiziere sollen hineinpassen. Dabei könnt Ihr Euch was denken."

Wo doch anfangs der Umzugsort geheim bleiben sollte, fällt hier ein Name, Lamouilly, und die nächste Sendung besteht sogar aus einer Ansichtskarte mit Bildern des Ortes Stenay. Unverständlich, denn auch am 16.10.16 heißt es: *„Wo wir eigentlich stecken, darf ich Dir ja nicht verraten."* Zum ersten Mal bezieht er eine dem Krieg entsprechende Unterkunft. Luxus ade! Dennoch kann er von Glück reden, denn täglich sterben in seiner Nähe Tausende in den Schützengräben der Somme-Schlacht!

Auch der folgende Brief mit Schilderung der Verbesserung der Unterkunft und der reizvollen Umgebung, als handele es sich um einen Urlaubsort:

„Macht Euch keine Sorge. Mir geht's gut. Wir sind näher an der Front, das ist das Interessante hier, aber es ist hier ganz ungefährlich, wo wir liegen. Unser Dorf ist ganz heil, kein einziges Haus ist hier zerstört. Einwohner sind sehr wenig hier, die meisten sind über die Schweiz abgeschoben, was noch fortgesetzt wird. Eigentlich bewohnen wir das Dorf ganz allein, der Rest der

Einwohner ist sehr zahm und freundlich, sie haben ja auch nichts zu erdulden von uns und sind froh, dass wir nichts von ihnen wollen. Mein Quartier ist recht gut, ich habe auch gutes Bett mit Bettwäsche. Nur Handtücher müssen wir uns selbst halten. Die Verpflegung geht. Wir essen nicht mehr auf der Straße, sondern haben uns ein Kasino eingerichtet. Die Umgebung ist schön abwechselnd mit Feld, Wald, Wiese, Hügeln. Ich habe augenblicklich viel zu tun, da der Bataillon andere Beschäftigung gegen früher hat und viel Kranke deshalb. Die Gefechte hören wir aber nicht. Wir sind wenigstens am Kriege und gehören jetzt mehr dazu, das macht Spaß." (2.10.16)

In zwei aufeinander folgenden Briefen bezeichnet Julius die Bevölkerung als „zahm", womit er sie ja im Grunde mit Tieren gleichsetzt. Julius, der Anmaßende. Bei seinen Beschreibungen kann man sich des Eindrucks nicht erwehren, dass er ständig seine Leserin Emma im Auge behält, d. h. dass er seine Schilderungen so zu verfassen trachtet, dass seine Frau seinetwegen nicht in Unruhe gerät. Dennoch klingt es erstaunlich, wenn er im vorherigen Brief den Krieg als etwas Interessantes definiert und nun sogar eine Steigerung findet: Kämpfen ist anscheinend erheiternd, denn es bereitet ihm obendrein noch Spaß. Dass er unbedingt zu den Krieg Führenden - oder seiner Ansicht nach Spielenden? - gehören möchte, ist ein Beweis für den militärischen Geist seiner Zeit. Wenn dieser Wunsch ein echter wäre, müsste er sich für sein bisheriges Luxusdasein schämen, was nirgendwo durchklingt.

Aber auch im zweiten Kriegsjahr kann er sich eines Gefühls der Überheblichkeit dem Feinde gegenüber nicht erwehren. Diesmal sind die Franzosen dran:

„In solch einem Hause möchtest Du wohl nicht wohnen? Na, im Kriege ist man allmählich bescheiden geworden. So sehen alle französischen Dörfer aus, langweilige, schmucklose Häuser mit flachen Dächern aus Holzziegeln und breite Straßen, die noch einen großen Platz vor den Häusern lassen zur Mistablage. Aborte sind unbekannte Kulturdinge. Im Westen freilich, wo deutsche Truppen liegen, sind solche von letzteren eigens erbaut zur Vermeidung der Seuchengefahr. Sogar Wasserleitung hat die deutsche Heerverwaltung gebaut und elektrisches Licht angelegt (abends aber müssen alle Fenster verhängt sein, den Herren Fliegern gegenüber). R., wo ich ja auch nicht bin, ist natürlich seit

70 deutsch." (16.10.16)

Eine Woche später ein zur Beruhigung bestimmter Brief:

„Kannst ganz unbesorgt sein, hier ist alles in guter Ordnung und ungefährlich. Nur die eine Kompagnie, die weiter vorliegt, könnte wohl einmal beschossen werden, aber das ist auch recht unwahrscheinlich. Im Allgemeinen ist hier Ruhe. Die Ortschaften selbst stehen nicht unter Feuer, vor allen Dingen unser Dorf nicht, das die Feinde gar nicht sehen können. Also mach Dir keine unnötigen Sorgen." (9.10.16)

Im Gegensatz zur zivilen Bevölkerung ist die Truppe auch gut versorgt:

„Hungern gibt's nicht, das Brot kann ich nicht alles aufessen, nur muss man sich erst an die neue Kost gewöhnen. Allmählich hat sich auch der Magen darauf eingestellt." (16.10.16) Und er betont, dass er auf Matratze, nicht auf Strohsack!, schläft. Auch an Heizmaterial fehlt es ihm nicht: *„Wir heizen hier mit Holz, sehr angenehm, Kohle gibt's nicht."*

Obwohl er mehrmals versucht, Emma vom Schicken von Lebensmitteln abzuhalten, kann die gute Hausfrau nicht davon lassen:

„Hab schönen Dank für Deine lieben, süßen Knabbersachen, die mich recht erquickt und erfreut haben, umso mehr, als ich weiß, dass Du mir damit Liebes erweisen willst in treuer Sorge um Deinen Soldaten in der Ferne. Immerhin freue ich mich ja doch und knabbere gern an den süßen Leckerbissen, die Makronen und Schokoladensternchen in freudiger Erinnerung an Euch daheim, die Ihr in Liebe meiner gedenkt." (17.10.16)

Schickt Emma ihm nun die Esssachen, weil sie befürchtet, dass er doch darbt, dass er ihr also nicht die volle Wahrheit geschrieben hat? Verschönert auf der anderen Seite Julius seine Situation, weil er seine Emma kennt, die ihn sogleich umsorgen wird? Möchte er es vermeiden, seiner Familie einen Leckerbissen vor dem Munde wegzureißen? Spiele der Erwachsenen.

Im gleichen Brief ein Bericht, der Aufschluss über seinen Aufenthaltsort gibt:

„Am Sonntag habe ich mir die alten Schlachtfelder von 1870 mal angesehen in einem 5-stündigen Ritt; es sind sehr viele, auch die Massengräber der Krieger sind noch erhalten und gepflegt."

Es handelt sich um eine Besichtigungstour zum Friedhof der Schlacht von Sedan, die sich Franzosen und Deutsche vom 19. Juli bis zum 2. September 1870 geliefert hatten. Es war das erste Mal, dass das Deutschlandlied gesungen wurde, obwohl Hoffmann von Fallersleben es schon 1841 komponiert hatte. Aber nicht nur durch diesen starken nationalistischen Zug, sondern an erster Stelle aufgrund des Sieges durch die Deutschen und der darauffolgenden Krönung des preußischen Königs Wilhelm I. zum deutschen Kaiser in Paris findet sich unter den Besuchern dieser historischen Stätte die höchste deutsche Prominenz: Der deutsche Kaiser Wilhelm II. hat ebenso wie sein Offizier Julius, nur ca. 14 Monate vorher, von seinem Hauptquartier in Charleville aus den Ausflug zum ehemaligen Schlachtfeld unternommen. Der Grund für beider Spazierfahrt bzw. Ritt war der gleiche: Zerstreuung. Im Gegensatz zur Schlacht von Sedan, wo sich noch Wilhelm dem Kaiser Napoleon III auf dem Schlachtfelde gegenüberstand, führte im 1. Weltkrieg kein Kaiser mehr sein Heer an. D. h. dass nun der Kaiser seine Langeweile vertreiben musste (vgl. Emil Ludwig, ebd., S. 346-7). Nicht viel anders erging es Julius, der wieder einmal seine aristokratischen Instinkte auslebt, obwohl die Erinnerung an ein zeitlich weit zurückliegendes Erlebnis in diesem Falle ausschlaggebend gewesen sein mag:

„Heute Abend Strandbeleuchtung Sedans wegen, die sehr schön sein soll." (2.9.1899)

Einerseits beweist die Begehung dieses Festaktes auf Westerland, von wo aus Julius obige Zeilen an Emma schrieb, welchen Stellenwert diese Schlacht in der deutschen Geschichte besaß, und andrerseits hinterließ die Festbeleuchtung in ihrer Schönheit zweifelsohne einen unvergesslichen Eindruck in Julius' Gedächtnis.

Der bereits zitierte Emil Ludwig gibt in einem anderen Werk diesmal über Mussolini noch eine weitere Information zum Gedenken an diese Schlacht: *„Quand nous étions enfants, nous fêtions chaque année à l'école la victoire de Sedan, 25 ans encore après la guerre de 70"* (vgl. E. Ludwig, *„Entretiens avec Mussolini"*, Paris 1932, S. 159, 4. Teil, Kap. „Über Europa") *(„In unserer Kindheit haben wir in der Schule jedes Jahr den Sieg von Sedan gefeiert, sogar noch 25 Jahre nach dem Krieg von 1870.")*. Einen weiteren Beleg für die Wichtigkeit dieses Sieges im

Bewusstsein der Deutschen finden wir durch seine Erwähnung in der Literatur, im 1914 erschienenen Roman „Der Untertan", nunmehr 45 Jahre danach: *„Na ja, Sedan ist nicht alle Tage"* - *der alte Herr betupfte sein Eisernes Kreuz. „Das waren wir!"* (s. Heinrich Mann, „Der Untertan", Ulm 1983, S. 62). Für die Franzosen stand die Schlacht begreiflicherweise für eine unvergessliche Demütigung, während sie bei den Deutschen als Ursache für deren Militarismus angesehen werden kann (vgl. Grevelhörster, ebd., S. 59).

Zwischendurch bekommt aber Julius doch kurze Einblicke ins Soldatendasein:

„Wir fuhren noch mit der Bahn, dann Kleinbahn, dann Fußmarsch, ohne Pferde die ganze Nacht etwa. Es war aber nicht schlimm, nass wohl, aber nicht durchgeregnet. Im Waldlager war's ganz ulkig; nur das Pfeifen der Granaten war nicht gar lieblich. Wozu ist denn aber auch Krieg? Hier pfeifen sie nicht mehr." (3.11.16)

Aber viel mehr bekommt er vom wirklichen Kriegsgeschehen nicht mit, zumindest lässt er seine Frau nichts davon wissen. Dass es zwischen ihnen wie bei jedem Ehepaar auch Missstimmigkeiten geben kann, beweist der folgende Brief nach einem Aufenthalt daheim:

„Es war mir wieder recht wehmütig ums Herz, als ich Deinen lieben Brief, süß' Frauchen, gelesen hatte. Der kleine Missklang beim Abschied infolge kleiner Missverständnisse tat mir umso mehr leid. Aber der Abschied wurde darauf umso leichter, ist's nicht so?" (30.11.16)

Aber die Trübung ist schnell vorüber:

„So ungeduldig? Am Mittwochabend bin ich doch erst angekommen, die nächste Post ging erst am anderen Morgen, also konntest Du am Sonnabend keine Nachricht haben, und ich habe sogleich geschrieben, dann nochmals zum Dienstag und heute zum Mittwoch."

Ganz liebenswürdig dann wieder:

„Du schreibst oft sehr hübsch, im schönen Stil. Woher kannst Du das eigentlich? Komische Frage, was?" Wieso ihm ihre Gewandtheit auffällt ist klar: Wie bereits erwähnt unterliegt sie ihm bildungsmäßig. Dennoch ein netter Lobesausspruch seinerseits. Im Bildungsbürgertum dieser Zeit hatte das

Briefeschreiben einen hohen Stellenwert; *„die im Familienkreis eingeübte Kultur des Schönschreibens und der sprachlich korrekten Ausdrucksweise"* wurde überaus wichtig genommen (s. Schulz, ebd., S. 19).

Rührselig, aber gleichzeitig belehrend wirkt er in der Karte vom 2.12.16:

„Heute muss ich ganz besonders oft an Euch denken, wo Helmut wieder abfährt. Ich kann Euch wohl nachfühlen, wie Euch zu Mute sein wird, auch den zweiten Abschied über Euch ergehen lassen zu müssen. Da muss die hübsche Erinnerung trösten, dass wir alle so traut beisammen waren; das doch wenigstens erreicht haben, eine Erinnerung auch noch gern für später und die freudige Hoffnung, bald wieder bei Euch einzukehren und dann wohl für immer." (2.12.16)

Ein Rezept an die Familie, um über die Schmerzen der Trennung hinwegzukommen: Sich an die Erinnerung klammern, die schönen Momente ins Gedächtnis rufen und davon zehren. Banaler geht es nicht, aber es ist tatsächlich das einzige Hilfsmittel in dieser ausweglosen Situation.

Und dann eine nähere Analyse der Urlaubstage im Familienkreis:

„Hast Recht, es waren doch recht schöne Tage gewesen, wenn wir weniger Unruhe, mehr Muße gehabt hätten, wäre es wohl noch schöner gewesen. Wir haben doch immer noch zu wenig uns selbst gehören können. Das ging nun mal wieder nicht anders. Das nächste Mal klappt's besser, hoffentlich ist es aber nicht noch einmal nötig, sondern wir bleiben alle beisammen, wenn der Friede nun vielleicht doch kommt." (7.12.16)

Der Frieden könnte in die Nähe gerückt sein, denn:

„Mit Rumänien geht's ja in Riesenschritten zu Ende." (4.12.16) Tatsächlich war Rumänien im September 1916 angegriffen und im Dezember bereits eingenommen worden. Bezüglich des Friedens hat Julius so seine eigenen Ideen:

„Mit dem Frieden kann es doch plötzlich kommen. Es kommt auf die einzelnen Völker an, nicht die Beziehungen." (19.12.16)

Das Thema lässt ihm verständlicherweise keine Ruhe und auch im nächsten Brief vom 21.12.16 schneidet er es voller Hoffnung an:

„*Ein schönes Weihnachtsgeschenk ist ja auch, dass Helmut in Sicherheit hinter der Front ist, hoffentlich so lange, bis der Friede da ist. Wenn er da ist, dann soll ein neues Leben für uns beginnen. Der Krieg wird uns da eine gute Lehre sein, uns zu bescheiden und uns zu mäßigen, zufriedener zu werden. Wir wollen uns dann freuen in unserem hübschen Heim, das wir uns recht freundlich gestalten und glücklich in unserem kleinen Kreise sein.*"

Diesen Vorsatz nimmt Julius sich nicht nur wegen der sentimentalen Weihnachtszeit zu Herzen. Einige Jahre später wird sein Schwiegersohn Hans sich an ähnlich lautende Äußerungen seines Schwiegervaters erinnern, d. h. dass Julius sich diese Gedanken tatsächlich zur Maxime gemacht hat. Der Krieg, in dem er kaum materielle Entbehrungen erlitten hat, lehrt ihn dennoch Bescheidenheit und Zufriedenheit.

Auch sein letzter Brief im Jahre 1916 zeigt, dass der eine Gedanke fast zur Besessenheit geworden ist:

„*Das alte Jahr empfiehlt sich mit Sturm und Regen; es ist ein Schandwetter, noch dazu für den, der erkältet ist; aber vom alten Jahr trennen wir uns dies Mal ja wieder ganz leicht, der Abschied wird uns nicht schwer, wir erhoffen vom neuen Jahr bessere und glücklichere Tage, die Friedenszeit nun endlich... Ich denke, der Frieden wird langsam angehen.*"

Julius' Gefühl der Friedensnähe kommt nicht von ungefähr. Am 12. Dezember hat die deutsche Regierung den Gegnern ein Friedensangebot unterbreitet, das leider keinen annehmbaren Inhalt bietet und nur halbherzig gemeint ist. Deutschland möchte auf keinen Fall weder auf das besetzte Belgien noch auf Elsass-Lothringen verzichten, die beiden Säulen der Bedingungen der Feinde. Somit wird am 30.12.16 das Angebot abgelehnt.

1917: „Ist das Fleischpaket angekommen?"

Das neue Jahr beginnt mit dem Altbekannten:
„Ich schicke Dir hier treffliches Fleisch, das Du wohl gebrauchen kannst. Macht Euch einen hübschen Braten davon und lasst es Euch gut schmecken; wenn Ihr Euch dann dabei vorphantasiert, ich und Helmut wären auch dabei, dann schmeckt es noch einmal so gut. Schreibe mir aber sofort, ob es angekommen ist, dass ich beruhigt bin; es bringt ein Unteroffizier, der früher Lehrer war; ich denke, er ist zuverlässig. Das Brot wird schon ein bisschen trocken geworden sein, vielleicht wird es wieder frisch durch Erhitzen. Das Abfallbrot habe ich mitgeschickt für die Tauben oder wofür Du es sonst verwenden kannst, brauchst es aber Frieda nicht zu zeigen, damit es nachher nicht heißt, Du hättest von Eurem Brot die Tauben gefüttert, was ja wohl verboten ist." (5.1.17)

Frieda ist wahrscheinlich der Name der Putzfrau, vor deren öffentlichen Kommentare man sich in Acht zu nehmen hat. So weit ist es nun gekommen, dass Julius nicht nur jedes Brotkrümelchen aufhebt, sondern es auch noch verschickt! So sparsam ist man im Umgang mit Lebensmitteln geworden! Am nächsten Tag folgt dann die spannende Schilderung des umständlichen Fleischtransports:

„Nun ist das Fleisch unterwegs, es ist eine prachtvolle Kalbskeule und ein Schmorstück. Schreibe mir sofort, ob es angelangt ist durch Unteroffizier P., ich bin etwas in Sorge darum, man kann alles nicht wissen, es könnte versehentlich im Zuge liegen bleiben oder daraus gestohlen werden, wenn der Unteroffizier schläft. Es war ein Umstand, der Unteroffizier musste schon um 6 Uhr morgens zu Fuß fort, da der Bahnhof 2 ½ bis 3 Stunden weit weg ist. Ich habe J. um 7 mit dem Paket zu Pferde losgeschickt. Jetzt schneit es und stürmt, das wird J. und Luy (dem Pferd) nicht gefallen. Wenn's dafür bloß geklappt hat."

Welch umsorgender Vater, der keine Hürden scheut, um das Wohlbefinden seiner Familie zu garantieren! Aber nicht nur in seinen Briefen dreht sich die Welt ums Essen: *„Ich kann wohl* *sagen, dass neun Zehntel unserer Unterhaltungen sich um Essen und Trinken drehten; alles andere, der Balkan, Verdun, ein möglicher Gasangriff der Engländer, eine mögliche Verschiebung unserer Division, kam erst in weitesten Abstand hinterher"*, so berichtet Klemperer in seinem „*Curriculum*" (ebd. S. 374). Aber der Literat wird noch deutlicher: „ *Weißt Du noch*", schrieb ich meiner Frau, „*wie ich in Rochlitz über das Kriegstagebuch des alten Haberkorn die Nase rümpfte? Nichts von Königgrätz, nichts als Essen und Stiefel. Und was steht jetzt in meinen Briefen aus dem Feld? Zu 99 Prozent dasselbe. Alles andere, den eventuellen Heldentod y compris, ist wahrhaftig weniger wichtig.*" (ebd., S. 401) Kein Wunder also, dass sich die Bevölkerung ihren Hunger auf alle erdenklichen Weisen zu stillen sucht: „*Hier hat meine Frau... zu Füssen eines Grabes aus dem achtzehnten Jahrhundert die erste Umwandlung eines Blumenbeetes in ein Gemüsebeet gesehen. Kurz darauf beobachteten wir die gleiche Metamorphose auf vielen Schmuckplätzen und Grünrändern längs der Straßen.*" (ebd., S. 498)

Julius hat Grund für eine anhaltende, gedämpfte Stimmung:

„*Du wunderst Dich über unser trübseliges Weihnachten; Neujahr war auch nicht besser. Wer ist denn auch noch hier? Die älteren Offiziere sind weg. Die anderen sind erst vor einiger Zeit Leutnant geworden, die anderen sind Feldwebelleutnant, also dem Unteroffiziersstand angehörig, mit dem kein Gespräch zu führen ist. J. liegt in einem anderen Ort. Also kannst Du Dir den Stumpfsinn denken.*"

Julius bleibt Julius. Er findet immer wieder Menschen, über die er steht, einmal sind es die Feinde, ein anderes Mal die Rangniedrigeren. Haben die nicht auch ihre Werte, ihre besonderen Kenntnisse, Witz oder menschliche Wärme? Und weiter geht's:

„*Ja, viel Freud gibt es hier nicht. Ein Kasino besteht nicht mehr, da kein Zusammenhalt mehr ist. Also, man wird schließlich ganz stumpf, ein Tag ist wie der andere, ob Sonn- oder Festtag oder Wochentag ist ganz gleichgültig. Ich habe die Festtage noch nicht einmal mein besseres Zeug angezogen. Für wen denn auch? Für mich selber? Ach, das rührt einen nicht mehr. Es ist nur gut, dass ich das Alleinsein vertragen kann, aber man kommt sich doch manchmal so wie verbannt vor. Das ist nun ein Klagelied geworden, was es eigentlich nicht sollte. Na, denke Dir nicht viel dabei, die Zeit geht ja auch so hin, hoffentlich schnell."*

Julius in einer Depression, Beginn einer neuen Phase in seinem Leben, die ihn nicht mehr verlassen wird. So schlimm wie Piscator, Tucholsky oder Toller geht es ihm nicht, die alle drei im Kriege zu Pazifisten wurden und wegen Nervenzusammenbruchs aus dem Heeresdienst entlassen werden mussten, ebenso wie unser viel zitierter Victor Klemperer, der im April 1916 mit einer Nephritis und der Diagnose, er würde nicht noch einmal frontfähig werden, entlassen wurde (er wird aber nochmals eingezogen!). Seinen seelischen Zustand, der für Julius wie für Millionen andere zugetroffen haben mag, beschreibt Klemperer wie folgt: *"Es gibt kein größeres Leiden als die innere Öde, die Inhaltslosigkeit endloser Tage, denen eine unabsehbare Reihe ebenso endloser Tage folgen wird, die bewusste Nichtexistenz bei lebendigem Leibe. Wie soll man das Nichts darstellen?"* (ebd. S. 423) Ein deprimierender Anblick der Aussichtslosigkeit und Eintönigkeit ohne Hoffnungsschimmer.

Und über Julius' Fotografie kommentiert eine Verwandte:

"Dein Bildnis sieht ohnehin so recht, recht ernst aus, ganz dieser Zeit entsprechend."

Auch Julius' Stabilität ist dahin, sein Vertrauen in die Leistungen des deutschen Heeres lässt nach, obwohl es immer wieder aufflackern wird. Er, die moralische Stütze der Familie, wankt und wandelt sich zum Fatalisten:

"Ich weiß immer nicht, was ich tun; ob ich um meine Versetzung in die Heimat ankomme, schließlich müssen sie ja selber für Ersatz sorgen. Dann denke ich wieder, bis ich dann wegkomme, vergehen auch etwa 3 Monate und dann ist vielleicht der Frieden in Aussicht. So schwanke ich hin und her, niemand kann mir raten und helfen. Wenn ich wirklich zu Hause bin, kann ich auch wieder rausgeschickt werden und wer weiß, wohin dann? Mich hat nun einmal ein Los getroffen und ich werde wohl aushalten müssen... Eine solch unbefriedigende Tätigkeit in meinem Alter mit Weib und Kind zu Haus ist jedenfalls nicht beneidenswert und das nun schon 2 ½ Jahre lang und noch kein Absehen. Aber das kann man keinem anderen begreiflich machen, da heißt's dann bloß, man will sich drücken, besonders bei denen, die noch nichts vom Krieg und Leben im Feindesland kennen

gelernt, zu Hause in ihren warmen Betten schlafen, am Stammtisch großmächtige Politik machen und dann noch sagen, der Feldsoldat hätte besseres Essen, usw. Sie wissen das ja alles viel besser und bleiben aber trotzdem lieber zu Hause. Na, Schwamm drüber... Lass Dich trösten vom süßen Edgar. Ich freue mich schon, wenn ich mal wieder heimkomme, seine hübschen Spielsachen von ihm gezeigt zu bekommen, sein Rotkäppchen- und Soldatenspiel, seine Bilderbücher, die ja ganz reizend sein müssen nach seiner mündlichen Beschreibung."

Julius hält dieses Leben in der Diaspora nicht mehr aus. Aber den Entschluss zu fassen, seine Praxis in Braunschweig nach zweijähriger Abwesenheit und unter veränderten Verhältnissen durch den Krieg wieder aufzunehmen, den Mut zu diesem Wandel bringt er nicht auf. Dennoch schmiedet er sich seine Pläne für die Zeit danach:

„Nun steckt mir die Klinik in der Nase. Gern gehe ich ja nicht ran, aber nach dem Kriege wird es viele Närrische und Gemütskranke geben. Wir sind dann die ewigen Vermietungssorgen los." (18.1.17)

Er besitzt in Braunschweig ein beachtliches Gebäude, dessen Erdgeschoss er mit seiner Familie bewohnt, das erste Stockwerk diente als seine Praxis und das zweite wird vermietet. In den Briefen werden immer wieder auch Probleme von Mietern und Reparaturen angesprochen. Dieser neue Gedanke einer Umwandlung der zwei Stockwerke in eine Klinik wird bei Emma keinerlei Freudensprünge auslösen, obwohl Julius sich sehr intensiv damit beschäftigt.

Es treten nun neue Erschwernisse in der Zusammenführung ein:

„Da viele Eisenbahnwagen für Kohlen, usw. gebraucht werden, ist Urlaubssperre bis 19. Februar und es verkehren auch weniger Züge." (29.1.17)

Urlaubssperren sind nichts Ungewöhnliches. Die Sehnsucht wird dadurch umso größer:

„Gestern Sonntag musste ich immer an Euch denken. Hier pfeift wie bei Euch auch ein scheußlicher Ostwind. Da könnten wir uns so hübsch wärmen, wenn wir beisammen wären, meinst nicht auch? Besonders im Bette wäre es angebracht. Wenn es in der Kammer zu kalt ist, kannst Du ja in Elfriedes den Ofen heizen. Na,

Ihr habt ja auch eine Wärmflasche. Aber bei der jetzigen fettarmen Nahrung ist Heizen wohl ganz angebracht. Habt Ihr denn Kohlen genug? Wir heizen hier mit Holz, das wir uns selbst aus dem Wald holen."

Und auch im nächsten Brief findet er die Überleitung von den Alltagssorgen zu pikanteren Themen:

„So, nun habe ich inzwischen meinen Napf voll weißer Bohnen ausgefuttert. Freilich kein Sonntagsessen, aber hier gibt's keinen Sonntag. Den schönen Batzen Fleisch (kriegen wir täglich) hebe ich mir für Abend zum Butterbrot auf. Hast Du noch Gemüse in Büchsen genug? Sonst könnte ich Dir auch mal z. B. Erbsen schicken. Willst Du sonst auch Büchsen haben mit Fleisch und dergleichen? Brauchst Du Speck oder Rindertalg oder Flomen? Billig ist's freilich nicht. Wenn Du sonst Bedürfnisse hast, so können sie ja befriedigt werden - bis auf das eine leider, das es wohl mal recht nötig hätte." (11.2.17)

Hier hat Emma die Schere mal nicht angesetzt, da diese Bemerkung auf einem der üblichen Zusatzblättchen notiert war, die Julius ständig seinen Briefen beifügte. Emma rechnete wohl damit, diesen Papierschnitzel mit intimem Charakter ihren Kindern vorenthalten zu können. Aber das Thema Ernährung spielt eine eindeutig vordergründige Rolle:

„In 8 Tagen etwa schicke ich wieder Fleisch, wenn die Urlaubssperre aufgehoben ist; das gibt innerliche Wärme."

Letztere braucht man umso mehr, da der Genuss der äußeren Wärme sehr eingeschränkt ist:

„Zu heizen brauchst Du auch nicht mehr als das Wohnzimmer, darfst es noch nicht einmal, bei dem herrschenden Kohlenmangel soll man sich doch auf das Notwendigste beschränken." (14.2.17)

So einfach ist das natürlich nicht zu bewältigen:

„Nun hattet Ihr wohl gar keine Kohlen mehr? Nur 10 Grad im Zimmer? Dann wundere ich mich allerdings nicht, dass Du Dich erkältest hast." Welch angenehme Temperaturen! Die Besorgung der Kohlen war keine einfache Handlung, wie Klemperer sie eindrucksvoll in seinem Lebensbericht wiedergibt:

„Eine lange Frauenreihe stand oder saß auf Klappstühlen vor dem Barackenkontor, und ein alter Schutzmann führte die Aufsicht. Er hatte nicht viel mit Beschwichtigen zu tun; die meisten Frauen

verhielten sich apathisch, einige schliefen zusammengesunken auf ihren Stühlchen... Ich fragte, seit wann da draußen gewartet würde. Die eifrigsten und verzweifeltesten, sagte er, kämen schon um zwei Uhr nachts, später als fünf käme niemand" (ebd., S. 535-6). Wenn man dann noch bedenkt, dass sie oft umsonst warten mussten, da die Lieferung nicht für alle reichte, so ist es verständlich, dass das Frieren neben dem Hungern zum Alltag gehörte.

Julius selber hingegen berührt dieser Mangel nicht:

„Du schreibst immer, ich soll nicht frieren. Ich friere hier absolut nicht."

Im Allgemeinen ist die Versorgungslage sehr kritisch geworden:

„Schinken kaufe ja nicht für so viel Geld. Das kann ich in Belgien für die Hälfte besorgen, soviel kostet dort das Kilo, nicht Pfund. Werde mich mal danach umsehen. Flomen sind teuer, kostet ebenso viel wie Schinken. Am billigsten ist immer noch Fleisch, die Kalbskeule hat bloß 2,90 M das Pfund gekostet, das Schmorstück 2,60 M, Butter ist sehr teuer (über 4,- M). Seife habe ich, schicke ich mit, auch Schmierseife."

Arbeit bereitet das Verschicken natürlich auch:

„So, das ist mal wieder eine Packerei. Die Leinenumhüllung hat B., der Allerweltskerl, geliefert, kannst sie gelegentlich wieder zurückschicken, aber eingewickelt (ist nämlich nicht gerade sauber). Also außer der Wäsche ist Fleisch darin (Kalbskeule und Schmorstück) und Brot. Diese im Karton (das ganze Stück) ist frisch, die anderen Teilstücke sind alt. Kannst Du die Rinde auch brauchen? Für die Tauben? Wenn Du das Fleisch kochst, musst du es erst abwaschen, da Dreck und Sägespäne daran sind, also erst Spülwasser abgießen. Ferner Seife: 1 Karton mit roter und Hausseife (wie früher), 3 Paar, in der hohen Blechbüchse Schmierseife, des weiteren 3 Dosen Schuhkreme, in 2 der anderen Dosen, worauf Agfa steht, ist Salz zum Photographieren, die lege erst so weg, kann sich Helmut später erst mal ansehen, ob er sie brauchen kann. In der Blechbüchse, die Du mit Obst geschickt hast, ist Zucker (der war aber schon mal in Zeitungspapiertüten). Esssachen schicke mir nicht mit, höchstens mal ein bisschen Kuchen, wenn du gerade welchen hast, und Äpfel. Das andere gib man den Kindern und Dir selber. Hier ist ja genug

zu essen." (19.2.17)
Nichts wird weggeworfen, keine Brotrinde, kein Verpackungsmaterial bzw. Behälter. Nur auffällig, dass die Lebensmittel nicht rein sind, wieso eigentlich? Schlimmer ist es natürlich, wenn der Schmutz nicht nur äußerlich sitzt: *„Den Schinken schneide aber noch nicht an, er soll erst auf Trichine untersucht werden."* Schöne Überraschung!

Mit der Aufforderung an Emma, sie solle doch auch an sich selber denken, zeigt Julius mal wieder, wie genau er ihren Aufopferungsdrang kennt. Aber anzunehmen, dass sie einen Kuchen nur schicken wird, wenn sie zufällig einen da stehen hat, ist vollkommen illusorisch. Sie wird sich selbstverständlich sofort in die Küche stellen, um einen exklusiv für ihn zu backen. Andrerseits beweist der Besitz einer Fotokamera den hohen Lebensstandard der Familie, ebenso wie Helmuts großes Interesse für das Hobby des Entwickelns, das mit den damaligen Geräten hohe Kunstfertigkeit erforderte. Diese neuartige Freizeitbeschäftigung hatte dermaßen um sich gegriffen, dass man von *„Amateurphotographenfieber"* sprach (s. W. Faulstich, Hrsg., *„Das erste Jahrzehnt"*, München 2006, S. 14).

Es wird zwar immer wieder ersichtlich, dass Julius nicht die Entbehrungen des gemeinen Soldaten des 1. Weltkrieges erlebt, dass er das Glück hat, als Stabsarzt der Reserve ein privilegiertes Offiziersleben mit der zusätzlichen Besonderheit zu führen, dass er keinen wahren Gefahren ausgesetzt ist. Dennoch betrachtet er sich gerne anders:

„Meinen innigen Glückwunsch zu Deinem Geburtstage! Alles fasst sich zusammen in dem einen, Dich möglichst bald mit Deinen Soldaten vereint zu sehen für immer, im Frieden! Dass wir wieder eine Familie bilden, wir alle zusammen im trauten Heim, alle um den gemeinsamen Tisch herum und keine grausame Trennung mehr nötig wird, das ist unser Sehnen und Trachten und nimmt umso mehr greifbare Gestalt an gerade an den Familienfesttagen, wenn die Vereinigung unmöglich ist. So auch an Deinem Geburtstage, lieb' Frauchen, nun schon zum 3. Male. Aber das können wir wohl sicher erwarten, dass wir zum letzten Male getrennt sind, dass im nächsten Jahr ich die Glückwünsche Dir schon morgens im Bette sagen kann mit einem wirklich süßen Kuss."

Was folgte, was sich Julius, der einfache Soldat, danach ausmalte, ist nicht mehr nachlesbar, da Emma zu ihrer berüchtigten Schere gegriffen hat. Ihre Handlungsweise vermittelt die Gewissheit, dass der Ausschnitt Julius' übliche neckischen Andeutungen von Intimitäten enthielt.

Hier schließen Julius' Anweisungen zur Überwindung der schmerzhaften Situation der Trennung an. Es sind weise Worte eines Psychologen, ähnlich jenen Lebensrichtlinien, die heutzutage in populärwissenschaftlichen Bestsellern der breiten Masse für die verschiedenartigsten Lebenslagen angeboten werden.

„So müssen wir jetzt weniger in der Gegenwart als in der Zukunft leben: Immer in die kommende Zeit hineindenken und uns ausmalen alle möglichen schönen Bilder, die wir uns dann schaffen wollen. Das belebt und hilft hinweg über das scheußliche Grübeln der Unzufriedenheit mit dem gegenwärtigen Zustande." (22.2.17)

Julius als positiver Halt, der Optimismus verbreiten will. Er kann aber auch ins volle Gegenteil umkippen:

„So siehst Du wieder, dass alle nur an ihren eigenen Vorteil denken, dass alle Freundschaftsbeteuerungen unbedeutend sind. Nur nicht an echte Freundschaft glauben. Das Gescheiteste ist, allein bleiben oder die sogenannten Freunde auch nur zu seinem Vergnügen und Vorteile brauchen."

Erschlagende Weisheiten, die von Molieres Misanthropen stammen könnten.

Eine andere Sorge ist die der Haushaltshilfe für Emma:

„Ist immer noch keine Aussicht, Bedienung zu erhalten? Es werden doch nicht alle Mädchen in die Fabriken gehen? Die grobe Arbeit darfst Du selbst nicht machen, das geht nicht, Fußböden, usw., noch dazu Parkett. Früher konnte man doch Eilboten zur Wohnungsreinigung haben oder dergleichen. Heute ist das nicht mehr? Auf die Dauer geht's jedenfalls nicht." (5.3.17)

Nicht nur, dass Emma die Gemahlin eines Offiziers ist. Ihre Wohnung ist sehr groß. Und damals verbrachte man viel Zeit mit der Besorgung von Lebensmitteln und deren Konservierung in Form von Marmeladen, usw. Der Parkettfußboden musste sicherlich gebohnert, die Wäsche per Hand in der Waschküche gewaschen werden und last but not least: *„Gerold kann ja auch schön helfen, Kohlen raufholen und solche Sachen."* Die Kohlen aus dem Keller herbeischaffen, ebenso wie die Asche hinaustragen! Ja, im Winter *„da geht die Heiz- und Wassernot an."* Im Übrigen kann man *„die bürgerliche Familie* (zu denen sich die Julius' zählt) *definieren als die „mit Dienstmädchen". Deren Zahl ging relativ zur Bevölkerung zurück, lag aber 1907 immer noch bei 1,25 Millionen; abgenommen hatten vor allem die Mehrmädchenhaushalte"* (s. Nipperdey, ebd., S. 53). Außerdem sind die Rollen bei den Ehepartnern in der wilhelminischen Zeit klar definiert: Die Frau ist Mutter und Hausfrau, der Mann ihr weltkluger rationaler Führer und Vormund (vgl. Nipperdey, ebd., S. 49).

Mancher Brief geht um die Vermietungsprobleme im Braunschweiger Hause, sodass Julius auch mal frustriert ist:

„Nachdem mir gestern Abend spät noch das Paket von F. gebracht ist, hat mir heute Morgen der schöne Geburtstagskuchen trefflich geschmeckt, viel besser als der Brief, der dabei lag, der ja wirklich rein geschäftlich war und sonst kein liebes Wort enthielt. Ich glaube schon, dass Dir Vieles durch den Kopf geht und Manches auch zu viel wird." (4.3.17)

Und es geht weiter mit dem Bericht über die Verlegung einer Gasleitung, die folgendes Problem aufweist:

„Rausgerissen jedenfalls darf nichts werden, zumal jetzt Kupferdraht ja gar nicht zu haben ist."

Wie soll da Emma das Haus verwalten können bei der Knappheit an Materialien auf allen Gebieten? Es ist bestimmt nicht einfach für sie gewesen, genauso wenig wie für den Rest der Bevölkerung, die auch mal zu Verzweiflungsakten griff: Am 16.4. kommt es beispielsweise zu Streiks in Berlin und Sachsen. Es geht in erster Linie um Brot, da die Rationen einen Tag vorher auch noch gekürzt worden waren! Dass das Hungergespenst umgeht, macht Julius am 12.4.17 nochmals deutlich:

„Schicke Euch hier ein Brot als Ersatz bescheidener Art für das Viele, das ich Euch weggefuttert habe. Lasst es Euch recht gut schmecken!"

Es ist aber nicht das einzige Mal, dass er sich zu solch einer Handlungsweise verpflichtet fühlt:

„Hierneben schicke ich Dir noch 5 Fleischkarten, die als Ersatz für die Würste gelten können, die ich mitgenommen habe." (6.7.17)

Man merkt ihm seine Gewissensbisse an, weil er der

Familie etwas vom Munde weggegessen hat. Das vermittelt uns vielleicht eine Vorstellung der Dimension des Hungers und der Knappheit. Ebenso, als er zwei Äpfel zugeschickt bekommt, fragt er nach: „*Hattet Ihr die denn auch übrig?*" Zwei Äpfel!

Außerdem gönnt er seinen Liebsten von ganzem Herzen etwas Gutes:

„*Dass der Geburtstagsbraten auch nicht gefehlt hat, war gewiss nicht zu verachten und hat mir viel Freude gemacht. Ich habe immer an Euch gedacht.*" (1.3.17)

Er zeigt eine durchaus großzügige Seele, die sich an der Freude anderer ergötzen und sie miterleben kann. Ein bewundernswerter Charakterzug hinter der eisernen Rüstung des Offiziers.

Für ihn selber gestaltet sich die Handhabung der Lebensmittelkarten indessen wohl als Neuheit:

„*Mit den Waren- usw. Karten kann ich jetzt besser umgehen, nachdem ich mich eingewöhnt habe.*" (6.7.17)

Das Thema Helmut, der übrigens Anfang 1917 das Eiserne Kreuz verliehen bekam, scheint durch die Schwierigkeiten, genügend Lebensmittel zu besorgen, vollkommen verdrängt:

„*Nun habe ich doch wirklich die Fleischkarten vergessen, hoffentlich kommen sie noch früh genug. Gebraucht habe ich nichts davon, da ich gerade einen fleischlosen Tag erwischt hatte.*" (12.4.17)

Jede einzelne Karte ist von unschätzbarem Wert!

„*Dass Du die Fleischzulage durchgesetzt hast, ist bewundernswert, hätte ich gewiss nicht gedacht. Hast Du auch eine Erwachsenenkarte auf Brot für Edgar? Ich las neulich, dass man die Kinderkarte für Kinder 2-6 Jahre gegen eine volle umtauschen kann. Die Bestimmung schneidest Du am besten aus und behältst sie, damit Du Dich immer danach richten kannst.*"

Bestimmt nicht einfach, sich ständig die neuen Richtlinien zu merken und sein Leben danach zu organisieren. Auch der Offizier Julius bekommt die Not ein wenig zu spüren: „*Wir bekommen jetzt Brot hier auch weniger, aber es langt noch.*" Zum Weitersenden reicht seine Ration offensichtlich nicht, aber einen kleinen weitverbreiteten Tipp lässt er verlauten:

„*Ich höre, dass viele sich von Verwandten auf dem Land Brot und Mehl verschaffen.*"

Das gleiche kann Emma bestimmt tun, denn ihre Verwandtschaft in den Dörfern in der Braunschweiger Umgebung lebt von der Landwirtschaft. Diese Bauern haben ihr mit Sicherheit des Öfteren über Notlagen hinweggeholfen.

Dann flackern aber wieder seine alten Gewohnheiten auf:

„Abends gehe ich ins Kasino von benachbarten Offizieren. Da trinken wir 1 Glas Bier und der Abend geht gut hin. Gestern Nachmittag habe ich noch einen kleinen Ritt gemacht, der war ein ordentliches Vergnügen mal wieder, über ein paar Dörfer, zum Nachmittagsschläfchen war ich doch nicht mehr gekommen. Heute ist wieder schneidender Wind, da will ich auch nachmittags reiten. Wenn ich mal heim kommen sollte, müsste ich das freilich entbehren, aber es gibt anderes Schönes dafür, meinst nicht auch? In Eurer hübschen Stube sitzt's sich auch behaglicher, aber wer weiß, ob es was wird? Hoffen wir... So, nun will ich aber frühstücken; bei Dir denke ich mir das behaglicher, hier decke ich mir selbst. Doch was tut's? Der Mensch gewöhnt sich an Vieles."

Mal Jammern, mal Genießen:

„Ich denke oft an unser hübsches Heim umso mehr, als es hier recht öde und ungemütlich ist. Des Abends bei Bier mit den anderen Kameraden geht jetzt. Ein Grammophon bringt Leben in die Bude, wenn ich mir auch nicht viel daraus mache, aber hier draußen ist es doch etwas."

Aber im resignierten Julius keimt am gleichen Tag wieder die Hoffnung auf Frieden auf:

„Wie hier erzählt wird, will die Türkei einen Sonderfrieden mit Russland machen, das wäre eine Brücke für uns zum Frieden. Hoffen wir, dass es richtig ist."

Den Frieden hat vor allem Russland nötig, denn dort ist am 12.3. die Revolution ausgebrochen, die die Abdankung des Zaren zur Folge hat. In Deutschland wirken sich die Unruhen in der Form der verbreiteten „Aprilstreiks" aus und sie bringen den links gerichteten „Spartakusbund" mit Rosa Luxemburg und Karl Liebknecht hervor. Dennoch wird Deutschland einige Monate später von der aufgewühlten Lage in Russland profitieren, an der es mitschuldig ist: Es hat nämlich die Reise des Revolutionärs Lenin nach Petersburg überhaupt ermöglicht! Er wird einen schnellen Frieden um jeden Preis fordern! Im Dezember kommt es dann zu den Verhandlungen von Brest-Litowsk, wodurch die

Ostfront für Deutschland befriedet ist. Somit kann es Truppen in den Westen schicken, wo sie dringend benötigt werden!

Tatsächlich wird Helmuts Regiment bereits im April verlegt, denn:

„In Russland ist ja schon so eine Art Waffenstillstand (darfst aber nicht darüber sprechen!). Da sind so viele Truppen nicht mehr nötig. Wohin? Wohin wissen sie selbst nicht. Das lässt sich nur vermuten aus der Reiselinie. Nach der Karte Leipzig - Görlitz S. -A. sieht es so aus, als gehe es nach Italien, weil sie ja anscheinend nach Süden abgebogen sind. Italien wäre gut. Da ist es nicht schlimmer als in Russland. Wahrscheinlich beabsichtigen wir auch einen Angriff gegen die Italiener jetzt. Eine große Schlappe, dann ist da auch Revolution. Für den Großen ganz interessante Gegend. An den Westen wird man das rheinländische Regiment nicht schicken, da die Rheinländer nicht sicher sind, z. T. noch französisch gesinnt sind, also leicht überlaufen. Auch sind im Westen Truppen genug in Reserve. Ich freue mich nur, dass das Kind Offizier ist, da hat er doch auf der langen Fahrt hübsche 2. Klasse und gute Verpflegung am gedeckten Tisch (alle 8 Stunden). Die Reise wird ihm Freude machen. Ängstige Dich nicht! Helmut sieht da mal was anderes von der Welt." (22.4.17)

Eine billige Hoffnung der Deutschen, den italienischen Feind ebenfalls durch eine innere Revolution loszuwerden. Diese Rechnung sollte nicht aufgehen. Und auch die Vorstellung, die Westfront sei durch das Scheitern der Angriffe der Alliierten im April in Flandern und in der Champagne gesichert, ist trügerisch. 1918 werden an dieser Front noch monatelang Schlachten mit unsagbar hohen Verlusten geliefert werden. Dennoch behauptet Julius:

„Wenn sie in den Westen kommen, so ist das Schlimmste da ja jetzt vorbei. Sei also man ganz ruhig. Vielleicht kommen sie auch erst einige Wochen in Ruhe nach Belgien. Sie können ja aber auch an die Ostgrenze verlegt werden, südlicher, Rumänien, z. B., da soll es sehr hübsch sein."

Dazwischen aber eine herrliche Überraschung:

„Da meinst Du, du hättest nicht viel zu beißen und kommt eine große Kisten mit Eiern an aus Russland. Na aber! Das ist ja reizend vom Großen, dass er das vollführt hat und das schöne rote Osterei für Eddi! Da glaube ich und kann mir vorstellen, wie das

liebe Gesichtchen gestrahlt hat. Und dann die guten Bratkartoffeln mit Eiern! Da läuft mir ja ordentlich das Wasser im Munde zusammen!"

Wie haben denn die Eier eine so lange Reise heil überstehen können? Und in welchem Alterszustand sind sie überhaupt angekommen? Dieser Gedanke würde bei manchem Gourmet das Wasser im Munde eher stocken lassen. Aber die Anzahl der Eier reicht auch noch zum Weiterschicken: Julius freut sich über die sechs, *„von denen nur 2 gedrückt waren."*

Wie Helmut dieses Paket wertvollsten Inhalts überhaupt hat verschicken können, ist äußerst verwunderlich, da *„reisende Truppen gewöhnlich Briefsperre haben."*

Für Julius scheint der Krieg nunmehr an den verschiedenen Fronten zum Stillstand zu kommen:

„Allzu lange kann der Krieg ja nicht mehr dauern, man rechnet mit Ende Mai, spätestens Ende Juni, dass dann England mit den Lebensmitteln zu Ende geht." (26.4.17)

Trügerische Hoffnung! Deutschland hatte am 1.2.17 den umstrittenen U-Boot-Krieg gegen England zum wiederholten Male eingesetzt mit dem Ziele den Gegner von seiner Versorgung abzuschneiden. An Handelsschifffahrtsraum versenkten die Deutschen ca. 6 Millionen Bruttoregistertonnen im Laufe des Jahres, wobei sie aber ein großes Risiko in Kauf nahmen: Den Kriegseintritt der USA, den diese tatsächlich am 6.4.17 vollzogen. Diese Großmacht hatte bereits am 31.1.17 die diplomatischen Beziehungen zum Reich abgebrochen. Sie konnte unmöglich zuschauen, wie ihr Liebling England von den Deutschen in die Enge getrieben wurde. Für das Reich stand nun das Ende fest.

Derweil gehen die Alltagsschwierigkeiten weiter:

„Mirabellen schicke nur nicht, behalt sie nur für Euch, etwas Speck ginge schon eher, aber nicht viel, Ihr habt's nötiger. Ich kann auch hier welchen kriegen, freilich ist der sehr teuer, 7-8 M pro Pfund. Fleisch schicken geht nicht mehr bei der Hitze, scheint auch nicht nötig zu sein, was? Kannst vielleicht einige Tüten zum Reintun von Zucker, Brot usw. auch Klosettpapier schicken." (10.5.17)

Etwas Freude kann man sich durch Kleinigkeiten bereiten:

„Was hat denn süß' Herzblatt zum Paket gesagt? Zu Schokolade und Keks? Hat er sich auch tüchtig gefreut...? Wir

haben hier auch neulich einen Geburtstag gehabt: Unsere eine kräftige Stute hat ein Fohlen gekriegt, das müsste Herzblatt mal sehen, es ist zu niedlich und bleibt immer hübsch artig bei seiner Mama, zu niedlich daneben her trottend... Und die weißen Veilchen? Sind sie auch angewachsen? Ja, wenn ich nur erst wieder daheim wäre und mich mit Euch freuen könnte. Hier ist es recht warm. Ich reite jetzt immer morgens durch die Felder und Wiesen; das ist sehr hübsch, aber trotzdem wäre ich lieber daheim. Hier gibt's viel zerschossene Dörfer, neulich ritt ich auch durch die Trümmer einer einst ansehnlichen Stadt. Es ist grauslich, alles war zerstört, kein einziger Einwohner mehr darin, nur noch einzelne Häuserwände mit zerschossenen Fenstern, auch die einst wunderschöne alte Kirche nur noch halbhohe zerfetzte Wände. Da denkt man unwillkürlich heimwärts, wie gut, dass wir den Feind nicht im eigenen Lande haben. Wenn unser Haus nun so ein Trümmerhaufen wäre! Gar nicht auszudenken. Auch das Dorf, in dem wir jetzt sind, war einst groß und blühend, nach den Gehöften zu schließen, vor dem Kriege recht reich, jetzt sind nur noch einige 40 von den früher über 600 Einwohnern hier; der weit größte Teil der Häuser ist leer und zerschossen. Meine Wirtsleute sind recht freundlich, sie haben Spargelbeete hinter dem Haus, und heute Mittag brachte mir die nette Frau (ich hatte allerdings gestern ihre alte Magd ärztlich beraten) eine Schüssel gut gekochten schönen Spargel (ganz nach unserer Art Stangenspargel), der mir zur Abwechslung recht gut geschmeckt hat." (14.5.17)

Ja, in diesem Krieg bleiben die Deutschen noch von der Präsenz des Feindes im eigenen Lande verschont, nicht mehr so im nächsten. Horrorgeschichten vermengt mit Genüsslichem, Schock gefolgt durch Labsal, die das Leben erträglicher macht. Der Spargel als Trost unter all den Schrecken des Krieges, als kleiner Höhepunkt in der Eintönigkeit des Alltags. Nur läuft derweil der armen Emma das Wasser im Munde zusammen!

Der Kriegszustand fordert nunmehr erneute Opfer von der Zivilbevölkerung:

„Wie ist es mit dem Aluminium, hast Du Helmuts Bahn abgegeben (musst Du tun)?" (17.5.17)

Die Kinder haben kein Anrecht mehr auf ihre Spielsachen und müssen ohne eine Träne zu vergießen und mit tapferer Miene ihre Schätze abgeben! Aber dem erwachsenen Helmut geht es nunmehr um anderes Spielzeug:

„*Hat er denn jetzt eigentlich das Braunschweiger Kreuz? Er hat mir auf meine Frage bisher nicht geantwortet.*" (19.5.17)

Wahrscheinlich, weil er es noch nicht erhalten hat! Gebührend soll er dennoch leben:

„*Schickst Du denn an Helmut auch Zigarren? Wenn ja, dann könntest Du ruhig 1.000 Stück nehmen, wenn sie noch zu haben sind. Na, es wird aber auch so genügen, Tabak für die Pfeife ist ja genug vorhanden.*" (23.5.17)

Tausend Zigarren! Nette Sammlung! Wie viele pflegte ein Offizier pro Tag zu rauchen? Der Herr Sohn sollte ruhig seinem Stande entsprechend mit der feinen Importware im Munde auftreten. Auf der anderen Seite aber im gleichen Brief immer noch die gleiche Hungersnot:

„*Das war mal ein rechter Genuss, als ich gestern zum Kaffee Deinen süßen Pflaumenkuchen geschlemmt habe, mal was anderes in unserem ewigen Einerlei. Auch die Eier und Speck habe ich gestern Abend gleich noch probiert, alles hervorragend.*"

Sein Einerlei füllt Julius bisweilen mit einer Prise Poesie:

„*Heute ist nun Pfingsten, aber man merkt hier nichts davon. Auch ein Pfingstbraten ist nicht vorhanden. Die Sonne strahlt, dabei herrscht kühler Ostwind, der viel Staub aufwirbelt auf der Fuhrstraße. Habe indessen einen schönen Ritt heute Morgen durch die Wiesen und Felder gemacht.*" (27.5.17)

Die Gattin indessen hat neben dem komplizierten Haushalt, der Wäsche für den Ehemann in der Ferne, auch noch für die des Sohnes an der Front zu sorgen:

„*Hierneben schicke ich dir den Brief Helmuts zurück, der mich tüchtig hat lachen lassen. Der arme Junge ohne leichtes Hemd und Unterhose, die schlimme Mama hat nichts geschickt, weil sie immer auf den Träger selber hoffte. Nu, aber schleunigst, denn der Herr Leutnant scheint recht böse.*" (16.6.17)

Als hätte sie nicht noch anderes zu tun:

„*Zunächst der Kohlenzettel nochmals zurück, lasse ihn auch von den Mietern ausfüllen und dann schicke ihn mir wieder. Du musst mir noch angeben, wie viel Kohlen wir in früheren Jahren verbraucht (es soll der Durchschnitt angegeben werden, nicht die Menge des letzten Winters, also 2-3 Jahre vorher).*" (19.6.17)

Aber nicht genug damit:

„Also wieder neue Sorge und Mühe, ja, das ist so im Kriege, aber ich glaube nicht, dass die Haushaltungsgegenstände damit gemeint sind. Was ist unter „Einrichtungsgegenstände" zu verstehen? Danach müsstest Du Dich auf dem Stadtmagistrat erkundigen. Dann müssten ja auch die Haken an der Flurgarderobe abgemacht werden und das ganze Ding wäre damit wertlos, da der Stil eiserner Haken nicht dazu passt, auch von dem Huthalter daneben das Messing, das aber nur aus dünnem Blech besteht. Auch im Wartezimmer sind noch Haken. Das kannst Du gar nicht alles abschrauben. Lass also ruhig erst sitzen und warte ab. Ferner würden ja dann auch die Kronleuchter dazu gehören, das wäre ja eine schöne Bescherung, z. B. die alte Glaskrone im Speisezimmer, die Kunstwert hat (500,- M), wenn die Bronze nicht zu wenig wäre (oben ist Silber). Auch das Kupferblech in den Gasöfen müsste raus. Also frage man erst mal nach alledem. Gleich abliefern geht ja gar nicht. Der Notenständer gehört wahrscheinlich nicht dazu, weil der aus dünnem Messingblech ist, das um Holz herumgeschlagen ist." (23.5.17)

Das Reich fordert von der Bevölkerung die Ablieferung der Rohstoffe, die es nicht mehr über den Import erhalten kann, da die Barrikade der Engländer effektiv greift. An Brunnen werden somit die Hähne abgeschraubt und die privaten Haushalte kaum noch funktionstüchtig belassen.

Nun aber am 26.6.17 eine Unglücksnachricht, die Julius in eine positive umzuwandeln weiß:

„Das habe ich unserem Jungen im Stillen immer gewünscht: einen Beinschuss, das tut ihm am wenigsten und hilft ihm möglichst lange, vielleicht bis zum Schluss, aus dem Schlamassel raus. Da wäre ja geradezu mein Wunsch erfüllt, noch dazu Unterschenkel, da ist's am wenigsten besorgniserregend für die Zukunft, hinsichtlich etwaigen Krüppeltums. Vielleicht ist es sein Glück, hoffen wir! Die nächsten 2-3 Monate jedenfalls bleibt er daheim, er kommt dann zum Ersatztruppenteil (Hannover) und kann da noch lange sitzen, wenn er überhaupt wieder kriegsfähig wird. Ich selbst habe leider - merkwürdigerweise - noch gar keine Nachricht. Nun, er hat an seine Mutti zuerst gedacht und das ist recht so. Es muss wohl nur eine Fleischwunde sein, der Knochen ist heil vermutlich. Wir werden ja sehen. Sowie ich kann, werde ich

ihn besuchen. Die Verwundung muss am 20. (Donnerstag) - in der Zeitung vom Freitag stand das Kriegstelegramm - beim Sturm bei Vantaillon, nordwestl. Soissons - geschehen sein, wo rheinländische, hannoversche und braunschweigische Regimenter beteiligt waren. Ich dachte damals gleich daran, ob wohl Helmut mit dabei sei, zumal an diesem Tage die Ruhezeit abgelaufen war und Helmuts Regiment ja ein rheinländisches ist. Es wird also wohl stimmen."

Also in Julius' Augen Glück im Unglück. In einer Karte vom 28.6.17 wirkt er sogar euphorisch:

„Das Telegramm war ja eine große Freude... Sage Helmut meine schönsten Grüße und herzlichsten Gesundheitswünsche einstweilen. Ich brenne darauf, ihm die Hand zu drücken."

Es ist die Erlösung von schlimmen Annahmen. Der Sohn lebt! Da wird einer harmlosen Verletzung am Bein keine Bedeutung beigemessen. Ganz im Gegenteil: Freude bricht im Tränental aus! Nur wird es bei Julius' harmloser Vermutung und Verniedlichung der Situation nicht bleiben. Von nun an reiht sich Sorge an Sorge um den Sohn. Aber erst mal ist der Sohn zu Hause in Braunschweig, was Gelegenheit zu einer besonderen Begegnung gibt:

„Das ist ja nett, dass Helmut vom Herzogspaar angesprochen worden ist. Da wäre ich ja neugierig, was er da geantwortet hat. Da hätte er gleich von seinem Vater, Belgien und Tierschutzverein reden sollen, also Gesprächsstoff genug gehabt. Hat er denn nun wenigstens das Braunschweiger Verdienstkreuz erhalten? Wäre der Herzogin doch gewiss aufgefallen, wenn sie gehört hätte, dass er Braunschweiger ist und hat er noch nicht. Da bin ich ja neugierig. Ist denn der Fuß gar nicht mehr gelähmt, geht er an zwei Stöcken oder an einem? Na, muss mir's ja doch selber ansehen. Ich komme also Freitagabend." (11.7.17)

Julius stellt sich ganz schön in den Vordergrund, als hätte sein Sohn keine eigenen Erlebnisse, von denen er dem Herzogspaar hätte berichten können. Hat er Helmut stets dermaßen unterdrückt, dass dieser sich deswegen freiwillig zum Kriegsdienst gemeldet hat? Wollte der Knabe sich auf diese Weise dem väterlichen Druck entziehen? Kein Wunder, dass er sich mehr zur Mutter hingezogen fühlt, ihr, der eigentlich Schwachen, die niederschmetternde Nachricht der Verwundung übermittelt, nicht dem starken Vater. Dieser doch so zärtlich liebende Vater, der sich mit kleinen Erfolgen wie dem Offizierstitel und dem Eisernen Kreuz nicht zufrieden gibt, der immer mehr verlangt, fordert, der von seinem Kind erwartet, dass es in gigantischen Schritten vorwärts kommt.

Daneben aber Julius in seinem Verhältnis zu Freunden, die zufällig gleichzeitig mit ihm nach Braunschweig kommen:

„Ich habe Herrn und Frau W. natürlich eingeladen, bei uns zu schlafen, aber sie wollen nicht, in der Kriegszeit sei das nichts mit der Verpflegung, sagen sie. Sie wollen also ins Hotel. Sie werden abends zu uns kommen, wahrscheinlich um 9 Uhr. Wir trinken dann 1 Flasche Wein zusammen. Am Sonnabend bin ich nicht da, aber Sonntag müssen wir sie wieder haben. Geht es zum Mittagessen? Das wäre am besten, wenn es möglich ist. Ich selbst habe bei ihnen mittags noch nicht gegessen, nur 2-3 Mal abends; aber Brot ersetzt. Sonst haben wir nur Wein und Bier zusammen bei ihnen, auch mit anderen, getrunken. Aber aufnehmen werden wir sie."

Eine typisch kleinkarierte Aufrechnerei der geleisteten Einladungen. So wie du mir, so ich Ihnen. Julius als kleinbürgerliches Vorzeigeexemplar.

Der Älteste macht den Eltern zwischendurch Sorgen einer anderen Art:

„Ich habe an Helmut geschrieben, nun bleibt abzuwarten, ob er mal aus sich herausgeht und sein Herz erleichtern wird. Sprich du nur gar nicht mehr darüber zu ihm. Wir können nichts ändern, wenn sie zusammen kommen sollen oder wollen, können und wollen wir's nicht hindern. Unser einziges Bestreben muss doch sein, unseren Sohn glücklich zu wissen. Er muss sein Glück sich selber zimmern; wenn er glaubt, es zu können, so wollen wir ihm keine Schwierigkeiten bereiten, er soll uns keine Vorwürfe später machen. Wir wollen ihn froh und zufrieden wissen; er soll sein Leben froh genießen. Nun lass ihn! Ich habe ihm geraten, nicht zu weit zu gehen, ihm nahe gelegt, zu mir als verstehenden Vater Vertrauen zu fassen, er werde bei mir ein offenes Ohr finden, wenn er mir was zu sagen habe. Ich habe ihm aber auch angedeutet, dass ich den Eltern des Mädchens einen Vorwurf nicht ersparen könne. Nun wollen wir geduldig abwarten." (23.7.17)

Der 21-jährige Jüngling möchte also heiraten! Kein

Wunder, dass sich die Eltern Sorgen machen. Was würde aus seiner Karriere als Arzt werden? Um was für ein Mädchen es sich handelt, erfahren wir nicht, wohl keine besonders gute Partie, sonst hätten sich die besorgten Eltern vielleicht doch noch erweichen lassen. Dennoch eine sehr offene Einstellung des Vaters, der bei seinem Sohn genügend Reife voraussetzt, um die richtige Entscheidung zu treffen. Auch ist er bereit, des Sohnes Entschluss zu akzeptieren. Er würde ihn keinesfalls verstoßen. Eine sehr moderne, aufgeschlossene Sichtweise. Diese Offenheit provoziert auf jeden Fall keine Bockigkeit, sondern ganz im Gegenteil erwirkt sie die von den Eltern erwünschte Handlungsweise:

„Helmut hat mir nun geschrieben, er bestätigt meine damalige Ansicht: wenn er 10 Jahre älter wäre, würde er das Mädchen heiraten, aber nur dann; mit seinen 21 Jahren denke er gar nicht an Verlobung, natürlich könne er in späteren Jahren noch ein Mädchen kennen lernen, das er noch lieber gewinnen oder sie einen anderen; das hätten sie beide sich selbst auch schon oft gesagt. Warum sollten sie sich jetzt nicht lieb haben? Mit anderen Mädchen gehe er noch öfter allein spazieren. Du siehst also, er ist durchaus vernünftig, er gibt mir auch Recht, dass es ihm lästig sei, sich so früh zu binden, das wolle er durchaus nicht. Nun beruhige Dich aber, mach ihm keine Szenen mehr, bekümmere Dich überhaupt nicht um seine Sachen, er kann das nicht leiden, und es macht ihn wild und aufgeregt. Du kannst ihm wirklich auch ganz vertrauen, er ist ein fester, sicherer Charakter und kann sein Tun verantworten. Auf das neidische Gegeifer der Anderen wollen wir nun nichts mehr geben. Sei freundlich und nett zu ihm, dass er sich daheim wohl fühlt. Er hat es gewiss verdient bei dem, was er durchgemacht hat." (1.8.17)

Alles hat sich wunderbar eingerenkt. Der Vater hat den Sohn richtig eingeschätzt: Er zeigt die von ihm angenommene Reife. Mit solch einem Sprössling kann sich jeder Vater zufrieden geben. Im selben Brief geht es dann mit der für Julius typischen Denkweise weiter:

„Helmut schreibt mir, sein verändertes Wesen, das mir aufgefallen war, rühre daher, dass er wirklich nervös und mitgenommen sei vom Feld her. Da ist mir nun der Gedanke gekommen, dann solle er auf Heereskosten noch einen Kuraufenthalt beantragen lassen durch den Chefarzt des Lazaretts

Dr. D. Das geht ohne weiteres und hat gar keine Schwierigkeiten, bis zu 6 Monaten. Ich habe an D. geschrieben. Besprich die Sache mit Helmut, dann kann er mal zu D. gehen und ihm das vorstellen. Wozu sollen wir solche Vergünstigungen nicht auch mal ausnutzen, wo es so viele Tausende und Abertausende tun, zumal Aktive? Also sprich vernünftig mit ihm, in aller Ruhe, er soll es nur versuchen. Er scheint oft gedrückter Stimmung und sehr reizbar zu sein, das muss er D. sagen, auch dass er Kopfschmerzen, usw. hat, allgemeine Mattigkeit, Herzklopfen und dergleichen."

Die berühmten Verbindungen sollen mal wieder Früchte tragen! Dass natürlich der Krieg der Grund für manch einen Nervenzusammenbruch war, ist nicht zu leugnen. Wer kann besser hierüber urteilen als der Nervenarzt selber:

„Ich habe hier jetzt viel zu tun, von allen Seiten werden mir Nervenfälle geschickt, ich freue mich, endlich in mein Fach gekommen zu sein und diese Erfahrungen zu sammeln, die mir sonst entgangen wären. Ich denke, Helmut wird auch noch solch ein Fall." (5.6.17)

Prophetische Worte des Fachmannes! Aber Helmut wird trotz des Erlebten nach dem Kriege die Kraft in sich finden, sich sein Leben mit einem Ziel aufzubauen. Derweil macht sich Julius keine zu großen Hoffnungen bezüglich eines baldigen Endes des Normalzustandes Krieg. Seine Siegessicherheit ist längst dahin:

„Auf den Frieden sind nun doch keine Aussichten für die nächste Zeit. Aber man kann es doch nicht wissen. Das kann mal ganz plötzlich kommen."

Und eine Woche darauf:

„Vielleicht kriegen wir die Russen unter, dann geht's doch schneller." (31.7.17)

Die Ernährungslage ist weiterhin prekär:

„Brot gibt's bei uns vom 11.8. ab 4 Pfund die Woche, Kartoffeln habe ich auch erhalten und mir von meiner Wirtin braten lassen, s dass ich jetzt auch abends genug zu futtern habe. Für die Fleischzulagenkarten, die allerdings vom 11.8. ab wegfallen, und die übrig behaltenen Reichsfleischkarten habe ich mir Wurst gekauft. Alle 10 Tage gibt's 2 Eier und 125 g Butter, das langt auch. Magermilch kriege ich auch jeden Morgen. Auch Käse gibt's ab und zu und 2 Pfund Kunsthonig, der sehr gut ist."

So schlimm wie seinem Freund Ernst in Berlin geht es

Julius jedenfalls nicht:

"Seit März hat Ernst im Geschäft nichts zu tun, das sei ein Glück, da er sich auf die Hamsterei verlegen könne, sonst ginge es gar nicht. Ja, in Berlin soll es böse aussehen. Hoffentlich ist bald Schluss und bewahrheitet sich, dass die Engländer zum Frieden bereit, d. h. so weit dazu gezwungen sind." (14.9.17)

Nach einer leichten Krankheit hat Julius hingegen auf seine Weise für sich selber gehamstert:

"Alles wieder in Ordnung, habe auch tüchtigen Hunger, guten Appetit. Habe ja aber auch während meiner Krankheit schön Brot gespart, so dass ich reichlich essen kann." (21.9.17)

Es gibt nun auch mal einen Grund zur Freude, denn Emma wird ihren Mann, nunmehr in Oldenburg stationiert, einen mehrtägigen Besuch mit dem kleinen Edgar abstatten, nachdem bereits Gerold und Elfriede das gleiche getan haben:

"Auf Dein Kommen freue ich mich sehr, wir werden dann hübsch einträchtig zusammenleben, schöne Ausflüge machen, Du hast nichts zu tun, kannst Dich mal schön ausruhen. Ich denke an eine Neuauflage unserer Hochzeitsreise ungefähr." (16.8.17)

Oh, Julius, der feurige Ehemann! Freut sich mal wieder wie ein Primaner, was aber sein gutes Recht ist. Nach der Abreise der Lieben dann ein ulkiger Zwischenfall:

"Ich hätte aber in meinem Bett recht schön geschlafen, wenn mich nicht bis nachts 3 Uhr ein fetter Floh gepeinigt hätte, bis ich ihn endlich erwischte. Ich will nicht hoffen, dass Ihr mir den Übeltäter als Andenken hinterlassen habt." (11.9.17)

Die Sehnsucht nach Hause wird bei Julius immer stärker, sie entwickelt sich zur fixen Idee, die ihm keine Ruhe mehr lässt. Er ist des Krieges, des Strohwitwerlebens überdrüssig geworden, in einem für ihn kaum noch erträglichen Maße. Sein Stimmungsverfall bleibt nicht auf ihn alleine beschränkt, ganz im Gegenteil, er erfasst die ganze deutsche Gesellschaft, aber insbesondere die sogenannten besseren Kreise, wie die Militärbehörde im Sommer 1917 feststellte.

"Was treibt Ihr denn sonst? Klein Eddi spielt wohl hübsch mit seinen Soldaten? Ja, ich wollte, ich könnte ihm zusehen. Immer noch kein Schluss in Sicht. Ich möchte zu gern bei Euch sein, aber im Winter wäre es ja doch nichts. Wegen der Kohlennot könnte ich ja doch keine Praxis anfangen. Habe hier viel zu tun, das ist man

gut, geht die Zeit hin, sonst wäre es gar nicht auszuhalten. Auch recht interessante Fälle, die mir Spaß machen. Das lenkt ein bisschen ab." (6.10.17)

Er findet also Halt in seiner Tätigkeit als Nervenarzt, die sein Heimweh und seine Unzufriedenheit mit den Lebensumständen dennoch nicht wettmachen kann:

"Sag ihm auch, ich hätte viel Befriedigung in meinem Berufe hier, interessante Nervenfälle und Geisteskrankheiten, aber doch recht große Sehnsucht nach Hause."

Hinzu kommen mal wieder behördliche Behinderungen einer Zusammenkunft der Familie:

"Ja, es ist jetzt wieder Urlaubssperre. Nur ganz dringende Fälle, als Erholung nach Erkrankung, usw. dürfen fahren, auch zu Weihnachten. Ja, da muss ich wohl ein bisschen krank werden oder in Zivil wenigstens zu den Festtagen hinüberrutschen. Na, wollen sehen. Auch Dienstreisen sind eingeschränkt. Zweck hat's nicht, denn die Soldaten lassen dafür ihre Angehörigen kommen, soweit es geht, und Vorteil hat die Bahn nicht davon. Wenn's nur erst ganz aus wäre! Vielleicht kommt das auch noch einmal. Nun lasst's Euch weiter gut schmecken - der beste Wunsch jetzt."

Diesen Wunsch nimmt sich der kriegsmüde Julius sehr zu Herzen:

"Neulich abends haben K. mich zum Abendessen eingeladen, damit ich nicht allein sitze. Frau K. hatte ein Weckglas mit Kalbsbraten aufgemacht, dazu gab's Salzkartoffeln und Gurken. Hinterher Brot mit Butter und Harzkäse. Schmeckte vorzüglich. Als Getränk Tee mit Rum. 's war recht gemütlich, zumal schon geheizt war."

Ein Menü, das uns heute kaum besonders attraktiv und erwähnenswert vorkommen möchte, in der damaligen Situation offensichtlich anders gesehen wurde. Viel schlimmer stand es um die Gefangenen, so wie sie beispielsweise E. M. Remarque in *"Im Westen nichts Neues"* beschreibt. Da suchen die russischen Kriegsgefangenen in den Abfalltonnen der deutschen Kaserne nach Essensresten. Aber wie sollten sie dort etwas finden, wenn die Soldaten selber um jeden Bissen kämpften? (Vgl. Anfang 8. Kap.)

Julius kennt aber auch Genüsse anderer Art:

"Im Theater war ich auch, Sonnabend in einer Operette (Das süße Mädel), - so tief bin ich gesunken - Dienstag in „Die

Mauer" und *„Die liebe Welle",* wurde ganz gut gespielt."

Unterdessen helfen diese Vergnügungen nur momentan über seinen wahren Seelenzustand hinweg, der einer Melancholie sehr nahe kommt:

„*Gestern am schönen Sonntag musste ich in einem fort denken an Euch, an Eure Traurigkeit, an Helmuts Gemütsstimmung, wie er nun wieder Abschied nehmen musste von allen großen und kleinen Dingen zu Hause, die ihm lieb sind. Ich konnte trotz des schönen Herbsttages gar nicht froh werden, immer wieder flogen meine Gedanken zu Euch. Ich bin damit zu Bette gegangen und wieder aufgestanden. Nun sitzt er jetzt noch in der Eisenbahn, der gute Junge, allein unter fremden Menschen, und dann...? Na, es hilft nichts. Allzu lange kann's ja nicht mehr dauern; an der Front scheint man wieder große Zuversicht zu haben, dass es bald vorbei ist."* (29.10.17)

Und es ist ja nicht so, dass er nichts unternehmen würde, um sich zu zerstreuen, denn er fährt fort:

„*Gestern Nachmittag - ich wollte erst nicht mit - bin ich mit unserer Tischgesellschaft (wir essen jetzt zusammen noch mit 1 Kriegsgerichtsrat, einem Rechtsanwalt und einem Regierungsbaumeister) nach Blok gepilgert. So hatte ich auch diese Erinnerung noch, als ich mit Dir und klein Eddi dort wanderte. Wir sind den richtigen Weg gegangen, der aber auch nicht gerade schöner ist, bis zur Waldwirtschaft in Blok, wo wir Kaffee getrunken haben. Frau K. hatte Brote (mit Ferkelfleisch und Marmelade) und Äpfel mitgenommen. Es war ganz nett, wenn - das Grübeln nicht gewesen wäre. Abends waren wir dann noch zusammen in einem Weinkeller."*

Und immer wieder die Aufzählung der verzehrten Gerichte, wodurch man auf deren Wichtigkeit schließen kann:

„*Am Sonnabend war's recht lustig: Es gab schönes Essen (Gulasch mit Pilzen, dazu Kartoffeln und grüne Bohnen, Gurken, Kirschen, Käse) und guten Wein, sogar am Anfang Sekt."*

Auffällig ist die wiederholte Vermischung Nahrung - Sehnsucht:

„*Das war eine recht fröhliche Stunde für mich, als Deine Nachricht eintraf, die besorgte Kiste sei gut angelangt - eine Freude muss der Mensch doch haben. Jetzt ist's gleich Mittag und ich rieche schon fast den famosen Braten. Ich hoffe, Euch öfter damit erfreuen zu können. Ich habe nämlich noch 12 Pfund gelbe Erbsen für Euch und auch eine große Tüte Taubenfutter. Wenn ich die guten Sachen nur hinbringen könnte. Na, wird sich noch Gelegenheit finden. Heute habe ich auch noch ½ Kommissbrot erwischt. Allmählich kommt man also zu Gange und wird wieder - satter. Heute wird wieder ein schöner Herbsttag, da gedenke ich, einen hübschen Spaziergang zu machen, Euer dabei zu gedenken, zu träumen von unserem schönen Heim... So, nun will ich auch zum Mittagessen gehen und dabei an Euren schönen Braten denken, dann wird mir sein, als esse ich davon mit."* (4.11.17)

Emma mit ihrer guten Küche stellt das Heim als solches dar. Dazu gesellt sich die Handlung des gemeinsamen Essens, die wiederum das zentrale einigende Erlebnis im Familienkreise bildet. In diesem Sinne schreibt er drei Wochen später:

„Soeben habe ich ein schönes Stück vom mitgebrachten Kuchen verzehrt in Gedanken an die heimatliche Kaffeestunde. Zu Hause schmeckte er doch besser."

Das Essen ist nicht nur Nahrungsaufnahme, sondern auch ein gemeinschaftlicher Akt. Kuchen gehört unterdessen zu seinen Lieblingsspeisen:

„Käte hat mir heute einen Kuchen geschickt, der schmeckt mir recht gut. Brauchst aber nur nicht meinen, du müsstest nun auch mal schnell was schicken. Zu essen habe ich genug, mehr als sonst. Habe ja augenblicklich gute Freunde, die mir was erübrigen."

Wie gut er doch seine Emma kennt! Sie wird sich in ihrer Hausfrauenehre pikiert fühlen und sich durch Fleiß in der Küche wieder ins rechte Licht rücken wollen. Andrerseits beweist das „Erübrigen" die Existenz der Schieberei von Lebensmitteln. Der Hunger ist nichtsdestotrotz omnipräsent:

„Mit Gerolds Luftgewehr ist es also nichts. Einen Erlaubnisschein von der Polizei wollen wir nun nicht holen, wir können den Besitz des Gewehrs ja auch nicht begründen. Stumpel (Gerold) kann später noch genug schießen. Soldat muss er ja auch mal werden. Schnell sind die Jahre rum, es sind ja bloß noch 6. Wollen lieber was zu futtern dafür kaufen; es ist doch jetzt vernünftiger und wird er einsehen."

Das Kind braucht keine Spielsachen, dafür aber ganz bestimmt Lebensmittel. Es geht gar nicht darum, dass es in dieser militaristischen Zeit nicht mit Waffen spielen sollte, ganz im Gegenteil: Seine Zukunft als Soldat steht in des Vaters Augen schon fest, womit er leider Recht behalten wird.

Julius geniert sich überhaupt nicht, ganz offen sein inneres Drängen offen zu legen:

„*Ich sehne mich heim. Gründe gibt's ja genug.*" (7.12.17)

Es liegt nämlich schon wieder eine Erschwernis in der Bewegungsfreiheit vor:

„*Mit dem Zurückgehaltenwerden der Urlauber stimmt es, wahrscheinlich gibt's Truppenverschiebungen von Osten nach Westen. Auch in den Lazaretten ist Platz gemacht. Also es wird wohl etwas geben.*"

Was nun tatsächlich vor sich geht, darüber ist er sich nicht vollkommen im Klaren:

„*Dass wir mit Russland zum Frieden kommen, ist wohl möglich, dann müssen die anderen schon folgen. Aber es kann noch ein bisschen dauern. Hoffentlich unternehmen wir im Westen nicht mehr zu viel.*"

Wo er doch soeben von den Truppenverschiebungen berichtet hat, soll im Westen nichts geschehen? Dann wieder:

„*Im Westen wird es jetzt wohl abflauen. Einen größeren Angriff werden wir jetzt wohl nicht machen; vielleicht aber im Frühling, wenn es noch so lange dauert, was kaum anzunehmen ist. Mit Russland kommt es sicher zum Frieden. Wenn dann noch Italien erledigt ist, muss nur Frankreich und auch England schon kommen. Letzteres lässt es sicher nicht bis zum Äußersten kommen, sondern wird vor dem Zusammenbruch klein beigeben, um den Schein seiner Machtstellung zu retten. Es ist Aussicht vorhanden, dass es nicht mehr lange dauert bis zum allgemeinen Frieden, voraussichtlich noch diesen Winter.*" (7.12.17)

Ein anderes Mal zum gleichen Thema:

„*Mit Stalin geht's hoffentlich so weiter, dass es dort Revolution gibt. Dann käme doch bald Schluss. An der Front scheint man an letzteres zu glauben.*"

Mit Russland kommt es tatsächlich, wie bereits erwähnt, zum Frieden, aber Julius vertritt ja offensichtlich die Ansicht, Deutschland werde den Sieg über alle seine Feinde erringen. Eigentlich hat er nicht so unrecht damit, denn Deutschland verliert die einzelnen Schlachten nicht, nur sind die Ressourcen aufgebraucht, auch die menschlichen.

Derweil ist die Not so groß, dass die Familie zu Hause eng zusammenrücken muss:

„Seid Ihr schon in die kleine Stube eingezogen? Wenn's so kalt bleibt, muss es wohl angehen. Ich sehe Euch da schon alle beisammen hocken. Zankt Euch aber nicht. Ist denn darin auch genug Platz für Eddis Soldaten?"

Und einen konkreten Tipp zum Zeitvertreib bietet er auch:

„In den langen Winterabenden solltet Ihr nur wieder mit Vorlesen Euch die Zeit vertreiben und dabei geistig-ästhetischen Gewinn erzielen. Wenn ich erst wieder daheim bin, wollen wir das wieder aufnehmen. Am besten wird ein bestimmter Wochenabend dafür ausersehen. Dann freut man sich schon darauf. Für Gerold passt ja auch schon Manches." (4.11.17)

Vorlesen, ein gängiges Hobby in der höheren, gebildeten Gesellschaft, u. a. aus Goethes Zeit bekannt. Julius möchte, dass sich seine Familie gebührend verhält, Kulturbeflissenheit zeigt. Aber das Materielle steht einfach im Vordergrund:

„Soll ich Kaffeeersatzmischung mitbringen und wie viel? Wie ist das mit den Reichsbrotkarten bei Euch? Werden die wohl umgerechnet oder nur mit 400 Gramm statt 500? Sonst kann ich mein Brot in Substanz mitbringen, wenigstens für eine Woche." (16.12.17)

Zum Weihnachtsfest kommt er nun endlich zum ersten Mal heim und muss seine Verpflegung auch noch einstecken! Leid tut es ihm um Helmut, der nicht dabei sein wird:

„Schade, dass der Große nicht auch da ist. Na, er wird schon vergnügt sein im Kreise seiner Kameraden!"

Immer noch die Vorstellung, dass der Aufenthalt an der Front einem Zeltlager der Pfadfinder gleicht! Leider wird er in wenigen Monaten diese Ansicht revidieren müssen.

1918 oder das wahre Bangen um den Großen

Wie immer beginnt ein neues Jahr mit den alten Sorgen, diesmal mit dem Heimweh, nachdem Julius vom häuslichen Weihnachtsurlaub zurückgekehrt ist:

„Na, ich bin glücklich wieder angelangt in meiner Einsiedlerklause... Im Lazarett wartet natürlich viel Arbeit. Wenn der Herr nicht da ist, na, man weiß das ja. Mein Assistenzarzt hat sich nicht umgebracht, er hat es langsam angehen lassen, es war ja auch Weihnachten. Schadet nichts, dann hat man keine Zeit zum Grübeln... Ich rauchte nach dem Essen noch ein paar Pfeifen und versetzte mich dabei in Gedanken heim zu Euch." (8.1.18)

Aber so leicht ist die Einsamkeit doch nicht zu ertragen:

„Das Alleinsein empfinde ich mal wieder doppelt nach dem Urlaub; allmählich wird es schon gehen." (11.1.18)

Und dann der Bericht über einen Unglücksfall:

„Alsbald erfuhr ich hier von dem grässlichen Explosionsunglück vom Sonnabend in Ahlhorn: 4 Zeppelinhallen sind in die Luft geflogen, dabei 5 Luftschiffe vernichtet. 130 Verwundete, 30-40 Schwerverwundete, über 20 Tote. Letztere werden in unserem Lazarett aufgebahrt, bereits 14 sind gebracht, 3 liegen noch unter den Trümmern. Die Ärzte sind z. T. mit großherzoglichen Autos in der Nacht hingefahren. Das ist ein harter Schlag, unersetzlicher Verlust, so lange der Krieg dauert. Es stehen nun bloß noch 2 Hallen. Hoffentlich erfahren unsere Feinde es gar nicht. Ihr wart ja dort und könnt Euch ein Bild davon machen."

Aber bald summiert sich zu seiner Wehmut noch Unmut über die Bestimmungen, über die vermeintlichen Bevorzugungen sowie über den ärztlichen Nachwuchs, der es natürlich viel leichter hat als Julius:

„Meine Stimmung lässt kaum noch zu wünschen übrig. Zu allem Überfluss ist jetzt auch noch mein Assistenzarzt für 6 Wochen zu einem nervenärztlichen Kursus zur Universität Halle abkommandiert worden. Sein Vertreter ist natürlich im Nervenfach unbewandert. Mir soll es recht sein, ich reiße mir kein Bein mehr

aus; was nicht fertig wird, bleibt liegen. Diese jungen Kollegen haben es wirklich gut: lernen viel, kriegen Geld, haben ihre jungen Frauen bei sich, kommen nie ins Feld und nun auch noch Kurse, damit sie ja nach dem Kriege sich als fertige Nervenärzte niederlassen können. Und wir Alten? Wir setzen das bisschen Manneskraft zu und unser Geld, entbehren Heimat und Familie! Wenigstens ich bin solch Pechvogel. Ich kann es immer schwerer tragen. Aber es hilft alles nicht, muss wohl aushalten. Dank und Anerkennung gibt's auch noch nicht einmal. Meinetwegen, ich lasse es jetzt an mich herankommen. Ich will meine Arbeitskraft nicht ganz zusetzen und mich schonen." (23.1.18)

Ein enttäuschter, müder Julius, der nur noch meckern kann. Wo ist der stolze, selbstsichere, enthusiastische Draufgänger des Kriegsanfangs geblieben? Hat er vielleicht sogar selber eine Behandlung durch einen Nervenarzt nötig? Somit führt er weiter aus:

"Hat klein Eddichen schon Schneeglöckchen im Garten entdeckt? Hier ist jetzt auch wundervolles Frühlingswetter, aber zum Spazierengehen habe ich trotzdem keine Lust. Immer so einsam, ist kein Vergnügen. Mit anderen Menschen mag ich gar nichts zu tun haben. Ich lebe ziemlich zurückgezogen."

Was ist aus dem sportlichen Reiter geworden, der tagtäglich in die Natur hinauspreschte und sie in vollen Zügen in sich aufsog? Die bewundernswerte Fähigkeit, die einfachsten Dinge zu genießen, scheint in ihm erloschen, vernichtet. Das Lazarett mit seinen Verwundeten und Leidenden hat auch ihn zerstört, seelisch verkrüppelt. Er macht die Entwicklung der Mehrheit der Deutschen durch. Gerade im Januar/Februar 1918 erlebt die allgemeine Stimmung einen Tiefstand, da die Bevölkerung die Gewissheit verspürt, der Krieg sei trotz der enormen Opferzahlen nicht mehr zu gewinnen. Man spricht von einer weit verbreiteten Lethargie, einem Seelenzustand, der durchaus auch für Julius zutrifft. Aber zumindest kann er Emma versichern:

"Mir wird's ja schwer, immer noch fern meiner Lieben zu hocken, aber Du hast wenigstens keine Sorgen um mich. Ich habe hier ja eigentlich nichts auszustehen, immerhin ist es nicht das wahre zu Hause."

Er sieht demnach ein, dass es nicht so schlimm um ihn

steht. Er findet außerdem die Kraft für etwas Neues: Die Musik gibt ihm jetzt, was wohl früher die Reiterei leistete, Abwechslung und Erquickung der Seele.

„*Abends bin ich zum Symphoniekonzert. Mein Hofkapellmeister hatte mir eine Karte aufgehoben und mitgebracht. Beethovens heitere 4. gab's, leider zum Schluss erst, so dass ich doch schon etwas abgespannt war. Ein Komponist aus Bremen dirigierte eine eigene „Suite", die ganz nett, aber recht einförmig war. Ferner war eine Pianistin aus München da, sie spielte eins von Webers Konzertstücken zu Orchester und als Soli Schuberts Impromptu G-Dur und Chopins Fantasie-Impromptu Cis-Moll, ferner H-Moll Scherzo (als Zugabe einen Chopinschen Walzer). Sie spielte gut, legte viel hinein. Aber mir schien sie zu wenig Kraft zu haben und arbeitete noch zu viel mit dem Körper, besonders mit dem Kopf, machte auch unschöne Gesichter (ein bisschen so wie Tante K...). Dadurch ging wohl manches an Innerlichkeit verloren.*"

Julius zeigt fundierte Musikkenntnisse. Es ist eine Zeit, in der das Musizieren noch einen hohen Stellenwert innerhalb der Familien besitzt: Elfriede spielt Klavier und nimmt Gesangsunterricht, Helmut spielt Geige, Gerold Cello. In seinen Briefen ermahnt Julius den Jüngsten, intensiv zu üben, gegebenenfalls in Begleitung der Schwester; Helmut, seinerseits, verlangt von der Front aus Musikpapier, um seine Kompositionen niederzuschreiben. In den Briefen an die Kinder wird Julius noch viel öfter musikalische Analysen durchführen und ihnen Anleitungen zum Verständnis von Werken liefern. Der Grund dafür ist klar:

„*Ich freue mich, dass Du - und auch Gerold - jetzt öfter die Konzerte besucht. Das erhebt doch mal über den Alltag.*" (1.2.18)

Es ist ein Thema, das immer mehr Platz in seinen Schreiben einnimmt:

„*Es soll im nächsten Konzert Grieg, der hier noch unbekannt ist, gespielt werden. Auch Bruckner. Herr K. schätzt Bruckner sehr hoch, der wirklich Neues geschaffen habe von großem Wert.*"

Ganz so einsam lebt er nun doch nicht, denn er berichtet über gesellige Abende:

„*Gestern Abend war ich bei meinem Hofkapellmeister zu*

einem vorzüglichen Abendessen (warm, er hat immer was, wie er meint, da ihm als Künstler viele Türen offen stehen). Es war sehr schön, wir waren allein und haben nett geschwatzt in einem behaglichen Speisezimmer. Er ist allein und freute sich, mal einen Gast zu haben, meinte, ich solle öfter kommen."

Offensichtlich ist Julius doch noch nicht zum Einsiedler geworden! Und dennoch:

„So allmählich habe ich hier Bekanntschaften gemacht, die recht nett sind. Aber was hilft's? Zu Hause wäre ich doch lieber. Es muss ja nun bald kommen."

Man möchte ihn schon bemitleiden, und siehe da:

„Bei uns älteren Ärzten ist jetzt angefragt, ob wir bereit sind, nach dem Friedensschluss uns noch zur Verfügung zu stellen. Ich habe mich bereit erklärt für 3 Monate für Braunschweig. Das ist dann ein guter Übergang, da die Praxis wohl doch nicht gleich allzu groß wird und ich das Militärgehalt dann noch brauchen kann. Wenn's nur erst so weit wäre!"

Er besitzt die Energie, in die Zukunft zu schauen, zu programmieren, zu organisieren, d. h., sein Phlegmatismus ist nur oberflächlich. Und wieder mal ein besonderes Erlebnis:

„In Wilhelmshaven war es sehr interessant. Wir haben ein Lazarettschiff besichtigt und das neue Linienschiff „Baden", das erst vor 1 Jahr etwa von Stapel gelaufen ist. Das wäre was für die Jugend gewesen. Kolossale Bestückung (38 Kanonen) und mächtiger Aufbau. In dem Schiff liegen so viel elektrische Kabel wie in der ganzen Stadt Berlin."

Ob diese Angabe stimmt? Wohl kaum.

Am 22. Februar 1918 im gewohnten Stil anlässlich Emmas Geburtstag:

„Nun jährt sich Dein Geburtstag doch wieder, ohne dass mein heißer Wunsch vom vorigen Jahre sich erfüllt hat, bei Dir, bei Euch zu sein. Freilich bin ich ja näher herangerückt, aber immer noch weit entfernt. Oft musste und muss ich Deiner ersten Geburtstage im Kriege gedenken, als ich in Belgien war und gewisslich nur das eine Mal an diesem Tage in der Ferne zu sein dachte. Ich sehe mich noch heute in meinem Kämmerlein sitzen und darin schreiben. Ja, da war man voll Hoffnung. Jetzt ist das 4. Jahr herum. Wird es das letzte sein? Wir wollen es hoffen. Es soll Dein Geburtstagswunsch sein. Ich wünsche Dir von Herzen, lieb'

Frauchen, dass Du Deinen Soldaten bald, schnell wiederbekommst, zum Frühjahr, zum Sommer spätestens. Na, ich denke, die Hoffnung können wir hegen; es sieht so aus, als könnte es werden... Am Sonntag werde ich den ganzen Tag Deiner gedenken, schon morgens früh, weißt doch? Denke, ich wäre bei Dir, gäbe Dir einen süßen Kuss und nähme Dich ganz fest in die Arme und... ich will's auch so denken und träumen, dann eilen wir in Gedanken zueinander hin und versetzen uns träumend in freudige Wonnen. Ich weiß wohl, wer statt meiner zu Dir kommt: Süß' Herzblatt. Er kann wohl die Zeit gar nicht erwarten? Seid nur vergnügt, so gut es geht und feiert so viel Ihr könnt. Ich bin in Gedanken bei Euch."

Kein Wunder, dass der Brief mit den Worten *„Dein sich sehnendes Männchen"* endet. Emmas Antwortschreiben vom 25.2.18 ist erhalten und er beinhaltet die Schilderung des Verlaufs dieses Morgens:

„Liebes Männchen!
Vielen herzlichen Dank für Deinen lieben Geburtstagsbrief. Leider kam er erst heute Morgen an und ich war gestern früh, als mir die Post gar nichts von Dir brachte, ein wenig traurig... Na, denke Dir nur, klein Eddi hatte über Nacht auch vergessen, dass Muttis Geburtstag war. Am Sonnabend war er außer Rand und Band und konnte gar die Zeit nicht abwarten, bis es endlich so weit war. Am Nachmittag ging er mit Elfriede in die Stadt, um einen Primeltopf zu kaufen, kam hochbeglückt nach Hause und wollte mir weiß machen, dass die Läden schon zu gewesen wären, und er nun erst am Sonntag ganz früh in den Garten gehen müsse, um Schneeglöckchen zu pflücken, denn Blumen müsste er Mutti doch bringen. Dann wurde ausgemacht, so wie er wach würde, sollte er in mein Bett kommen, wenn ich noch schlief, an meine Nase fassen und seine Wünsche sagen. Ich freute mich nun auf den Augenblick, wo er ankommen würde. Bald nach 7 wurde er dann auch wach (Gerold war schon in meinem Bette), sagte, ach Mutti, sprich doch mal ein bisschen platt, ich höre es doch so gerne! Dazu hatte ich nun noch keine rechte Lust und sagte, komm man nach Mutti ins Bett; willst Du mich denn jetzt schon haben, frug er. Als ich bejahte, kam er freudestrahlend an (wir hatten schon gemerkt, dass er nicht dran dachte) und erzählte alles Mögliche. Ich frug dann, ob es heute schon Montag sei; nein, Mutti, es ist erst Sonntag,

gestern habe ich gebadet und da war Sonnabend. Ach, und nun merkte er seine Vergesslichkeit! Es war zu niedlich! Mutti, ich habe es in der Nacht ganz vergessen, dass Du Geburtstag hast, da nahm er mich so stürmisch in seine Arme und küsste mich immer wieder, süß war der kleine Mann da und ich dachte, könnte doch unser Papa jetzt auch dabei sein und die Freude miterleben! Wir hatten uns nun ganz schnell angezogen und hinunter ging's, um die Geschenke zu bewundern. Da strahlte nun der kleine Mann, als sein Primeltopf in der Mitte stand und ein Kaffeesieb daneben lag; siehst Du, Mutti, dass schenke ich Dir und freute sich, dass er Mutti so schön was vorgemacht hatte."

Eine rührende Familienschilderung, die das härteste Herz zu erweichen vermag. Es ist nicht verwunderlich, dass Julius sich nach dieser Wärme zurücksehnt:

„Meine Gedanken eilen immer zu dir. Was Ihr wohl macht? Ich kann gar nicht mehr recht zur Ruhe kommen. Wenn der Rummel nur erst aus wäre! Ich kann's kaum noch erwarten, dass wir erst wieder alle beisammen sind. Habt Ihr auch genug zu essen?"

Ein anderes Mal, eine unmögliche Steigerung:

„Ich werde umso mehr - wenn das noch möglich ist - an Euch denken."

Und auch die Sexualität spielt weiterhin eine beträchtliche Rolle in der Beziehung zu seiner Frau:

„Mein Schnupfen, der mich ganz tüchtig gepackt hatte, ist wieder auf dem Abzuge. Da hätte ich meinen wärmenden Bettschatz brauchen können, meinst Du nicht auch?"

Was nicht zu bedeuten hat, dass es kein Gezanke zwischen den beiden Ehepartnern gibt:

„Dass es mir besser geht als Dir, bezweifle ich. Vielleicht ist es umgekehrt. Aber im Übrigen lass nun genug sein, es hilft ja doch zu nichts Besserem. Man muss nicht immer bloß an sich denken, sondern sich auch mal auf anderer Leute Standpunkt stellen." (27.5.18)

Elfriede kommt nochmals zu Besuch zu ihrem Vater, was wieder mit Schwierigkeiten verbunden ist:

„Kommt Ihr zu Hause dann aber nicht zu kurz, da doch die Lebensmittel fortfallen in der Stadt? Abgemeldet werden müsste Elfriede ja. Ich denke, was sie bekommt, esst sie auch selber auf."

(6.3.18) Die Lage sieht nämlich wie folgt aus:

„Wegen der Karten musst Du nun doch noch einmal Wege machen. Man verlangt hier das Mitbringen von Reichsbrotmarken, die hier umgetauscht werden müssen. Es sei Reichsbestimmung, dass bei Umzug noch bis zu ¼ Jahr Brotmarken mitgebracht werden müssen. Ich habe jetzt erst bis 29. des Monats leihweise Karten erhalten. Ebenso wollen sie hier keine Zuckerkarten geben; die müssten am alten Wohnsitz noch für ½ Jahr verabfolgt werden." (26.3.18)

Das Leben ist nicht einfach, aber Elfriedes Anwesenheit bringt Schwung in Julius' Alltag:

„Professor B. versorgt uns mit Theaterkarten, Elfriede war schon 2-mal, ich 1-mal dort, für Sonntag und Montag haben wir auch schon welche. Pipsch gefällt's gut hier; meine Stimmung hebt sich auch dadurch; ich denke, das wird Dich auch freuen... Nun müsst Ihr dieses Jahr alleine Ostereier suchen. Ob wohl Eddi die meisten findet? Oder gibt's gar keine?" (28.3.18)

Das kulturelle Leben nimmt Form an. Aber die Sorgen bestehen fort:

„Was Du wegen der Kupfer, usw. –Beschlagnahme angestrichen hast, brauchst Dich nicht zu sorgen. Enteignet wird das ja nicht, und anzumelden brauchst Du einstweilen danach auch nichts. Schließlich wird bis dahin der Krieg wohl aus sein." (29.3.18)

Diese Theorie wird er knapp zwei Wochen später revidieren. Der Informationsfluss scheint doch nicht eindeutig zu sein:

„Wie ich höre, muss man die Messingsachen ziemlich schnell nach Anmeldung abgeben. Das betrifft aber nur die Garderobenhaken und Türgriffe, nicht die Kämme, usw. Also sieh das nochmals auf der Anschlagsäule an, mit der Abgabe kann ja noch bis zur Aufforderung dazu gewartet werden, dann kann sie Gerold ja abschrauben. Mit dem Ersatz muss wohl gewartet werden." (16.4.18)

Dann mal wieder eine erfreuliche Nachricht über Helmut, nachdem Julius am 1.2.18 noch recht verärgert äußerte:

„Das Braunschweiger Kreuz hat er noch nicht, er sei vor ½ Jahr mal eingereicht gewesen. Also hat man es ihm aus

irgendeinem Grunde verweigert, vielleicht, weil er nicht in Braunschweig geboren ist. Ich werde nun mal selber oben anfragen."

Es ist anzunehmen, dass Julius wieder seine Verbindungen einsetzen wird, um seinem Sohn die „Beförderung" zu verschaffen. Mit oder ohne sein Zutun wird das angepeilte Resultat erreicht:

„Habe soeben von Helmut einen Brief erhalten. Er hat wieder eine tolle Sache gemacht, einen amerikanischen Verpflegungswagen geschnappt und einen Amerikaner unter großen Schwierigkeiten mitgeschleppt (sie hielten ihn schon für tot, unterwegs wurde er aber wieder lebendig und wehrte sich tüchtig). Er ist doch ein äußerst tüchtiger Soldat, unerschrocken und tapfer. Er glaubt, den Hohenzollern-Orden zu kriegen (das Braunschweiger II. und I. Klasse ist unterwegs)." (21.4.18)

Wie heldenhaft seine Tat in Wirklichkeit war, ist nicht feststellbar. Interessant ist die Information, die in der gleichen Karte folgt:

„Er hat auch geschrieben, er will noch viel mehr Notenpapier; er komponiert viel."

Helmut, ein musikalisches Genie? Was für düstere Kompositionen können denn an der Front, inmitten von Gefahren, Leid und Tod entstehen? Zu Veröffentlichungen ist es nie gekommen, und er hat auch offensichtlich diese Sparte später in seinem Leben aufgegeben und durch eine ganz andere ersetzt: Er wird sich mit der Zucht und Beobachtung von Wellensittichen befassen. Auf diesem Gebiet wird er Publikationen bringen und sich einen Namen inmitten der Ornithologen schaffen.

Aber Helmut steht nicht alleine da mit seiner Sammlung dekorativer Orden:

„Heute stürmt's gewaltig mit Regenschauern gegen mein Fenster. Sogar auf meinen kahlen Schädel hat's mir ins Zimmer getropft, nämlich durch die Decke durch. Also kein angenehmer Sonntagmorgen. Die meiste Zeit habe ich damit hingebracht, mir das blaurote Band des Oldenburger Friedrich-August-Kreuzes an meinen Rock zu nähen, den ich nämlich gestern gekriegt habe - für meine einjährige Dienstzeit hier." (23.6.18)

Eine recht bescheidene Art, die Ordensverleihung zu erwähnen. Wo Julius doch so großen Wert auf die Erlangung von Auszeichnungen legt, wenn es sich um seinen Sohn handelt, da sollen sie für ihn selbst nur zweitrangig sein? Kaum vorstellbar. Er spielt den Unbedarften, um umso mehr Lob von daheim zu erlangen. Aber ab nun kreist der Inhalt seiner Briefe nur um ein einziges, äußerst trauriges, stets im Hintergrund befürchtetes Thema: Helmuts Verwundung, in diesem Fall dessen versteckte Konsequenz in Form einer Krankheit. Julius verwendet die altbekannte Taktik des Beschwichtigens, die er aber nicht lange halten kann:

„Soeben habe ich Nachricht von Helmut bekommen. Er ist ein bisschen krank, hat sich anscheinend erkältet und danach noch Lungenkatarrh bekommen. Mach Dir also keine Sorgen. Es ist gut, dass er aus dem Schlamassel heraus ist. Wir wollen ihn dann schon gesund pflegen." (8.7.18)

Julius versucht Emma klar zu machen, dass Helmut nur an einer Kleinigkeit leidet und wendet die Situation ins positive Licht, indem er sie als Erlösung vom Frontdienst darstellt. Dann vermasselt er wieder alles, wo er vom „Gesundpflegen" spricht. Also scheint es sich doch um etwas Langwieriges zu handeln. Aber noch genauer wird er ein paar Zeilen weiter:

„Er (Helmut) *schreibt, dass er bald nach Deutschland kommen wird. Voraussichtlich kommt er wohl nach Süra, dann aber jedenfalls in ein Lungensanatorium oder in einen Gebirgskurort. Es ist mit ihm so wie mit K. anscheinend, also kommt er wahrscheinlich nicht wieder an die Front. Die Lungenspitzen scheinen ein bisschen angegangen zu sein."*

Die Sache scheint doch ernst und langwierig zu sein. Sie nimmt Konturen an, die man aus den Anfangsworten des Vaters nicht erraten hätte! Und dann wieder ein Hoffnungsschimmer:

„Das heilt schon aus bei seinem sonst kräftigen Körper und seiner Abstammung aus gesunder Familie... Ich habe gleich auch an den lieben Großen geschrieben, dass er sich keine Sorgen machen solle, dass wir ihn schon auskurieren wollen. Auf diese Weise behalten wir ihn wenigstens, und er kommt um die nächste Offensive herum."

Für Julius steht bestimmt jetzt schon fest, dass sein Sohn unheilbar krank ist, denn er hat einen Entschluss gefasst, zu dem er sich während des ganzen Krieges nicht hat verleiten lassen:

„Ich lasse mich nach Hause versetzen, wenn ich erst weiß, wohin er kommt."

Die große Befürchtung ist nun doch Wirklichkeit geworden: Den Großen hat es erwischt. Die Krankheit wird den Rest seines Lebens, seinen Werdegang und seine Laufbahn prägen, noch mehr: Sie wird zum wichtigsten Bestandteil seines Seins werden und ihm sein Ende bringen nach einem über 20 Jahre währenden Leidenswege, über den die angesammelten Orden nicht im geringsten hinweghelfen.

Aber Julius ringt immer noch mit sich selbst in Bezug auf den Versetzungsantrag nach Braunschweig:

„Wenn ich nur erst endlich daheim wäre, ich werde noch ganz närrisch vor lauter Grübelei, kann gar nicht zum Entschluss kommen. Am besten warte ich erst noch ab, wie es mit Helmut steht, dann kann ich das als Grund mit angeben. Ich habe auch schon an seinen Husten gedacht, er wollte sich aber nie untersuchen lassen. Zu weit kann es ja noch nicht sein, nur erst im Anfang. Vielleicht ist er jetzt durch eine Influenza zum Ausbruch gekommen. Das heilt dann schon aus, wenn er nur erst hier ist. Schreibe ihm nur öfter und beruhige ihn, er soll den Kopf nicht hängen lassen." (10.7.18)

Der überstrapazierte Nervenarzt, der einerseits Emma in ihrer Angst um beider Sohn beruhigen muss, andrerseits Helmuts Wohl gedenkt, wozu wiederum eine gestärkte Emma durch häufiges Briefeschreiben beitragen kann.

Dass Julius seinen Posten in Oldenburg nicht so leicht aufgeben möchte, hat offensichtlich finanzielle Gründe, denn er erhält das Gehalt eines „O.N.-9." (wohl Obernervenarzt) und führt nebenher eine Privatpraxis, täglich 2 Stunden lang. In Braunschweig hingegen sieht die Zukunft mit Privatpatienten noch sehr düster und unbestimmt aus. In Anbetracht dieser Unsicherheit zieht er die Plackerei des Alleinseins vor, durch die aber zumindest der Unterhalt der Familie mit Sicherheit garantiert ist.

Helmuts Krankheit charakterisiert sich erst mal durch Unregelmäßigkeiten, mal geht es ihm besser, mal nicht so gut:

„Z. wird Dir schon mitgeteilt haben, dass es Helmut bedeutend besser geht, er fieberfrei ist und es sich wahrscheinlich nur um Influenza handelt, die dort jetzt epidemisch ist. Er schreibt, dass er nur noch Husten hat, die Lunge will er nun röntgen lassen, um zu sehen, ob sie krank ist. Schlimm sei es auf jeden Fall nicht, meint er. Er scheint schon wieder ganz vergnügt, wieder der alte zu

sein." (13.7.18)

Und ein paar Tage später kommt der Bericht der Aufnahme:

"Helmut hat mir gestern geschrieben, dass seine Lunge durchröntgt ist und als gesund befunden ist. Also scheint doch nur ein Bronchialkatarrh vorzuliegen. Es scheint mir notwendig, dass er doch nun erst ordentlich auskuriert wird, da der Katarrh sichtlich chronisch wird oder ist, also wird er wohl erst eine Zeit lang nicht feldeinsatzfähig sein, sondern in der Heimat verbleiben müssen." (16.7.18)

Durch diese letzten Worte versucht Julius mal wieder die positive Seite von Helmuts Krankheit hervorzuheben und spielt seine Rolle des beschützenden, so wie stützenden Paterfamilias bis in die letzte Konsequenz. Jedes greifbare Indiz weiß er in Freudenbotschaft umzuwandeln:

"Helmut schreibt, dass es ihm erheblich besser ginge, das Fieber auch heruntergehe und er kein Blut mehr auswerfe. Sein heutiger Brief freut mich umso mehr, als er darin sich wieder ganz als der alte gibt in seiner Ausdrucksweise; man hat so den Eindruck, als säße er wieder obenauf. Dass jemand käme, lohne sich nicht, koste ein Heidengeld, das man andersartig besser anwenden könne, auch käme er selbst bald. Auch solle ich Dir nichts sagen, Du hättest sowieso schon zu viel Angst. Mir hätte er eigentlich auch nichts schreiben wollen, hätte er nicht getan, wenn er sich nicht geärgert hätte, usw. Ich solle auch nicht glauben, dass er sich aufrege oder Gedanken mache, usw. Wenn Du noch hinwillst, so warte noch ab. Du bekommst nämlich die halbe Fahrt ermäßigt. Dazu ist ein Schein vom Lazarett nötig." (14.8.18)

Emma erwägt also, ihren Sohn zu besuchen. Mit dem Schein aus dem Lazarett wird sie aber noch zusätzlich einige Schritte unternehmen müssen, um die angekündigte Ermäßigung zu erhalten:

"Du musst damit noch nach der Polizei gehen und Dir bescheinigen lassen, dass Du zum Kranken in einem verwandtschaftlichen Verhältnis stehst. Beide Bescheinigungen musst Du dann bei Lösung der Fahrkarte am Schalter vorzeigen. Die tarifmäßige Schnellzugsgebühr ist aber in voller Höhe zu zahlen, also gibt es nur den halben Preis der Personenzugskarte erlassen." (18.8.18)

Julius gibt wie immer Anweisungen, die bis ins letzte Detail gehen:

„Lass Dich nicht abweisen, wenn behauptet wird, ich sei nicht da, oder sie kennen Helmut nicht. Sie müssen das aus ihren Büchern machen, den An - und Abmeldungen."

Rückenstärkung für Emma, damit sie sich nicht kleinkriegen lässt. Trotz der auf Hochtouren laufenden Vorbereitungen für den Krankenbesuch, scheint der Kranke sich überhaupt nicht zu freuen:

„Dass Du kommst, will Helmut nicht. Das Gejammere rege ihn auf, er will nicht bemitleidet sein."

Bei diesen Worten muss Emmas Herz vor Leid zerspringen. Die liebende Mutter von ihrem eigenen Sohn abgewiesen! Aber Helmut wird nicht lange auf seinem Standpunkt verharren.

Währenddessen verfällt Julius immer wieder in Stimmungstiefs, vor allem nach einem Besuch der Familie:

„Als Ihr fort wart am Montag, war's mir recht einsam. Anfangs war ich ja abgelenkt vom Grübeln durch ständigen Dienst. Doch musste ich immerfort an Euch denken, ob Eure Heimreise wohl glücklich von statten gehen würde. Immer rechnete ich mir aus, wo Ihr nun wohl sein werdet. So war ich gewissermaßen im Geist mit auf Eurer Reise... Am Montagabend hatte ich gar keine rechte Lust, alleine in meiner Bude zu hausen, um nicht in wehmütige Stimmung zu verfallen." (18.8.18)

Bald klärt sich das Krankheitsbild des Sohnes:

„Die Lungenblutungen rühren von Helmuts Rückenschuss her, das ist aber nicht anzunehmen." (28.8.18)

Diese Meinung vertritt der Herr Papa vor seiner Ehefrau aus altbekannten Gründen. Und er fährt fort:

„Die Ösen für das Verwundetenabzeichen kannst Du aber selbst annähen (wie für das Ehrenkreuz I., genau darüber)."

Die Auszeichnungen des kranken Helden sind nicht wegzudenken. Mehr wird er mit Sicherheit ab jetzt nicht mehr einsammeln können. Dies ist vorbei, das weiß der Vater. Umso wichtiger werden die erworbenen.

Bahntickets müssen zur damaligen Zeit wohl sehr teuer gewesen sein, denn Julius beschließt erst dann, sich der Krankenbesucherin Emma anzuschließen, als für ihn keine

Fahrtkosten entstehen:

"Der Zufall scheint uns günstig zu sein. Am 13. September soll eine Vorstandsitzung des Verbands des Tierschutzvereins in Leipzig stattfinden. Die Reisekosten dazu trägt der Verband. Ich werde also hinfahren und könnte dann Helmut in Halle in Empfang nehmen. Das wäre doch fein, was? Ich werde Urlaub einreichen, der wird ja gewährt werden. Hoffentlich ist dann der Junge so weit, dass er reisen kann." (4.9.18)

Plötzlich gibt es keinerlei Hindernisse für Julius, um Urlaub zu erhalten. Wie oft hat er Emma nicht vorgemacht, er könne nicht heimfahren, da er nicht abkömmlich sei. Diesmal soll es aber anstandslos vor sich gehen. Ist ihm der kranke Sohn wichtiger als es jahrelang die Familie gewesen ist? Eventuell spielt auch noch der Geiz eine Rolle, und dass er nicht bereit ist oder vielleicht auch einfach nicht die Mittel besitzt, um eine Fahrkarte durch das halbe Deutschland zu lösen. Und der Sohn akzeptiert nun endlich doch die Gegenwart seiner Eltern:

"Helmut schreibt, dass ich ja eigentlich kommen könnte, wenn ich einmal in Leipzig wäre, und dass er auch für Dich den Schein geschickt hätte. Er hat entschieden Sehnsucht, jemanden von der Familie zu sehen. Er meint auch, ich könnte ihn schließlich doch gleich mitnehmen. Aber das geht ja nun leider nicht, denn er muss noch wochenlang liegen." (10.9.18)

Der verlängerte Wochenendbesuch findet statt, und nun gesellt sich ein neues Problem, da Gerold sich vorgenommen hat, seinen Beitrag für das Vaterland zu leisten, so dass der Vater sich veranlasst fühlt, ihm abzuraten:

"Wie Du ja auch weißt, ist das Arbeiten in solchen Fabriken mit Lebensgefahr verbunden, auch sonst bist Du leicht Schädigungen dort ausgesetzt. Das willst Du aber Mutti und mir nicht noch zumuten, dass wir in Sorge um Dich sind, wo doch so viele Ängste um Helmut waren und ich ja auch draußen in Gefahr war. Ich glaube, wir haben in der Richtung genug für das Vaterland geleistet, meinst Du nicht auch? Immerhin will ich Dich für den Ausfall an Geldverdienst gern entschädigen, damit Du nicht zu kurz kommst. Hinzu kommt, dass Du ja auch die Schule nicht zu lange versäumen darfst, sonst kommst Du zu sehr zurück, und der etwaige Verdienst geht dann wieder drauf für Privatunterricht. Immerhin, wenn sich mal eine andere gefahrlose

Tätigkeit finden sollte, lässt sich ja darüber reden, wenn das Vaterland Dich braucht." (28.10.18)

Es handelt sich wohl um eine Tätigkeit in einer Waffenfabrik, was dem Vater nicht gerade behagt. Und das Geld geistert immer in Julius' Kopf herum. Wenn der Sohn etwas verdienen möchte, so bietet der Vater ihm ein kleines Taschengeld. Kein Wunder, dass Gerold das mickrige Angebot ablehnt und seinen Willen durchsetzt. Im gleichen Brief aber noch zwei beachtenswerte Bemerkungen. Die eine die ewige Frage: *„Habt Ihr auch genug zu essen?"* Und die andere ein verzweifelter, sehr realistischer Ausruf, der den Stimmungswechsel und die veränderten Verhältnisse widerspiegelt, nun schon kurz vor dem bitteren Ende:

„Wenn der Frieden nicht allzu ungünstig für uns ausfällt!"

Alle Hoffnung ist für Deutschland dahin. Keine Überheblichkeit mehr den Feinden gegenüber, ein ausgeblutetes, durch physisches und seelisches Leid geschundenes Land. Neben Krankheiten, wie Cholera und Influenza, die sich zwischenzeitlich ausbreiten, hat die Bevölkerung weiterhin mit der miserablen Versorgungslage zu kämpfen:

„Ich habe heute an Dich ein Wertpaket (Hilfs-) abgeschickt mit 1 Pfund Butter in zwei Teilen (ist so in Ordnung, brauchst nichts mehr daran zu machen), ferner Quark in der Büchse, 2 Tüten mit Mehl, Suppenwürze und Zwiebeln. Schickst Du an Helmut auch Wertpakete? Hoffentlich kommt immer alles an ihn an." (30.10.18)

Das Wort *„Wert"* hat Julius jeweils unterstrichen, es handelt sich also um eine neue Modalität von Sendungen mit sachlichem Inhalt. Und auch Emma bemüht sich um die Versorgung des Sohnes, wofür sie Elfriede genaue Anweisungen erteilt:

„Du kannst Helmut eine Büchse mit Spargeln hinschicken, such eine aus, die ungefähr 1 Pfund wiegt. Wenn auch nicht viel wert darin ist, Helmut mag aber gerne Spargel und es ist ein bisschen erfrischend. Ich habe heute einige Pfirsiche für das Kind abgeschickt, sie waren noch etwas hart und da denke ich, dass sie wohl gut hinkommen. Hoffentlich findet sich auch kein Liebhaber, der sie aufsisst." (8.8.18)

Pfirsiche auf die lange Reise zu schicken, klingt eher

waghalsig. Was Mutterliebe nicht alles zustande bringt!

Das Verhältnis zwischen den Eheleuten durchläuft mal wieder eine Krise:

„Also böse bist du gewesen? Na, denkst wohl, wir leben hier in Saus und Braus und haben für Euch keine Zeit übrig? Das ist freilich nicht so."

Die Schlussworte sind ebenso versöhnlich:

„So, nun sei wieder verständig und schreibe mal öfter, das ist doch die einzige Freude, die man hat. Meine Stimmung ist immer noch nicht die alte."

Der reife Julius, der sich nicht noch mehr nichtige Probleme aufhalsen möchte, denn Sorgen gibt es genug:

„Soeben lese ich, dass es in Braunschweig auch zur Bildung des Soldatenrats gekommen ist. In Bayern ist es auch so. Helmut schrieb mir und betonte, dass er es doch vorausgesagt hätte. Meine beiden Gefreiten, der kleine und der lange, sind Mitglieder des Soldatenrats." (8.11.18)

Wir nähern uns entschieden dem Kriegsende, das eine neue Entwicklung liefert: die Bildung der Arbeiter- und Soldatenräte. Sie gehen zurück auf die Meuterei der Matrosen in Kiel vom 29.10.18, die sich dagegen wehren, in einer sinnlosen Hochseeschlacht gegen die Engländer aufgeopfert zu werden. Der Krieg ist nicht mehr zu gewinnen, Ende September hat die Oberste Heeresleitung die totale Niederlage sogar eingestehen müssen. Volk, Soldaten und Marine wollen nur eins: den Frieden und das damit verbundene Ende des Hungerns. Der Aufstand verbreitet sich wie ein Lauffeuer über das ganze Land. In Bayern wird am 8. November sogar die Republik ausgerufen. Und nun überschlagen sich die Ereignisse: In Berlin demonstriert am 9.11. die Arbeiterschaft, gegen die die Armee sich nicht getraut zu schießen. Die Macht der Generäle ist gebrochen! Am gleichen Tag dankt der Kaiser gezwungenermaßen ab, und die Republik wird in Berlin ausgerufen, einmal als Demokratie durch Scheidemann und einmal sozialistisch durch den linksgerichteten Liebknecht. Diese politische Spannung dringt in jede Stube:

„Mach Dir nur keine Sorgen. Wenn die jetzige Regierung am Ruder bleibt, geschieht nichts Ungesetzliches: nur wenn die Bolschewisten die Oberhand erhalten sollten, was aber einstweilen noch unwahrscheinlich ist, könnte es böse werden. Aber das wird

schon nicht. Solange ist das Geld auf der Bank auch sicher. In der Zeitung lese ich, dass eine rote Garde gebildet werden soll, auch will man die Privathäuser, soweit sie verdächtig sind, untersuchen auf Waffen. Am besten legst Du die Säbel in meinem Zimmer fort. Sollte wer kommen, so sage nur, dass ich hier in Oldenburg bin, ganz auf dem Boden der neuen Bewegung stehe, zum Soldatenrat stehe und in den nächsten Tagen nach hier zurückerwartet werde. Kannst auch die Arbeitersekretäre angeben (Steinbrecher, usw.), die mich kennen, sage nur, ich sei auch Demokrat. Dann passiert Dir schon nichts. Das tut es ja sowieso nicht, aber man soll mir auch die Waffen nicht konfiszieren, die sind ja bei mir in guten Händen, wenn ich selbst zum Soldatenrat stehe. Ich werde auch durch den Soldatenrat nach dort versetzt werden, habe schon damit gesprochen. Um Helmut mach Dir nur gar keine Sorgen, dem passiert nichts, außerdem ist er ja auch Demokrat." (11.11.18)

In Deutschland herrscht das Chaos und damit Angst, wie sie bei Julius selbst zu beobachten ist, der nun zum ersten Mal als Feigling und vielleicht sogar als Opportunist zu bezeichnen ist. Sein Bekenntnis, er stehe zum Soldatenrat, klingt nicht gerade echt. Schnell hat er seine aristokratischen Allüren abgelegt und sich widerstandslos der neuen Macht gefügt. Er, der doch die ganzen Jahre über als Vorbild für seine Familie gegolten hatte, wird mit einem Male weich. Aber tatsächlich ist keiner vor dem anderen mehr sicher, wie es treffend Alfred Döblin in seinem kaum beachteten Roman „*Bürger und Soldaten*" beschreibt. Die neue Situation entflammt sogar Gefühle, die in den letzten vier Jahren verschüttet lagen: „*Es sind ganz tolle, wüste Stunden, phantastischer als die im August 1914 und unheimlicher; damals war es ein schwärmerischer Aufschwung, heute ist es ein Jüngstes Gericht*" (Klemperer, „*Curriculum*", ebd. S. 690). Kein Wunder, dass die Bevölkerung vor diesen wüsten Reitern Kotau übt.

Die Wahl der Vertreter der Arbeiter- und Soldatenräte geht vollkommen willkürlich vor sich, denn es sind keinerlei Listen vorhanden. Am 9. November erteilt sogar die Oberste Heeresleitung den Befehl zur Bildung dieser Räte, womit ihnen der Charakter der Rebellion genommen wird.

Nach der äußerst geordneten Rückkehr der deutschen

Soldaten in die Heimat quoll das Land zwar über an bewaffneten Menschen, aber Soldaten gab es nicht mehr. Die Alliierten hatten die Abgabe der schweren Waffen verlangt, nicht aber die von Gewehren, usw., die freilich unbeschränkt in Umlauf gerieten. Der militärische Sinn war noch dermaßen verbreitet, dass man Hindenburg, den General der kaiserlichen Armee, in seinem Posten beibehielt. Auf der anderen Seite aber wurden den bis dahin allgemein geachteten Offizieren ihre Rangabzeichnung von der Uniform gerissen und sie reagierten in der gleichen Art wie Julius es zu tun scheint: Mit Unterwerfung vor der revolutionären Macht der Räte.

Folgendes Zitat speziell zu der Situation in Braunschweig, welche als Muster für ähnliche Vorfälle in anderen Städten gelten mag, d. h. die überall herrschende Unruhe und den Machtwechsel illustriert:

„Nachdem am 6. November 1918 Agitatoren meuternder Matrosen in Braunschweig eingetroffen waren und das Signal zum Aufstand gegeben hatten, wurden am nächsten Tag das Gefängnis am Rennelberg gestürmt und der Hauptbahnhof und das Schloss von Soldaten besetzt. Wachen und Polizei wurden entwaffnet, der Herzog war Gefangener der Revolutionäre. Auch die Kasernen am Altewiekring und Fallersleber Tor wurden zur Übergabe gezwungen. Damit kamen Waffen und Munition in die Hände der Aufständischen. Im Besitz der tatsächlichen Macht bildeten sie noch am gleichen Tag einen provisorischen Arbeiter- und Soldatenrat.
Tags darauf rückten Demonstrationszüge streikender Arbeiter vor das Schloss, wo vor den 20.000 Versammelten die rote Flagge gehisst wurde... Gegen Abend erschien unter Führung von August Merges eine Delegation dieses Arbeiter- und Soldatenrates im Schloss und legte dem Herzog die Abdankungsurkunde vor. Am 8. November erklärte Ernst August seinen Rücktritt." (Monika Zeidler, *„Chronik der Stadt Braunschweig"*, Braunschweig 1980, S. 138 u. ff.)

Zwei Tage später proklamierte der Arbeiter- und Soldatenrat die „Sozialistische Republik Braunschweig".

Der 11.11. ist vor allem ein historischer Tag, an dem der lang ersehnte Waffenstillstand mit den Alliierten abgeschlossen wird! Aber davon weiß Julius bei der Niederschrift seines Briefes selbstverständlich noch nichts.

Am 15.11.18 dann keine Freudesprünge in Anbetracht des endlich hereingebrochenen Friedens. Nicht verwunderlich, denn der Preis ist für Deutschland hoch: Es muss auf alle besetzten Gebiete im Osten und Westen verzichten, sein schweres Kriegsgerät und die Hochseeflotte abgeben und sich zu Reparationsleistungen verpflichten. Hinzu kommt die politische Unsicherheit durch die starke linke Partei, den Spartakisten und deren hervorragende Figuren wie Rosa Luxemburg und Karl Liebknecht. Julius geht es weiterhin um seine eigene Sicherheit:

„Du brauchst Dir um mich wirklich keine Sorgen zu machen, hier geht alles seinen friedlichen Gang. Ich gehe auch noch in Uniform, da der eine Zivilanzug ohne Mantel mir zu kalt ist. Wir sollen Zivil mit roter Kreuzbinde tragen, aber das kommt hier gar nicht drauf an. Man kennt mich hier zahlreich und sehr viele grüßen mich. Gestern war erst eine Versammlung, in der wir uns verpflichtet haben, für den Soldatenrat noch in unseren Stellen zu bleiben. Auch wollte ich lieber den Bescheid abwarten über meine beantragte Versetzung. Richtiger und einfacher wäre es vielleicht gewesen, wenn der Soldatenrat in Braunschweig mich von dem hiesigen nach Braunschweig hin reklamiert hätte. Das können wir schließlich auch noch machen. Dann müsstest Du mal hinziehen und die Sache vorbringen, dass ein „öffentliches Interesse" vorliege dafür, dass ich meine Praxis wieder eröffne wegen vieler Patienten von mir, die aus dem Felde kommen, kannst dabei durchblicken lassen, dass ich demokratische Gesinnung hätte."

Eine Versetzung wird ihm nun endlich gelingen, denn dieser ist der letzte Brief aus dem Exil. Zu Hause wartet eine neue Situation auf ihn:

„Mit der Einquartierung ist nicht angenehm, lässt sich aber nicht ändern. Hoffentlich kriegst Du ordentliche Leute wie das vorige Mal. Die Badestube schließt Du ab, das Klosett in der 1. Etage kannst Du hingeben, mache die schwarze Gardine ab, das Klosett im Erdgeschoss schließt Du zu."

Auch sonst bleiben die Schwierigkeiten des Krieglebens bestehen oder sind sogar übersteigert:

„Dumm ist die Sperrung des Zivilverkehrs auf der Eisenbahn für Elfriede (die gerade bei ihm in Oldenburg zu

Besuch ist). *Aber ich denke, als meine Tochter kriege ich sie schon mit, sonst müsste sie hierbleiben bei W... In einem Tage kommt man jetzt kaum hin nach Braunschweig... Mit der Postbeförderung dauert es ja jetzt länger"*.

Von einer Notlage in die andere.

Emma und Julius als Vorkriegspaar

Es sind elf Briefe Julius' an Emma aus der Zeit zwischen 1896 und 1913 vorhanden, die den reiferen Julius bereits vorwegnehmen: Er zeigt sich schon hier als liebender Gatte und Vater, versehen mit der Eigenschaft des großen Naturliebhabers. Seine Liebe zu Emma demonstriert er wie gehabt bereits in seinen Anreden, z. B. *„mein liebes, bestes Frauchen", „mein Mädchen", „mein süßes Schätzchen", „süßes Mädchen", „süßes Weib"*, wobei die zitierten fünf allein in einem Brief erscheinen, weiterhin: *„liebes Emmachen", „süßes Frauchen", „meine Sonne", „mein liebes Schätzchen"*, während er mit den bekannten Worten: *„Dein nach Dir so sehnsüchtiges Männchen"* schließt. Auch der leicht pikante und schelmenhafte Tonfall ist in diesen frühen Schriftstücken schon präsent:

„Erst jetzt 11 Uhr, wo Du gewiss schon süß schläfst und von Deinem Männchen träumst, komme ich dazu, Dir zu schreiben. Dann hatte ich die Marken zu kaufen vergessen und musste sie mir von Onkel Peters geben lassen, er gab mir gleich auch das Papier dazu, dann musste ich auch noch ein Glas Bier mit ihm trinken bei Steger; aber ich hab stets Deiner gedacht und auf Dein Wohl getrunken." (9.6.1896)

Er weiß ganz genau, dass er mit diesen Hinweisen seine Frau ärgern wird, aber Spaß muss er haben, obwohl ihm bewusst ist, wie sehr sie unter der Trennung leidet:

„Wie gefällst Du Dir denn so allein? Nicht weinen, hörst Du?"

Am nächsten Tag, da Emma sich wohl doch nicht alles bieten lässt:

„Du schreibst gar nicht? Na warte!"

Meist ist der Inhalt aber voller Leidenschaft:

„Ich sehne mich nach Dir, mein süßes Schätzchen, und will froh sein, wenn ich erst wieder bei Dir bin. Na, es dauert ja nicht mehr lange, Du hältst es doch auch noch aus, ja, oder schläfst Du wieder nicht? Dann bin ich Dir gewiss recht böse, wenn ich komme." (4.9.1896)

Offensichtlich bekommt Emma bereits als junge Frau das Getrenntsein nicht. Aber es geschieht doch immer wieder, aus familiären oder aus beruflichen Gründen, zu denen auch der Urlaub auf Westerland zählt:

„Mein ständiger Gedanke bist natürlich Du mitsamt den Kindern, und so viel steht fest, ins Seebad reise ich nicht wieder ohne meine Frau. Das scheint mir dann doch viel netter und gemütlicher, auch interessanter zu sein. Das Strohwitwertum passt mir ganz und gar nicht, wenn auch die Gesellschaft, in der ich Eingang gefunden, oder viel eher, die sich zusammengefunden, noch so angenehm ist. Am liebsten müsstest Du nachkommen, wenn das Elfchen (Elfriede) nicht noch so klein wäre. Jedenfalls fahren wir das nächste Mal zusammen an die Nordsee, die Kinder kommen zur Großmutter."

Oder:

„Man konnte sich nicht losreißen von dem gewaltigen Toben der Natur. Immer musste ich an Dich denken, mein Lieb. Wir müssen zusammen hierher, wenn die Kinder erst groß sind."
(2.9.1899)

Sehr lobenswerte Vorsätze, die Julius nicht unbedingt einhalten wird oder kann, denn der letzte Brief aus dem Jahre 1913 stammt ebenfalls aus Westerland! Aber Edgar ist ja im August 1912 auf die Welt gekommen! Kleine Kinder wurden offensichtlich zur damaligen Zeit nicht auf Erholungsreisen mitgenommen. Reisen war ja auch viel umständlicher, obwohl der Bahnverkehr zu ihrer Zunahme beiträgt. Gerade die Seebäder erfreuen sich eines Anstiegs der Besucherzahlen. In Westerland steigen sie von *„ 1373 (1871) über fast 10.000 (1895) auf gut 30.000 (1913)"* (s. Nipperdey, ebd., S. 179). Es gehört zum Sozialprestige dieser Zeit, sich einen Urlaub zu leisten. Für die Weltbäder des Hochadels, Baden-Baden oder Bad Ems, reicht es bei Julius nicht. Auch in der Literatur wird die neue Angewohnheit des Bürgertums samt ihrer gesellschaftlichen Bedeutung beschrieben, wie beispielsweise in Heinrich Manns „Professor Unrat", wo dieser mit seiner Familie *„das nahe gelegene Seebad"* besuchte. *„Auf der Bretterpromenade, an den langen Dünen hin, ward ihnen aus allen Holzhütten mit den Operngläsern nachgesehen, und jemand aus der Stadt erzählte Fremden ihre Geschichte... Infolgedessen saß die Familie in ihrem*

*Strandhäuschen beim Kaffee nun schon mit zwei Hamburger Kaufleuten, einem jungen Brasilianer und einem sächsischen Fabrikanten"(*Heinrich Mann, *"Professor Unrat",* Düsseldorf 1976, S. 157).

Anstatt aber seine in der Einsamkeit leidenden Frau zu schonen, verpasst Julius ihr noch einen Witz, der sie sicherlich nicht erfreuen wird:

"Was wir hier vermissen, ist die Schönheiten des weiblichen Geschlechts. Wir haben bis jetzt keine einzige Schönheit gesehen."

Seine kleinen Sticheleien kompensiert er mit seiner echt empfundenen Sehnsucht nach seiner Frau:

"Also freu Dich, dass ich Dich bald wieder umarmen werde und auf die schönen Tage im Harz, mein lieber Schatz. Ach, da kommt mir mit Macht die Begierde an, Dich mal wieder halb tot zu drücken! Doch was nützt es, beruhige Dich, stürmisches Herz! Aber wenn ich nach Haus komme, da sieh Dich nur vor, mein Schätzchen, sonst zerdrücke ich Dich!" (2.9.1899)

Auch am 3.3.1906 offenbart er seine Gefühle:

"Trotzdem ich den heilsamen Einfluss verspüre, sehne ich mich doch wieder fort zu Euch, zu meinem süßen Bubi, der mag gewiss recht traurig sein, dass er bei Papa jetzt nicht Baba machen kann und seinen Stock nicht mehr bringen kann. Sprich nur nicht zu viel von mir, dass er nicht zu oft an mich erinnert wird, das ist nicht gut für ihn. Die großen beiden finden sich ja eher darin, wenn sie nur ihre Mama haben. Und Du? Du sollst Dir keine unnützen Gedanken machen, hörst Du? Spiele nur tüchtig mit den Kindern, das ist die beste Zerstreuung für Dich."

Und in ähnlichem Tenor:

"Nun träume süß und wohlig von Deinem heißen Stübchen und dem, der ganz wonnig da hineinschlüpfen möchte! Aber nichts verraten! Herzliche Grüße und Küsse einstweilen als Ersatz..." (11.9.13)

Das Folgende hat Emma durch den Einsatz ihrer berüchtigten Schere wohlweislich vernichtet! Es ist die Zeit der *"viktorianischen Sexualmoral und (der) damit verbundenen Prüderie. Sexualität war jedenfalls gemäß den offiziellen Normen eine unheimliche, eher böse und brutale Macht, Schweigen und Verschweigen war im späten 19. Jahrhundert die angemessene*

Haltung, Bändigen, Verdrängen und natürlich auch Unterdrücken. Das galt insbesondere für die Frau und erst recht für die Mädchen." (s. Nipperdey, ebd., S. 52) Julius scheint von dieser Haltung schon entfernt zu sein, seiner Ehegattin gelingt eine Überwindung nur schwerlich. Aber auch sie hält nicht zurück mit kleinen Aufmunterungen an ihren Mann:

„Also gute Nacht, lieber Schatz, schlaf recht schön und sei im Traum bei mir" (27.2.1906). Obwohl die *„gezähmte Sinnlichkeit"* als *„deutsch"* galt, und zu den *„nationale(n) Eigenschaften und Tugenden"* zählte (s. Nipperdey, ebd., S. 98), ist nachgewiesen, dass im späteren 19. Jahrhundert *„die Sexualität in der Ehe keineswegs vor allem deformiert, unterdrückt und unglücklich war, dass vielmehr geglückte sexuelle Beziehungen in der Ehe ein Stück Normalität waren"* (s. Nipperdey, ebd., S. 99). Hierfür ist die Ehe zwischen Julius und Emma sicherlich ein weiterer Beweis.

Und in einem Absatz im Brief vom 2.9.99 spricht der Ehemann die Prüderie seiner Ehefrau direkt an, wobei diese ja doch nichts weniger als Gemahlin eines Arztes ist!

„So, nun schreibst Du mir nächstens, wann Du Deine Regel (brauchst nicht rot dabei zu werden) hast oder haben wirst, damit ich Dir ein Rezept schicke (weiter meine ich nichts, Du kleiner Schlingel) zu ihrer Abschwächung. Dazu schickst Du mir ein Rezeptformular (liegen im Bücherschrank unten rechts in Schublade) mit."

Ihre Langeweile bis zu seinem Kommen versucht er durch tief gehende Schilderungen seiner Erlebnisse in der Natur zu verkürzen:

„Dann steigen wir auf die Berge der Dünen, die Fernsicht genießend von der Nordsee bis zum Wattenmeer, oder wir liegen untätig im süßen Nichtstun, fern von Sprechzimmer und Nachtglocke im tiefen Dünensande am Hügelabhang, lassen uns von der Sonne braun brennen und atmen die frisch kühlende Brise ein, bis das Rauschen der Brandung uns einlullt und wir im Frieden der göttlichen Natur sanft einschlummern, als hätte niemals Kampf und Streit bestanden."

Julius' Gesang an die Macht der Natur! Und weiter geht's damit am 2.9.1899:

„Man konnte sich nicht losreißen von dem gewaltigen

Toben der Natur. Immer musste ich an Dich denken, meine Liebe. Wir müssen zusammen hierher, wenn die Kinder erst groß sind. Freilich beim Baden gestern hatten wir arg zu kämpfen mit dem aufgeregten Elemente. Wir wurden arg geschüttelt und mit Gewalt auf den Strand geworfen, wenn wir uns nicht ganz tüchtig aufstemmten gegen die herumstürzenden Wogen. Ein älterer Kollege wurde gefasst und 10 Schritte weit auf den Strand geschleudert und 3 Schritte wieder zurückgenommen. So schlecht es einem erging, wenn man unbarmherzig auf die vielen kleinen Steine am Strande gesetzt wurde, so kam man doch aus dem Lachen gar nicht heraus, so possierlich war der Kampf gegen die Naturgewalt. Aber einmal verging mir doch der Spaß, ich hatte eine mächtige Woge nicht genügend beachtet, und sie stürzte mit voller Wucht auf mich nieder. Es war mir, als wenn mich eine eiserne Faust im Nacken gepackt hätte und drückte mich ganz gemütlich unter Wasser. Vielleicht kam noch eine zweite Woge hinterher, kurz und gut, ich konnte erst gar nicht wieder hochkommen und habe einen ganz tüchtigen Schluck Seewasser zu mir genommen. Angenehm schmeckt das nicht. Noch einige kräftige Wellen, und meine Kraft war zu Ende, ich musste hinaus. Da war wohl keiner, der nicht etwas abbekam gestern, der eine hinkte so, der andere so. Aber schön war's doch!"

Eine ganz zeitlose Beschreibung, die immer wieder in der gleichen Form niedergelegt werden kann. Dann aber das wahre Erlebnis bei einem Ausflug durch die Dünen:

„Es war ein ganz überwältigender Eindruck, der sich uns auf dem Kamm der Düne bot, und wir haben es bestimmt nicht bereut, nur so im Schweiß gelaufen zu haben, zumal sich das Wetter aufklärte. Vor uns lagen gewaltige Sandmassen, weißgelb erstrahlend im Sonnenlicht, Berge und Täler, nur spärlich bewachsen, genau wie im Hochgebirge, ein erhebender Anblick; auf dem durch den Regen festen Sande schritten wir dahin, genau wie auf dem Firnschnee in den Alpen, es war eine ganz eigene Formation der Natur, diese mächtigen Sandberge, vom Winde abgerundet wie eine Walze an der einen Seite, entzückend schön... Als ich den letzten Berg erklommen, erschaute ich zu meinen Füßen die rauschende Brandung der Nordsee. Wunderbar schön! Wir jauchzten laut auf und wären uns am liebsten in die Arme gefallen. Derartig schön und gewaltig waren wir überrascht."

Mit seinen Gefühlen liegt Julius im Trend seiner Zeit: *„Das dominierende Naturerlebnis der Deutschen, der Bürger vor allem, im späten 19. Jahrhundert ist ästhetisch-sentimental. So hat es sich unter dem Einfluss vor allem Rousseaus und der klassisch-romantischen Naturpoesie und auch der wissenschaftlichen Auflösung des religiös-metaphysischen Naturbegriffs entwickelt... Natur ist das Gegenbild zur Hässlichkeit und zu den Zwängen der Zivilisation."* (s. Nipperdey, ebd., S. 183)

Julius' Briefwechsel mit Gerold

In diesen Briefen begegnen wir einerseits schon bekannten Wesensmerkmalen des Oberarztes, der Hauptenor aber ist auf andere Themen gerichtet als in den Schreiben an Emma. Während Julius vor ihr als Schild und Beschützer auftritt, also die typische patriarchalische Rolle des Mannes in der wilhelminischen Zeit einnimmt, entfaltet er sich bei seinen Kindern als Erzieher. Er nimmt seine Pflichten als Pädagoge sehr ernst, steht mit seinen Ermahnungen und Ratschlägen nicht zurück, fordert aber viel, vielleicht zu viel, wie wir es im Falle Helmuts erlebt haben, wo dieser, angestachelt durch des Vaters Ehrgeiz sein junges Leben aufs Spiel setzt. Dennoch sind manche seiner Hinweise äußerst modern; man merkt, dass sie aus dem Munde eines Psychologen stammen.

Unter Julius' Veröffentlichungen ist eine *"Über die Prügelstrafe"* vom April 1909 vorhanden (Separatabdruck aus Sexual-Probleme, Zeitschrift für Sexualwissenschaft und Sexualpolitik, 5. Jahrgang, 4. Heft, S. 252 - 255). Für die damalige Zeit müssen seine Ideen sehr fortschrittlich, vielleicht sogar revolutionär geklungen haben. Das Thema dieses Artikels ist die Frage, ob Prügel auf Kinder als Strafe für das Onanieren abschreckend wirken oder nicht. Seine Stellungnahme ist klar: Er befürchtet *„die Schädigung der geistigen Gesundheit durch die seelische Erschütterung, die mit der körperlichen Züchtigung verbunden ist".* Denn *„ich habe in meiner Praxis immer gefunden, dass die missratenen Söhne keineswegs die waren, die „zu wenig Prügel" bekommen hatten".* Für ihn sind die Onanisten einfach dem Laster verfallen *„aus auf angeborener Grundlage krankhaft gesteigertem Geschlechtstrieb".* Demnach ist *„mit ruhiger, wohlwollender Ermahnung und Aufklärung eher Erfolg"* zu erzielen, *„als mit dem bequemeren, aber auf jeden Fall rohen Mittel der körperlichen Züchtigung".* Somit steht Julius im direkten Gegensatz zum Erziehungshandbuch von 1887, das besagt, dass *„der Wille des Kindes gebrochen werden (muss)... Daß in dem Werk der Erziehung eine gesunde Zucht der* *körperlichen Züchtigung niemals wird entbehren können, ist in der Erörterung des Begriffs der Strafe nachzuweisen. Ihre frühzeitige und nachdrückliche, aber sparsame Anwendung ist geradezu die Grundlage aller echten Zucht, weil das Fleisch die Macht ist, die in erster Linie gebrochen werden muß"* (zit. nach Katharina Rutschky, Hrsg., *"Schwarze Pädagogik"*, Frankfurt 1993, S. 377 u. S. 381). Nach dem Motto: *"Wen Gott liebt, den züchtigt er."* So klingt es nicht verwunderlich, dass im 1914 geschriebenen Roman *"Der Untertan"* Diederich Heßling von seinem Vater mit dem Stock, der an der Wand hing, geschlagen wurde und in der Schule vom Lehrer mit dem Rohrstock (vgl. Heinrich Mann, ebd., S. 7 u. S. 11). In einem weiteren Roman schickt *"der Tyrann"* Professor Unrat seine Schüler ins *"Kabuff"* (vgl. Heinrich Mann, *"Professor Unrat"*, ebd., S. 10). Und zur gleichen Zeit, wo diese Werke geschrieben wurden und auch spielen, zeigt sich Julius als profunder und entgegengesetzter Kenner der menschlichen Seele, indem er von dem *"so überaus empfindlichen Gemüt der Kinder"* spricht und ein Erziehungsideal vorbringt, das dem der heutigen Auffassung, ebenso wie jener der antiautoritären Welle, nicht im Geringsten nachsteht:

"Die Kinder sollen in den Eltern nicht ihre gestrengen Herren, sondern ihre schützenden und sorgenden Freunde sehen; es werden wohl wenige geisteskräftige Kinder glauben, dass sie aus Liebe gezüchtigt werden; über das Demütigende, Beschämende, Vergewaltigende der Prügelstrafe kommen sie schwer hinweg. Die körperliche Züchtigung schafft eher in Dressur geknechtete, scheue, verbissene Charaktere; der freie, selbständige Mann erwächst aus einer Erziehung, die ihn nicht durch Zwang und Verbot gedemütigt, sondern in nachsichtiger Liebe und wohlwollender Belehrung erhoben hat."

Wir befinden uns in der wilhelminischen Zeit der strengen Erziehung, wo *"Kinder zu Tisch, stumm wie die Fisch"* zu sein hatten, d. h. keinerlei Rechte besaßen, wo sie allein zu gehorchen hatten. *"Das Kind sollte zur "Artigkeit" erzogen werden. Die gewünschten Tugenden waren: Fleiß, Korrektheit, Pflichterfüllung, Zufriedenheit, Gehorsam, Widerspruchslosigkeit,... Bescheidenheit, Dankbarkeit,... Demut,... Ordnungsliebe, Ökonomie der Zeiteinteilung... Die absolute Anerkennung der Autorität, ohne eigene Einsicht wurde gefordert"* (s. Lilge, ebd., S. 2). Für diese

Erziehungsmethode prägte Katharina Rutschky den Begriff *„schwarze Pädagogik"*, Ausdruck, mit dem sie ihre Textansammlung betitelt. Er gilt als Synonym für Antipädagogik. Ein Hauptvertreter dieser Erziehungsansichten war der einflussreiche deutsche Arzt und Hochschullehrer D. G. Moritz Schreber (1808 – 1861): *„Die edlen Keime der menschlichen Natur sprießen in ihrer Reinheit fast von selbst hervor, wenn die unedlen, das Unkraut, rechtzeitig verfolgt und ausgerottet werden. Dies freilich muß mit Rastlosigkeit und Nachdruck geschehen"* (zit. n. Alice Miller, *„Am Anfang war Erziehung"*, Frankfurt 1983, S. 111). Gegen diese zu seiner Zeit noch herrschende Methode lehnt sich Julius auf; er möchte Milde und Freundschaft walten lassen. Man vergleiche seine Erziehungsauffassung mit jener in Michael Hanekes Film von 2009 *„Das weiße Band"* aufgezeigten! Die Handlung spielt hier im kaiserlichen Deutschen Reich, in dem seit 1896 das Züchtigungsrecht des Vaters über sein Kind gesetzlich verankert ist! Erst im Jahr 2000 wird es in BRD ersatzlos abgeschafft werden! 1949 waren Körperstrafen an Schulen in der DDR verboten worden, in der BRD erst 1973, in den USA hingegen sind sie heutzutage in den meisten Bundesstaaten noch erlaubt! Bis 1983 hatten *„unter den 192 Mitgliedern der UNO... lediglich 19 Staaten das Schlagen der Kinder verboten"* (s. A. Miller, ebd., S. 324)!

Dennoch steht Julius in dieser Epoche mit seinen Ideen nicht alleine da. Andere Stimmen nähern sich zumindest der seinigen, wie die folgende, die er im gleichen Artikel zitiert:

„Es ist deshalb Bayerthal wenigstens zu verstehen, wenn er die körperliche Züchtigung nicht gänzlich aus der Hilfsschule verbannt, sie aber erst nach Meinungsaustausch zwischen Lehrer und Arzt vorsichtig ausprobierend anwenden will, um Schaden oder Nutzlosigkeit zu vermeiden, und deshalb auch vor körperlicher Bestrafung Zuhause die Eltern warnt."

In was für einer brutalen Zeit Julius lebt, wird durch die Erwähnung *„eines Lehrers, der seinen Sohn* (den des Angeklagten) *gewürgt habe"*, deutlich verständlich (J. Hampe, *„Beitrag zur Psychologie der Aussage"*, Sonderdruck aus *„Klinik für psychische und nervöse Krankheiten"*). Julius fertigt ein gerichtliches Gutachten über diesen Vater, der u. a. den Lehrer seines Sohnes beleidigt hat. Man bemerke, dass nicht der würgende Lehrer auf der Anklagebank sitzt!

Wie verbreitet die Prügelstrafe Anfang des Jahrhunderts noch war, geht ebenso aus einem anderen Artikel unseres Nervenarztes hervor, den er am 13. Juli 1922 in der „Braunschweiger Landeszeitung" unter dem Titel „Zur Ausschließung Schwachbefähigter von den höheren Schulen" veröffentlicht. Zwei Absätze daraus:

„Sie (die Mütter aus „besseren Kreisen") *fassen es als eine Art Familienschande auf, dass ihr Junge nicht vorwärts kommt, und wollen die Ursache dazu nicht in dessen immer - meist angeborener - Schwäche, sondern in äußeren Umständen sehen, von Schule und Lehrer ganz zu schweigen. Eine solche „Mutter" antwortete mir voller Entrüstung: „Was? Mein Sohn soll schwachsinnig sein? Faul ist er, Prügel muss er haben. Ich werde ihn in eine ganz strenge Pension geben."* Ich konnte nur hinzufügen: *„Nun ja, bis Sie seinen Selbstmord auf dem Gewissen haben."*
Diese Fälle sind keineswegs vereinzelt. Man muss nur solche Söhne hören, wenn sie später, dem harten Zwang entronnen, für die freudlose Jugend sich zu entschädigen suchen im Sich-Ausleben und dabei wohl auch auf die schiefe Bahn geraten: „Ich Rücksicht auf meine Familie nehmen? Ich hasse meinen Vater!" Woher sollen diese unglücklichen Opfer einer verfehlten Erziehung noch Liebe und Vertrauen zu den Eltern gewinnen?"

Immer wieder betont Julius die Faktoren Liebe und Verständnis in der Erziehung, um einen geistig gesunden Menschen zu schaffen. Auch in einem anderen Zusammenhang vertritt er diese Meinung: Im Artikel „Aufklärung" (gemeint ist die sexuelle Aufklärung) im „4. Blatt der Neuesten Nachrichten" in Braunschweig vom 10. Juni 1923 schließt er mit den Worten:

„Die Eltern haben selber zu prüfen, ob sich die Aufklärung ihrer Kinder nötig erweist, ob sie ihre Kinder genügend kennen, ihr Vertrauen besitzen, ob sie selbst die Fähigkeit zur Lösung dieser Aufgabe haben oder sie nicht lieber dem Lehrer oder Arzt oder Geistlichen oder sonst einer geeigneten Persönlichkeit überlassen."

Demnach gelangt man zur Einsicht, dass als allgemeine Grundlage für eine gute Erziehung die Beschäftigung mit den Kindern und die sich hieraus ergebende Kenntnis ihres Wesens gelten. Diese Vertrautheit mit den eigenen Kindern war lange Zeit keine Selbstverständlichkeit gewesen, wenn man allein an die Jugend von berühmten Autoren wie Balzac oder sogar Proust denkt, die sich regelrecht krankhaft nach der Liebe und Nähe der Eltern, hauptsächlich der Mutter, sehnten. Aber Julius lebt in einer Zeit des Umbruchs, denn, obwohl das 19. Jahrhundert auf dem Individualismus beruhte, *„rangiert (nun) die Familie vor dem Individuum... (sie dringt) in den Rang von etwas Letztem, Sinnstiftendem vor"* (s. Nipperdey, ebd., S. 43 u. 44). Offensichtlich hat für Julius die Familie einen sehr hohen Stellenwert. Aber es kommt auch eine neuartige Pädagogik auf, die er bestimmt kennen gelernt hat und befolgt. *„Ellen Kelley, eine Schwedin, rief das Jahrhundert des Kindes aus, enthusiastisch sprach man von der „Gottheit" im Kinde und seiner „wahren Menschlichkeit"....* (Das Kind hatte Anspruch) *„auf Entfaltung, auf ungestörtes Wachsen, unverdorben durch die Abstraktionen der Erwachsenenwelt, auf Seele ...* (Berthold Otto entwickelt den Gesamtunterricht), *„der von den „echten" Bedürfnissen des Kindes ausgeht, das freie Gespräch unter Kindern und zwischen ihnen und Erwachsenen zum Ausgangspunkt des Schulgeschehens macht... (Es ist) „ein Aufstand gegen die Verständnislosigkeit gegenüber Kindern"* (s. Nipperdey, ebd., S. 565). Ähnlichen Inhalts sind die *„progressive education"* und die *„éducation nouvelle"*. Und nicht nur das Kind wird neu entdeckt: Auch die Jugendkultur nimmt ihren Anfang. Jugend wurde nicht mehr *„als ein transitorischer, auf das Erwachsenenalter vorbereitender Lebensabschnitt, sondern auch... mit Eigensinn versehen"* (s. Wilfried Ferchhoff, *„Wandervogel, Jugend und Jugendkultur"* in Werner Faulstich, Hrsg., *„Das erste Jahrzehnt"*, München 2006, S. 127). Julius reiht sich ein in die Liste der Neuerer.

Aber zurück zum Thema der Aufklärung, über die ein gewisser I. Kr. ebenfalls in der *„Braunschweiger Landeszeitung"* und am gleichen Tage eine für unsere heutige Zeit ulkig klingende Bemerkung bringt:

„Man darf nie vergessen, dass zwischen der früheren und der jetzigen Zeit die heranwachsende Jugend auf Schritt und Tritt von außen her geschlechtlich gereizt wird, sei es durch Reklame oder sonstige unsaubere Machenschaften, die in früherer Zeit, wenn auch nicht ganz wegfielen, so doch von Behörde und Zensur

auf ein Minimum eingeschränkt wurden."

Der Autor würde über unsere heutige Zeit ja nur noch den Kopf schütteln! Aber wir haben es hier immerhin mit den „verrückten Zwanzigerjahren" zu tun, wo schon einiges vom menschlichen Körper zur Schau gestellt wurde.

Auf jeden Fall setzt Julius seine teilweise in dieser Zeit niedergeschriebenen Erziehungsideale bereits früher ein, manche schon zwei Jahrzehnte davor. Er sucht die Nähe und die Verständigung mit seinen Kindern, wobei sein lenkendes Eingreifen nicht zu leugnen ist. Er ist noch fern von einer freien Erziehung, er bleibt der Belehrende, der Besser- oder Mehrwissende. Ebenso sind veraltete Vorstellungen in seinem erzieherischen Werk mit Gerold nicht wegzudenken:

„Zu Deinem Geburtstage am 25. September sende ich Dir aus Feindesland meine allerherzlichsten Glückwünsche! Dass Du dereinst ein tüchtiger Reitersmann wirst und alle Franzosen und sonstige Lumpenkerle vor Dir Reißaus nehmen! An Beute schicke ich Dir einen belgischen Schako und ein belgisches Seitengewehr; dieses ist noch nicht einmal geschärft, dazu hatten die Kerle keine Zeit mehr." (22.9.14)

Der Vater schürt in der Seele seines kleinen Sohnes den Hass auf die Franzosen, prägt ihm die Verachtung für diesen Nachbarn ein, sodass Gerold später bestimmt nicht mehr feststellen werden kann, woher seine Voreingenommenheit stammt. Andrerseits zeigt die Wahl der Geschenke, der Gewehre, sowie deren Herkunft aus einem Beutezug die kriegerische Einstellung des Vaters. Seine Vorgehensweise entspricht der verbreiteten militaristischen Haltung, die dem Sedansieg von 1870 entsprungen war. Aber Julius steht nicht alleine mit dieser Einstellung da: *„Abiturienten wurden mit Themen für den deutschen Aufsatz geprüft, wie: „Auch der Krieg hat sein Gutes", „Das Leben ist der Güter höchstes nicht", „Der Tod hat eine reinigende Kraft"* (s. B. Lilge, ebd., S. 4). Eine ähnliche Denkweise spiegelt der Inhalt eines Pakets wieder, das Gerold am 1.3.16 von einem Verwandten zugeschickt bekommt:

„Walter bat mich, Dir doch die alten Soldaten von ihm und Helmut zu schicken, um Dir für Dein Maschinengewehr „Kanonenfutter" zu liefern. Sieh nun zu, was Du davon gebrauchen kannst."

Gerold soll das Kriegsspiel richtig spielen können, so echt wie möglich! Julius führt seinerseits seinen Brief mit einem Bericht fort, der wiederum dieser kriegerischen Sichtweise entspringt:

„Ich habe schon mehrmals nachts fortmüssen, auch mit der Lokomotive, die wir irgendwo erwischen oder vom Zug abhängen. Gestern Nacht mit Auto 20 km weit nach einem angeschossenen Posten von uns. Der arme Kerl hatte eine sehr schwere Oberschenkelverletzung. Dafür brennen jetzt aber dort ein Schloss und 4 Häuser."

Es ist Krieg und da herrschen wohl andere Gesetze als in der Friedenszeit. Vorbildlich verhält sich dieser Vater aber kaum, wenn er einfach Lokomotiven stiehlt! Und Racheakte sind eindeutig gerechtfertigt, auch wenn die Proportionen überhaupt nicht stimmen! Der Sohn wird leider mit Begeisterung auf die Heldentaten des Vaters reagieren und sie sich obendrein als nachahmenswert einprägen. Julius hat vor lauter Fokussierung auf die Nachteile der Prügelstrafe vergessen, dass Eltern mit ihrem Handeln Wegweiser für ihre Kinder sind!

Den Enthusiasmus für die militärischen Leistungen des deutschen Heeres wird der Vater öfters zu schüren wissen:

„Fällt nicht bald einmal wieder die Schule aus? Ich will es doch hoffen, wenn die Russen gründlich aus Galizien über den Don hinüber vertrieben sind und damit auch die Weichsel preisgeben müssen, wenn sie also dann so gut wie erledigt sind. Das muss jetzt diese Tage kommen. Dass im Norden wieder Russen in großer Zahl auftauchen, hat nicht viel zu sagen." (20.5.15)

Offensichtlich sollen große Siege im ganzen Lande gefeiert werden, um den Nationalismus und die Begeisterung zu unterstützen:

„Habt Ihr die schönen Siege in Russland ordentlich gefeiert? Na, Riga müssen wir auch noch haben und Dünaburg. Hoffentlich ist es dann genug und gehen wir nicht nach Petersburg." (21.8.15)

Und ein anderes Mal:

„Was sagst Du denn zum entscheidenden Sieg über die Rumänen? So ist's recht, das muss schnell zum Ende führen." (16.9.16)

Dann kaum fünf Tage später lehrt er den Überdruss des Krieges:

„Zu Deinem Geburtstage sende ich Dir die allerherzlichsten Glück- und Segenswünsche. Bleibe gesund und werde tüchtig! Vor allem, mögest Du mal keinen Krieg als Teilnehmer erleben!"

Julius' Wunsch wird nicht in Erfüllung gehen!

Zum großen Bedauern der Eltern entwickelt sich Gerold nicht als Vorzeigeschüler:

„Nun darfst Du, mein lieber Stumpel, über all dem schönen Zeitvertreib aber die Schule nicht vergessen. Das letzte Zeugnis war nicht berühmt. Du wirst doch nicht sitzen bleiben wollen? Was wollten wohl Helmut und Dein Lehrer sagen? Also sei hübsch brav und übe fleißig mit Elfriede. Vergiss auch das Cello nicht! Sieh, die Stunde kostet doch recht viel Geld, das darf nicht verschwendet werden. Darum hast Du doch noch genug Zeit, Dich über die lieben Tierchen zu freuen. Schreibe mir bald, dass Du alles schon befolgen willst. Dann freut sich Dein Vater." (20.7.15)

Stumpel, Kosename für Gerold, hat einen Zeitvertreib gefunden, der den Tierschützer Julius sehr erfreut: Die bereits erwähnten Tauben. Aber durch die Beschäftigung mit ihnen scheint der Junge seine Hauptaufgabe, das Lernen, zu vernachlässigen. Die Ermahnungen des Vaters klingen - vor allem für die damalige Zeit - sehr milde. Er spricht keinerlei Drohung aus, sondern appelliert an seinen Sinn für Gehorsam und an seine Liebe zu seinem Vater, den er nicht enttäuschen soll. Er behandelt ihn sowohl als Kind wie als Erwachsenen, der den Wert des Geldes schon einschätzen kann. Antipädagogisch klingt nur die Erwähnung Helmuts. Der große Bruder spielt offensichtlich die Rolle einer Autoritätsperson. Seine Meinung gilt; sie wird befolgt und respektiert. Nur stellt sich die Frage, ob dadurch das Verhältnis zwischen den beiden Brüder, die nur sechs Jahre auseinander sind, nicht geschädigt, ob Gerold ihm jemals mit einem anderen Gefühl als dem der Angst und des Konkurrenzkampfes begegnen wird. Was der Vater mit der Anspielung auf Helmut meint, wird in einer Karte deutlicher:

„Du weißt doch, dass es darauf ankommt, dass Helmut nicht Recht behält!" (16.9.16)

Also scheint Helmut prophezeit zu haben, dass sein kleinerer Bruder die Schule ja doch nicht schaffen würde! Nette Äußerung, die nicht gerade das Selbstwertgefühl Gerolds stärkt. Auf jeden Fall tragen Julius' Ermahnungen Früchte, denn Gerold bleibt allen Befürchtungen zum Trotz nie sitzen. Dennoch begeht Julius auch im nächsten Brief einen Fauxpas:

"Dass Du an mich gedacht hast, ist recht nett von Dir; ich würde mich sehr freuen, wenn Du mir öfter einen Brief schreibst, das übt Dich auch zugleich. Der letzte hatte nämlich manche Fehler. Es heißt: „zeichnen" und nicht „zeichen"; „schon" ist nicht dasselbe wie „schön", „Französisch" wird mit „sch" geschrieben, „sa" mit einem „h", also „sah". Nur dann muss die Schrift noch besser werden." (27.10.15)

Armer Junge! Ob er durch diese zwar berechtigte Kritik zum weiteren Schreiben animiert wird? Er dürfte eher vollkommen frustriert gewesen sein. Es hapert ja nicht nur an der Rechtschreibung, sondern auch noch an der Schrift. Wenn wir zu dieser kommen, so hätte Julius zu schweigen, denn seine Hieroglyphen sind nur von geduldigen Experten zu entziffern. Und sein großer Stolz, Helmut, übertrifft seinen Vater regelrecht auf diesem Gebiet!

Manchmal ganz konkrete Hinweise zur Leistungsoptimierung:

"Meine herzlichsten Glückwünsche zu Deinem schönen Schulerfolge! Nur so weiter, dann wird's Dir später umso leichter. Vor allem Lateinisch musst Du oft wiederholen, damit Du die Anfangsgründe beherrschst, dann hast Du nachher, wenn die Schwierigkeiten kommen, besonders in Obertertia, keine Last und Mühe daran." (4.10.16)

Äußerst vernünftige Ansichten von ewiger Gültigkeit! Wenn man die Basis nicht beherrscht, kann der spätere Aufbau nicht halten! Aber wie viele Schüler befolgen diese Weisheit bis zum heutigen Tage immer noch nicht?

Kaum zwei Monate später, am 30.12.16, bringt Julius aber bereits wieder seine Enttäuschung über Gerold in einem Brief an Emma zum Ausdruck:

"Was ist denn mit Gerold? Er hat mir ja nicht sein Weihnachtszeugnis geschickt. Ist wohl nicht berühmt? Dazu schreibt mir Oberschulrat B., er wolle sich seiner annehmen. Da stimmt wohl etwas nicht. Kommt er denn im Cello vorwärts? Er ist doch nun 12 Jahre, da sollte der Trieb und Ernst wohl kommen, noch dazu in der jetzigen Zeit."

Mit 12 Jahren soll Gerold sich wahrscheinlich als

Erwachsener geben. Ein wenig vermessen von diesem ehrgeizigen Vater, der die Qualen von so vielen anderen Eltern durchmacht. Während vom Jungen so unendlich viel erwartet wird, soll das Mädchen eher verschont bleiben:

„Elfriede scheint das Studium ja viel Spaß zu machen, hoffentlich überanstrengt sie sich nicht."

Im gleichen Brief also eine ganz andere Einstellung der Frau gegenüber!

Der aus der Ferne lenkende Julius erteilt seiner Gattin Anweisungen den Sohn betreffend:

„Es muss eine besondere Zeit für die Arbeiten angesetzt werden, da hat er also zu Hause zu bleiben. Halte ihm das Ganze nur fern und sein Verkehr mit H. wird auch eingeschränkt. Schlimm genug, dass ein 12-jähriger Junge sich so bevormunden lassen muss." (6.1.17)

Wieder mal ganz vernünftige, moderne Ansichten über das geregelte, geordnete Lernen. Man merkt Julius an, dass ihm die Einmischung in das Leben seines Sohnes schmerzt; viel lieber hätte er einen selbstständigen Jungen, dem er nichts vorzuschreiben hätte. Ein anderes Mal nimmt Julius Stellung zum Erlernen von lateinischen Vokabeln:

„Übe nur fleißig mit Elfriede, aber ohne Zank; am anderen Morgen vor der Schule musst Du die Vokabeln nochmals überlesen oder in Gedanken hersagen, auch auf Spaziergängen musst Du einige Vokabeln aufsagen und die, die Du vergessen hast, nachher zu Hause nochmals ansehen. Dann behältst Du sie besser."

Der arme Jüngling soll wohl nur noch lateinisch denken! Die Methode als solche ist nicht schlecht, auch beispielsweise für Kopfrechnen gut anwendbar; nur setzt Julius ein hohes Maß an Disziplin bei Gerold voraus. Wenn dieses tatsächlich beim Sohn vorhanden wäre, hätte er gar keine Schwierigkeiten in der Schule.

Das damalige Schulsystem basiert auf den Neuhumanismus, der sich zur Aufgabe stellt, *„seine Schüler im Sinne Wilhelm von Humboldts zu selbständigen, umfassend gebildeten Bürgern zu erziehen, und zwar vor allem durch die Vermittlung des Bildungsgutes der griechischen und römischen Antike"* (s. Mommsen, ebd., S. 61). Weitere Fächer waren deutsche Geschichte und deutsche Literatur; moderne Fremdsprachen kamen kaum vor, *„vor allem aber standen Mathematik und die* *naturwissenschaftlichen Fächer gegenüber den geisteswissenschaftlichen weit zurück"* (ebd., S. 63), trotz der industriellen Entwicklung!

Kaum einen Monat später schon wieder ein Zwischenfall Gerolds wegen:

„Nur dann die Schule? Ich habe erst ein bisschen lachen müssen, um ein bisschen Sprechen während des Unterrichts solchen Lärm zu machen. Aber es ist schließlich doch nicht zum Lachen, er darf nicht lügen, jetzt doch als 12-Jähriger nicht mehr. Ein 12-jähriger deutscher Junge lügt nicht wie ein Frauenzimmer, sondern isst aus, was er sich eingebrockt hat. Das sage ihm nur, er soll Vertrauen zu seinen Eltern haben und ruhig eingestehen, wenn er Dummheiten gemacht hat. Er ist alt genug, um endlich einmal in sich zu gehen. Du musst Dich möglichst viel mit ihm abgeben, ihn nicht zu viel sich selbst überlassen; nimm ihn mit bei Gängen in die Stadt und dergleichen, unterhalt Dich mehr mit ihm, es muss durch das Gemüt auch eingewirkt werden, dass er mehr Vertrauen fasst. Er kann doch noch Zeit genug haben für seine Freunde." (4.2.17)

Julius erwartet viel von seinem deutschen Jungen, zu viel! Aber auf der anderen Seite gibt er Emma praktische Ratschläge, die heute noch Gültigkeit besitzen: Die Beschäftigung mit dem Problemkind, das Investieren von Zeit und Mühe in ihn. Und Julius ist sich sicher, dass die Bemühungen sich lohnen:

„Und nun der Gerold! Na, so schlimm ist die Sache nun nicht, die Herren Lehrer wittern immer gleich das Ärgste. Dem Jungen nun gleich alles Gemüt abzusprechen, geht doch weit. Er hat schon ein Herz, das sieht man auch an seiner Zuneigung zur Tierwelt, und sonst kann er doch auch recht lieb sein. Er ist nicht so innerlich veranlagt wohl wie Helmut, er gibt sich unbefangener und dreister, während Helmut mehr zurückhaltend war. Aber sein „Herz" wird sich schon noch offenbaren, ob seinen Lehrern gegenüber ist freilich fraglich, aber sonst hat er wegen seiner offenen Zutraulichkeit alle Welt zu Freunden." (14.2.17)

Auf jeden Fall besaß Gerold einen gewinnenden Charme, wie Julius betont. Dann folgt am 18.2.17 ein Schreiben zum gleichen Vorfall an Gerold selbst:

„Ich danke Dir für Deinen offenen Brief. Ich glaube Dir schon, dass es so gewesen ist; aber Du musst bedenken, der Lehrer

fasst das alles nur von seinem Standpunkt aus auf und kennt ja auch nicht die Eigenheiten seiner Schüler so genau. Da ist es besser, man vermeidet auch den Schein. Nachdem Mutti bei dem Lehrer war, ist die Angelegenheit ja nun erst geklärt. Nun gib Dir nur Mühe, dass Du solche Zusammenstöße vermeidest; Du siehst aber, so leicht wie zu Hause lösen sich solche Missverständnisse in der Schule nicht, und solch Gymnasium ist streng. Tu nur Deine Pflicht, dann kann Dir niemand etwas anhaben. Die Schulzeit geht auch hin, und je mehr man seine Pflicht und Schuldigkeit getan, gut gelernt hat, umso schneller verfliegt sie. Dann bist Du Student, dienst das halbe (als Mediziner) Militärjahr bei der Artillerie oder Kavallerie, und dann hast Du es gut als freier Bursch. Wenn Du dann noch schön Cello spielen gelernt hast, bist Du überall gern gesehen und hast auch erst den richtigen, echten Genuss vom Anhören guter Musik. Schreibe mir nur öfter, wie es steht und was passiert ist, so habe nur volles Vertrauen zu Deinen Eltern und beichte ihnen, damit sie Dir helfen können... Der Frühling macht sich ja nun schon bemerkbar und wie er dem stürmischen Winter folgen muss, so muss ja auch schließlich der Friede kommen."

Julius schimpft überhaupt nicht mit seinem Sohne, bestimmt erstaunlich für seine Zeit. Er möchte ihm dennoch ein Pflichtbewusstsein einhämmern, das den Jungen ziemlich knechtet. Aber der Sohn kann sich sicher sein, dass sein Vater ihm bei Schwierigkeiten stets beistehen wird. Die wichtige Rolle, die die Musik in seinem eigenen Leben spielt, versucht Julius dem Kinde öfter klarzulegen. In einem Brief an Emma hierüber:

„Übt Gerold jetzt auch fleißig Cello? Nun muss er doch so weit sein, dass er das Schöne und Gewinnende der Musik einsieht!" (4.11.17)

Nur ist dieser Papa sehr fordernd:

„Müsstest Du nicht K. K. mal besuchen? Er hat wieder einen hübschen Aufsatz in dem Tierschutzkalender geschrieben, Du könntest von ihm schön lernen, die Vögel zu beobachten, wenn Du mit ihm in den Wald gehst. Das ist besser, als mit Deinem H. herumzutoben. Man hat sehr große Freude später, wenn man beim Spazierengehen die Vöglein am Wege sieht und sagen kann, wie sie heißen und ihre Lebensweise ist. Das lernt man am besten in der Jugend... Nun immer nur gute Nachricht von Dir erwartend, mit herzlichen Grüßen, Dein Papa."

Die Freundschaften will der Vater auch noch bestimmen! Und war es nicht so, dass er dem Jungen seine Freizeit und das Spielen gönnte? Oder soll jede Minute auf irgendeine erdenkliche Weise mit Lernen ausgefüllt sein? Diese Einstellung ist zweifellos bei Julius sehr ausgeprägt, wie auch der folgende Brief in stark belehrendem Tonfall zeigt:

„Dein Brief vom 27. des Monats hat mich recht erfreut, ersehe ich doch daraus, dass Du Dir nun Mühe gegeben hast mit Deinen Schularbeiten. So muss es Dir doch auch selber Freude machen. Wissen und Können wirkt erhebend, macht froh und selbstbewusst, stolz. Du selbst kannst doch auch nicht vergnügt sein, wenn Du Dir immer sagen musst, Du habest Deinen Vater, der in der Ferne, im schrecklichen Krieg sowieso schon viel entbehren muss, noch obendrein Ärger und Kummer bereitet. In dieser schweren Zeit, die über uns hereingebrochen ist, müssen Knaben zu Jünglingen, Jünglinge zu Männern werden, früher als in ruhigen Friedenszeiten. Als ich 12 Jahre alt war, da hatte ich bereits ein festes Ziel vor Augen, nämlich Medizin zu studieren, und niemand konnte mich davon abbringen, da wusste ich, was meine Pflicht war: Zu arbeiten, um möglichst schnell mein hohes Ziel zu erreichen, um sicher dazustehen gegen alle Hindernisse und Schwierigkeiten. So musst Du auch wissen, was Deine Pflicht ist, wo Vater und Bruder im Felde sind, nämlich schnell vorwärts zu streben, Deinen Eltern Freude zu machen und dir damit selbst; Du musst Mutti eine Stütze sein, ihr helfen, aufrecht zu bleiben, wo sie es doch jetzt so schwer hat. Ich denke, ich werde mich nicht in Dir irren, Du wirst das Versäumte nachholen. Dabei kannst und sollst Du doch Deine Kindheit und Jugend genießen; es bleibt genug Zeit dafür übrig. Na, ich denke, nun werde ich in der Folge immer nur gute Nachrichten erhalten, nicht wahr? Wenn ich erst wieder daheim bin, dann wollen wir es uns recht gemütlich machen, auch schöne Täubchen wollen wir dann haben. So etwas Lebendes macht Freude und schafft Erholung, sich damit zu beschäftigen nach der Arbeit." (31.1.17)

Julius begeht offensichtlich den Fehler so vieler Eltern: Sie nehmen an, dass ihre Kinder genauso oder besser sind als sie es waren beziehungsweise sind. Gerold kann aber nur er selbst sein. Es nützt nichts, von ihm Dinge zu erwarten, die er nicht vollbringen kann. Er ist ein Knabe und kann gewisse

Entwicklungsstufen nicht einfach überspringen, weil Krieg herrscht, obendrein in der Ferne, denn im 1. Weltkrieg erleben die deutschen Städte noch keine Bombardierung oder Invasion. Julius verlangt von seinem Buben obendrein, dass er seiner Mutter zur Seite stehen soll, etwas viel verlangt von einem 12-Jährigen! Der Kleine muss ja ständig unter Gewissensbissen leiden, dass er die vom Vater gesetzten Ziele nicht erreicht. Auch ohne Prügel fügt Julius ihm seelisches Leid zu.

Emma lässt Julius wissen:

„Über Gerolds Schularbeiten habe ich mich gefreut; möge er nur so fortfahren, dass er auch der Stolz seiner Eltern wird." (15.6.17)

Noch eine weitere Forderung an den jungen Mann! Wie soll er das alles schaffen? Dennoch erfüllt er den Vater voller Freude während eines Aufenthalts bei ihm in Oldenburg, sodass Julius an Emma berichtet:

„Gerold ist doch ein famoser Bengel, ein kluges Kerlchen, er passt in die Welt, wie man sagt." (10.8.17)

Mit ähnlichem Wortlaut wird er sich fast ein Jahr später direkt an den Sohn wenden:

„Ich habe mir ein hübsches Stück von Deinem prachtvollen Kuchen gut schmecken lassen. Du bist doch ein Allerweltskerl."

Mit Speck fängt man Mäuse und mit Kuchen fängt man Julius? Ein völlig neues Urteil über den nun fast 13-jährigen. Zu dessen Geburtstage nun:

„Möge Dein nächstes Jahr Dich fördern an Leib und Geist zu Deiner und unserer Freude; Dein Glück und Deine Freude ist ja unser aller bestes Geschenk... Ich denke aber, Kriegsbücher hast Du wohl nun schon genug, oder möchtest Du doch noch eins? Ich habe mich recht gefreut, dass Dir das Büchlein von Löns gefallen hat, wie Du mir schriebst. Aus der Natur schöpft man eine reine Freude und wahren Genuss, wenn man in ihr zu lesen versteht." (23.9.17)

Ganz schön kitschige Ausdrucksweise, die aber die wahren Gefühle und die Lebensweise des Arztes getreu wiedergibt. Den Titel von Löns' Buch erwähnt Julius nicht, aber der erfolgreiche Löns war bekannt für seine Tier- und Naturbeschreibungen. *„Der Wehrwolf"* erreichte eine Auflage von 800.000 Exemplaren! (s.

Nipperdey, ebd., S. 789)

Nachdem nun Julius freudige Erinnerungen an gemeinsame Spaziergänge während Gerolds gemeinsamen Besuch mit Elfriede erwähnt, überkommt ihn die Wehmut:

„Nun bin ich wieder so ganz allein und einsam, ist es so still in meinem Stübchen, es schmeckt mir gar nicht so schön, als wenn ich auch für Euch die Brote strich. Wenn ich so nach Hause kam und Euch daheim vorfand, das war doch ganz anders als jetzt, wo mich niemand erwartet."

Da muss sich Gerold als wichtiges Element im Dasein seines Vaters fühlen. Er wird von ihm gebraucht und geliebt, das Schönste für ihn Erdenkliche. Ja, dieser Vater weiß ihn auch im richtigen Augenblicke zu loben und anzustacheln, z. B. anlässlich seiner Versetzung:

„Zum Sextaner herzlichsten Glückwunsch! Habe mich riesig gefreut! Mögest Du ein tüchtiger Mann werden, nachdem Du die erste Stufe dazu erklommen!" (4.10.14)

Und drei Jahre später ähnlich:

„Immer voran! Wissen macht frei! Die grüne Mütze sieht doch viel schöner aus als eine braune, nicht wahr? Griechisch ist eine wunderschöne Sprache, so natürlich und ursprünglich, nicht so gekünstelt wie das Latein. Anfangs ist es ja nicht leicht, aber nachher hat man seine Freude daran." (21.10.17)

Seine eigenen Vorlieben soll nun der Junge nachempfinden! Aber es hagelt noch andere Empfehlungen der gleichen Art, diesmal zur Lektüre eines Werks von Gustav Freytag:

„Musst Du hübsch mit Überlegung lesen, nicht zu schnell, aber auch nicht zu viel Zeit damit opfern, damit für die Schule noch was bleibt... Auch würde ich Dir raten zum Schulgeschichtsunterricht mal in unseren Geschichtswerken nachzulesen."

Der arme Junge! Angeblich soll ihm auch noch genügend Zeit zum Spielen verbleiben! Aber es ist ja alles gut gemeint, denn Julius möchte ihn anleiten, ihm brieflich den Weg weisen, den er ihm mit Taten oder mündlich nicht andeuten kann, da er nicht zu Hause weilt. Deswegen klingt er so schulmeisterhaft.

Vorwürfe, die er ihm bereits im Oktober 1915 bezüglich der Rechtschreibung und der Schrift gemacht hat, wiederholt der strenge Vater nun am 15.11.17 in der gleichen Form:

„Dein lieber Brief hat mich recht erfreut, ich meine, dass Du ihn geschrieben hast („brachte" schreibt man aber nicht mit „g", auch muss die Schrift noch besser werden)".

Also hat sich im Laufe von zwei Jahren bei Gerold auf dem Gebiet der Orthografie nicht viel getan! Und Julius lässt keine Gelegenheit aus, sein Wissen kundzutun oder den Sohn zu belehren:

„Dass Du krank bist, ist freilich nicht erfreulich. Frage mal Dr. H., ob die Kopfschmerzen auf einer Neuralgie beruhen (kannst Du doch als „Grieche" schon verstehen? To neugor: der Nerv, algos: schmerzhaft)."

Der Vater steht dem Schüler tatkräftig zur Seite und übt beim Heimaturlaub mit ihm für die Schule:

„Hast Du noch fleißig gearbeitet? Nicht alles vergessen? Darfst doch Deinen Vater nicht reinlegen, wo wir so schön zusammen gearbeitet haben!" (14.1.18)

Mit „reinlegen" meint er wohl eher enttäuschen. Aber eine Woche später ist er wieder zuversichtlich:

„Also Griechisch geht jetzt besser? Das freut mich, habe mich ja auch tüchtig plagen müssen!! Musst mir doch Ehre machen." (21.1.18)

Der Junge soll nicht unbedingt für sich selber lernen, er muss immer die Vaterfigur oder die Eltern im Sinne behalten. Eine große Belastung für die jungen Schultern, aber genau zeitgerecht:

„Der Besitz von Bildung war abhängig von einer bürgerlichen Erziehung. Leistungskontrollen bei der Überwachung der Schularbeiten und der Lernfortschritte sicherten den Bildungstransfer in der bürgerlichen Familie. Hohe Erwartungen und Hoffnungen lasteten auf den Zöglingen. Sie lassen den bürgerlichen Wunsch erkennen, die eigene Berufskarriere durch die junge Generation möglichst übertroffen zu sehen." Es handelt sich um eine *„Erziehung zu Leistungsbereitschaft, Disziplin und rationaler Lebensplanung"* (s. Schulz, ebd., S. 21), die eng im Zusammenhang steht mit dem *„innerweltlichen Pflichtethos des Protestantismus, dessen sinnstiftende Daseinsfunktion innovative Dynamik und Leistungsbereitschaft freisetzte"* (s. ebd., S. 56).

Am 17.2.18 folgt wieder ein Lob von Julius, leider mit einem leichten Tadel vermengt:

„Das war ja ein netter Brief, den Du mir geschrieben hast.

So mach es nur öfter. Die Schrift ist schon geläufiger, auch der Stil flotter. Die Grammatik muss sich noch bessern, abgesehen von der Interpunktion."

Viel Gutes bleibt vom Brief nicht übrig!

Das Umfeld für Gerolds Werdegang

Gerold wird nicht die Laufbahn des Arztes einschlagen. Das Drücken der Schulbank ist nicht seine Sache. Er wählt einen anderen Weg. Am 24.8.29 schreibt er von Döbritz aus nach Hause:
„Ich bin nur froh, dass ich meine Uniform mitgenommen habe, sonst könnte man wirklich nicht viel anfangen."
Gerold ist bei dem von ihm heiß geliebten Militär, wo er auch in den folgenden 16 Jahren eine gewisse Karriere machen wird. Wie es dazu kommt, auf welcher Erde Gerolds Hang zur vollen Entfaltung gelangt, kann u. a. aus Julius' in verschiedenen Artikeln festgehaltenen Denkweise entnommen werden. Denn sein Vater hat bereits 1903 ziemlich abstruse Ideen von sich gegeben, und zwar in einem Vortrag, gehalten im „Verein für öffentliche Gesundheitspflege" in der allgemeinen Mitgliederversammlung am 23. November unter dem Titel *„Die Alkoholfrage nach dem heutigen Stande der Wissenschaft"*. Es handelt sich um ein Thema, das auch noch in der Zeit nach dem Kriege allgemein zu heftigen Diskussionen Anlass geben wird. Bis 1920 wird der Hamburger Neuland Verlag, der sich auf *„alkoholgegnerische Schriften"* spezialisiert hat, an die 150 Hefte zum Sujet herausgebracht haben!
Pathetisch ist schon der Anfang von Julius' Text:
„Meine Herren! Im Mittelpunkte unserer Zeitströmungen sehen Sie, wie schon oft seit Anbeginn der Geschichte der Deutschen, eine mächtige Bewegung, hereinflutend von wohl allen Gebieten des menschlichen Lebens, heranziehen gegen den Alkoholgenuss, der durch Jahrtausende langes Dasein sich seine Wesensberechtigung erworben zu haben scheint."
Die Problematik bringt er schnell in einen eigenartigen Zusammenhang:
„Eine weit wichtigere Bedeutung hat die Alkoholfrage in ihren Beziehungen zum gesamten Volks- und Staatsleben in sozialpolitischer Hinsicht und zur Rasse, diese hier verstanden als Generationsfolge, nicht als Varietät... Wie Grotjahn mitteilt, sind

von den Westariern die Romanen am mäßigsten, die Germanen neigen zu gewohnheitsmäßigem Trinken, die Slawen zum Rausch, die Ostarier kennen den Alkoholismus kaum, die Mongolen ebenso wenig."

Und nun findet der eher unpolitische Julius sogar eine Überleitung zur Politik:

„In der Sozialdemokratie wird behauptet, die Trunksucht sei in erster Linie die Folge der kapitalistischen Wirtschaftsordnung und erledige sich von selbst durch den Klassenkampf... Die Versammlung des Deutschen Arbeiter-Abstinentenbundes vom 10. August 1903 nahm diese Erkenntnis (dass in dem zunehmenden und das ganze Gesellschaftsleben durchseuchenden Alkoholgenuss eine schwere Gefahr für die körperliche und geistige Entwicklung insbesondere des arbeitenden Volkes gelegen ist) als Resolution an, die weiter ausführt, dass der Alkohol noch die schweren Schäden der kapitalistischen Wirtschaftsordnung verschlimmert."

Aber bei der Aufzählung der Konsequenzen des Alkoholismus wird Julius sehr radikal:

„Die Entartung steigt mit der Zahl der Trinker in der Aszendenz (Demme); der Alkohol übt so schließlich eine ausmerzende Tätigkeit aus. Daher schreiben der Alkoholjäte Einige eine Bedeutung zu für die Zukunft der Rasse im Sinne einer natürlichen Auslese, wie sie bei den Tieren der Kampf ums Dasein mit sich bringt, und wie sie bei den Menschen so gut wie ganz fehlt, im Gegenteil durch die fortschreitenden hygienischen Verbesserungen anscheinend eher noch mehr hintangehalten wird. Dem wäre wohl so, wenn die Alkoholiker schon in der ersten Generation zu Grunde gingen; aber die meisten Säuferfamilien erstrecken sich über 3-5 Generationen hinaus, manche sogar über 7-8 Generationen, wie u. a. die Nachkommenschaft der 1740 geborenen Säuferin Jurke beweist, die die Stammmutter von 834 Bettlern, Almosenempfängern, Prostituierten, Verbrechern (darunter 7 Mördern) wurde, welche dem Staate etwa 5 Millionen Mark gekostet haben (Pelmann)... Die Ausjäte verliert auch dadurch an Bedeutung, dass nicht nur Minderwertige dem Alkohol zum Opfer fallen, sondern auch körperlich kräftige und geistig hochstehende Jünglinge und Männer; andererseits verschwinden wohl bald die ganz minderwertigen Individuen, aber gerade die

mittelmäßigen Entarteten halten sich, von denen kein Vorteil für den Fortschritt der Rasse zu erwarten ist... Alles in allem ist also der Alkohol als Verderber der Rasse anzusehen. Während wir also für das Individuum Mäßigkeit für genügend erachtet haben, scheinen die sozial-politischen und rassenhygienischen Erfahrungen vielmehr zur Totalabstinenz zu mahnen... Die Trunksüchtigen sind ein Feind der Gesellschaft und der Rasse. Die Gesellschaft steht vom Standpunkte des Triebes der Erhaltung der Gattung das Recht zu, sich gegen ihre Feinde, Geisteskranke, Trunksüchtige zu schützen. Das läuft darauf hinaus, sie unschädlich zu machen.
In Amerika kann man den Vorschlag des Eheverbots oder gar der Kastration und Ähnliches machen zur Verhütung der Fortpflanzung. Hier sind wir noch weit davon entfernt, wenn auch solche Stimmen laut werden. Es kommen in Frage Behandlung der schon vorhandenen Krankheit und Verhütung weiterer Erkrankungsfälle, also:
1. für die ausgebildeten Säufer Trinker-Heil- und Pflegeanstalten. Einfach vernichten können wir die notorischen Trinker nicht, wir müssen sie zu retten suchen... Die Kosten dafür hat vor allen Dingen der Staat zu tragen, denn es wird hier neben dem Gemeinwesen besonders die Rasse, die Nation getroffen."

Es folgen weitere durchaus taugliche Vorschläge zur Einschränkung des Alkoholgenusses, wonach der Nervenarzt seinen Vortrag mit den emphatischen Worten schließt:

„Ich kann Ihnen nur den guten Rat geben, helfen Sie mit an dieser Arbeit, indem Sie die Frage eingehend studieren zum Segen des Einzelnen, des Volks- und Staatslebens und der Rasse."

Nicht nur, dass in seinem Text Gedanken auftauchen, die im Nationalsozialismus verwirklicht werden sollen, wie jener der Kastration, die zumindest bei Schwachsinnigen durchgeführt wurde, oder jener der Vernichtung oder, um den Begriff der Nazis zu gebrauchen, der „Endlösung" eines Störelements in der Gesellschaft, sei es, weil es diese Unsummen Geldes kostet oder weil es sie wie auch immer gefährdet. Auch die Begriffe, die Julius verwendet, werden uns drei oder vier Jahrzehnte später begleiten: „Rassenhygiene", „unschädlich machen". Nicht zu übersehen ist die demagogische Färbung seines Artikels, voll mit Hinweisen auf den Erhalt der Rasse, die er zuerst als Generationenfolge, dann aber doch als Varietät betrachtet.

Das Thema Rasse wird ihm auch über zwei Jahrzehnte später keine Ruhe lassen. In einem Vortrag im „Verein für Naturwissenschaften" hält er einen Vortrag mit dem Titel „*Zur menschlichen Urgeschichte und Rassenkunde*", am 11. Januar 1926 in der Braunschweiger Landeszeitung veröffentlicht. Daraus folgende Auszüge:

„*Die nordische Rasse sind die Völker der indogermanischen Sprachen. Von ihrer Urheimat Nordwesteuropa (den westlichen Küstengebieten der Ostsee, auch der Nordsee und norddeutschen Tiefebene) breiten sie sich nun nach Süden und Osten bis nach Nordafrika (die Berber und Kabylen sind noch heute zum Teil blond und helläugig) und Indien, erobernd, den Unterjochten ihre Sprache aufzwingend, Burgen bauend, den rechteckigen Hausbau, das Vaterrecht und (früher die Erbauer der gewaltigen Steingräber) die Leichenverbrennung mitbringend, als Hellenen die Helden des homerischen Zeitalters, die Italiker (Römer) usw., zuletzt die Kelten und Germanen. Sie ist die eigentlich schöpferische Rasse.*
Aber im häufigen Krieg, auch der nordischen Völker gegeneinander, später in den Religionskämpfen und Revolutionen, zuletzt im Weltkrieg, und aus anderen Ursachen (Geburtenrückgang usw.) schwand die nordische Oberschicht allmählich dahin. Die Entordnung (Günther) führt zum „Untergang des Abendlandes". In dem ursprünglich mehr nordischen Frankreich ist die Überhandnahme der Rundköpfe erschreckend groß. Die Völker germanischer Sprache sind noch reinrassiger geblieben. „Die Rassenfrage ist der Schlüssel zur Weltgeschichte." Auch Amerika hat den nordischen Gedanken (Günther) erfasst und trifft Gegenmaßnahmen.
Auch bei uns ist der Kampf gegen Entordnung und Entartung bitter nötig, nur leidet er noch unter der deutsch-eigenen Zersplitterung."

Bei solchen Worten fühlt man sich veranlagt, Vermutungen über Julius' Werdegang unter den Nazis anzustellen, wenn es ihm gegönnt gewesen wäre, ihre Herrschaft mitzuerleben und vielleicht mitzugestalten. Viele von Julius' Angaben entspringen dem Zeitgeist, einige vertritt er dennoch mit Vehemenz, und mit der gleichen Inbrunst muss er sie seinen Kindern übertragen haben.

Der Einfluss der Zeit besitzt aber eindeutig eine so starke Wirkung, dass die verheiratete Elfriede am 13.8.24 eine Postkarte aus Borkum an ihren Bruder Edgar schickt, die die Abschrift des eigenartigen neuen Borkumliedes enthält:

„Heil Borkum Dir!
Strömt herbei, ihr Völkerscharen,
Auf nach Borkum alle Mann!
Werdet dort mit Stolz erfahren,
Was in Borkum man begann.
Schon seit vierzig langen Jahren
Sang man dort das „Borkumlied",
Das heut' bringen soll Gefahren
Jedem fernen, koschren Jüd.
Darum sprach nun die Regierung
Und verbot das „Borkumlied",
In Gesang mit Musizierung
Nicht zu reizen koschre Lüd'.
Sollt' es dennoch weiterklingen
Würde Borkum schikaniert,
Der Direktor müsste springen
Und die Insel boykottiert.
Der Kapelle ward befohlen,
Nicht zu spiel'n das „Borkumlied";
Schupo würde man sonst holen
Dies der Landrat auch verriet."

Und Elfriede kommentiert:
„So, da hätten wir die Karte wieder gefunden! Ja, da staunst Du wohl? Dies ist nämlich das neue Borkumlied, das jeden Abend gespielt und gesungen wird! Wenn man damit fertig ist, folgt das alte Borkumlied, leider ohne Musik, da das verboten ist."

Kein Ton des Entsetzens, keinerlei Mitgefühl für den verachteten und beschuldigten Juden! Und dennoch keine zufällig in die Hand geratene Karte, sondern eine mit Absicht herbeigeholte! Tatsache, die dafür spricht, dass auch Elfriede mit ihrem Ehemann dem Rassismus nicht abgeneigt ist.

Das eigentliche Borkumlied, das bereits Anfang des 19. Jahrhunderts von der Kurkapelle gespielt und von den Kurgästen gesungen wurde, enthielt folgende eindeutige Zeilen:

> *„Borkum, der Nordsee schönste Zier,*
> *Bleib du von Juden rein,*
> *Laß Rosenthal und Levinsohn*
> *In Norderney allein!*
> *Doch wer dir naht mit platten Füßen,*
> *Mit Nasen krumm und Haaren kraus,*
> *Der soll nicht deinen Strand genießen,*
> *Der muß hinaus! Der muß hinaus!*
> *Hinaus!"*

Dass die Seebäder judenfrei gehalten werden, dieses Phänomen bezeichnete man bereits im 19. Jahrhundert als Bäder-Antisemitismus. Das aufstrebende Bürgertum fühlte sich durch die erfolgreichen Juden in seinem neuen Reichtum bedroht. Aus Neid auf sie schottete es sich ab. Borkum war als extrem judenfeindlich bekannt. 1924 ergriff man die Maßnahme, das Spielen des Borkumliedes durch die Kurkapelle zu verbieten. Deswegen Elfriedes Erklärung, dass nunmehr das Lied ohne instrumentale Begleitung gesungen wird. Das Verbot wurde aber nicht lange aufrechterhalten.

Gewiss kann sich Gerold diesem omnipräsenten Einfluss nicht entziehen und beendet am 21.8.25 einen noch mit Kinderhand geschriebenen Brief an seinen Bruder Edgar mit den bedeutungsvollen Worten: *„Heilsamer Sieg!"* Und ebenso signiert der kaum 16-jährige Edgar am 12.9.28 eine Karte mit *„Heil!"*

Einerseits erlebt Gerold also seinen auf Rassenerhaltung pochenden Vater, der sein Volk vor dem Untergang bewahrt wissen möchte, und andererseits entwickelt sich seine unmittelbare Umgebung, die Stadt Braunschweig, zu einer Hochburg der Nazis. Im Februar 1923 entsteht hier bereits die erste Organisation der NSDAP, im Februar 1925 beehrt Hitler die nordische Stadt zum ersten Mal mit seiner Gegenwart, im September 1930 zieht die Partei in den Braunschweiger Landtag und übernimmt das Innen- und Volksbildungsministerium. Nach der Tagung der Partei im nahen Bad Harzburg im Oktober 1931 kommt es zum Massenaufmarsch der NSDAP in Braunschweig, dem sogenannten Aufmarsch der 100.000. Die Macht der Partei soll eindrucksvoll dargestellt werden. Trotz des brutalen Eingreifens während dieser Stärkedemonstration erhält Hitler in Braunschweig, was er beispielsweise in Thüringen nicht bekommen hatte: Die Verleihung der deutschen Staatsbürgerschaft am 25.2.32, Bedingung für seine Ernennung zum Regierungsrat der Braunschweigischen Gesandtschaft in Berlin. Viel wichtiger als dieser Posten ist es nun für Hitler, sich im Besitze der unerlässlichen Voraussetzung für seine spätere Ernennung zum Reichskanzler zu befinden, denn der Österreicher ist jetzt endlich - dank des Braunschweiger Entscheids - deutscher Staatsangehöriger! Nachdem nun Hitler am 30.1.1933 sein höchstes Ziel als Reichskanzler erreicht hat, bekommt Braunschweig als erstes deutsches Land einen rein nationalsozialistischen Landtag. Ihre Treue wurde der Stadt nicht gebührend entlohnt: *„Am 30. Januar 1934 verloren die Länder und damit auch Braunschweig durch das Gesetz „über den Neuaufbau des Reiches" ihre Eigenstaatlichkeit und wurden zu „Reichsprovinzen".* Dennoch verhielten sich die Braunschweiger Nazis so beispielhaft in ihren Unterdrückungsmethoden, dass Monika Zeidler ihre *„moralische Verkommenheit"* als *„beispiellos"* bezeichnet. (Vgl. M. Zeidler, *„Chronik der Stadt Braunschweig"*, Braunschweig 1980, S. 144-150)

Dass die Autorin Recht hat, beweist folgender Artikel aus der *„1. Beilage zum Volksfreund"*, die am 29. April 1931 in Braunschweig veröffentlicht wurde:

„Der Offiziersnachwuchs für unsere Reichswehr

Was Hakenkreuzschüler sich gegenseitig mitzuteilen haben Der bekannte günstige Wind wehte dem „Göttinger Volksblatt" den Briefwechsel einiger höherer Schüler auf den Tisch. Dieser Briefwechsel zeigt schlaglichtartig, was an den höheren Schulen, die mittels der Steuergroschen der Arbeiter unterhalten werden, getrieben wird, wie diese Schulen durch den Hakenkreuzgeist verseucht sind. Die geistige Einstellung dieser jungen Leute, selbstverständlich Söhne bessergestellter Eltern, ist mehr als interessant. Durch alle Briefe geht der Schrei nach Waffen. Nicht nur Schlagringe sind ein begehrenswerter Artikel, man verlangt auch Schusswaffen, möglichst moderne, versteht sich."

Danach werden Auszüge aus den einzelnen Briefen zitiert und ebenso das nicht zufriedenstellende Verdikt der Behörden:

„Die Polizei neigt zu der Annahme, dass es sich bei den

Briefen um Aufschneiderei der jungen Leute gehandelt habe. Wir erlauben uns allerdings, anderer Meinung zu sein, denn es sind genügend Beweise von den Taten irregeleiteter junger Menschen vorhanden. Wir erinnern nur an die zahlreichen Totschlagsprozesse gegen fanatische jugendliche Hitleranhänger. Unseres Erachtens muss hier ganz energisch zugegriffen werden, vor allem muss dem jungen Feise der Weg in die Reichswehr verbaut werden... Die sogenannten nationalen und nationalsozialistischen Verbände ziehen eine nette Sorte Menschen heran. Anstatt Ausrüstung mit Waffen des Geistes werden Mordwaffen getauscht und der Hass geschürt. Dagegen muss sich der Staat wehren und mit ihm alle anständigen Menschen."

Eindeutig ein Aufschrei eines Sozialisten gegen die Machenschaften der Hitlerjugend. Es hat aber eindeutig zu wenig Aufbegehren von dieser Seite gegeben, sodass die Nationalsozialisten die Oberhand behalten konnten.

1936 ist das Thema des Nazismus so allgegenwärtig geworden, dass in einem Bericht „*Amerikanische Briefe*" über den „*Deutscher Tag*" in Amerika in der Braunschweiger Landeszeitung folgendes Fazit gezogen wird:

„Das Kernproblem ist doch: Wie stärken wir den Leistungsmenschen nordischen Wesens, der in die ganze Welt mit seinem unerschöpflichen Können und freien Sinne zugleich die Verbindlichkeit der Begriffe Pflicht und Sauberkeit und Recht und Ordnung und auch Menschenliebe gebracht hat. Das Kernproblem ist doch: Wie schützen wir den Leistungsmenschen und das Blut, aus dem er kommt, vor eigenem Irrtum, vor anschleichendem falschem Eigennutzen und vor der überall gehäuften Eifersucht und Dummheit.

Das Kernproblem ist doch: Wie lernt jedes Volk nordischen Wesens, dass es ein Volk von Leistungsmenschen sei, und wie lernen alle Völker nordischen Wesens und am meisten die drei großen Führermächte Amerika, England und Deutschland noch zur rechten Zeit die große Lehre, dass sie ein Schicksal haben, und dass jede Wunde des einen eine Wunde des anderen von nun an ist."

Man lebt umgeben von diesem Flair des Auserwähltseins, des Besserseins, des Vorbilddarstellens, in einer krankhaften, realitätsfremden Überheblichkeit, die die Menschen blind macht für die Wahrheit.

    Somit ist es durchaus nicht verwunderlich, dass Gerold diesem billigen Charme, den er ununterbrochen in jeglicher erdenklichen Form einatmet, unterliegt und einer von den unzähligen Mitläufern dieser einflussreichen Partei wird, bar der Fähigkeit zwischen Gut und Böse, Rechtmäßigem und Sträflichem zu unterscheiden.

Papsch, der sanfte, in seinem Verhältnis zu Klein Eddi

So wie der Arzt seinem Ältesten gegenüber fordernd und voller hoher Erwartungen auftritt, so wie er vor seinem zweiten Sohn lenkend, weisend, einrenkend dasteht, so unglaublich weich und empfindsam wendet sich der gleiche Mann seinem Nesthäkchen zu. Drei Facetten in einer Person, die noch eine vierte bei der Tochter walten lässt.

So scheut der harte Soldat es nicht, im Zusammenhang mit seinem Zweijährigen seine Sanftmut klar zum Ausdruck zu bringen:

„Es muss ja recht reizend sein, den süßen Edgar so hübsch mit seinem Papisch im Bild sich unterhalten zu hören; ich möchte das liebe Plappermäulchen gern einmal hören." (13.11.14)

Worte eines zart liebenden reifen Vaters, der im Gegensatz zu einem jungen Vater die Reize eines Kleinkindes zu schätzen weiß. Zu diesen Besonderheiten des Kleinen gehört auch seine Hilflosigkeit:

„Wie kann klein Edgar Ostereier finden, ohne dass sein Papisch hilft?" (4.4.15)

Vielleicht braucht Edgar ihn nicht mehr unbedingt, aber Papa will das bestimmt nicht wahrhaben! Trotz des Mangels an Osterüberraschungen und trotz sonstiger Entbehrungen spürt der Kleine die Umstellung im Kriegsleben bestimmt am wenigsten von allen in der Familie:

„Seid nur vergnügt, auch klein Eddi, der sich wohl noch am leichtesten darin findet." (1.5.15)

Dennoch wird auch der Winzling auf ein militärisches Dasein getrimmt und Julius kommentiert ein ihm zugeschicktes Foto:

„Als Soldat sieht er ganz famos aus, wenn freilich die Haltung nicht ganz militärisch ist." (24.6.15)

Julius hat aber auch immer etwas auszusetzen! Der Junge ist ja nicht einmal drei Jahre alt! Zum gleichen Thema anlässlich eines Geschenks für Eddi:

„Also, klein Eddi hat sich recht gefreut über den

Lanzenreiter? Ja, mein Herzblatt, der kann tüchtig Galopp reiten und hat auch solch schönes Pferd, so ganz braun, wie Papisch. Nur wenn klein Eddi groß ist, wird auch er solch forscher Reiter mit einem Säbel und Gewehr und solch langer Lanze." (13.12.15)

Zu Eddis viertem Geburtstag wird Julius noch enthusiastischer:

„Ich wünsche herzlichst Glück, mein lieber kleiner Edgar, dass er schnell ganz groß und stark werde, seiner Mutti hübsch beizustehen und alle Russen und Franzosen totzuschießen." (22.8.16)

Kein sehr frommer Wunsch seitens eines Vaters, genauso wie auch auf folgender farbigen Postkarte mit der „Charge de lanciers":

„Wie gefallen Dir denn die vielen Reiter hier mit den bunten Fähnchen? Die gibt's aber nicht mehr hier, die sind alle weggejagt."

Julius hat diese Karten extra ausgesucht, um den vierjährigen Edgar auf das Soldatentum vorzubereiten. Denn Soldat soll auch er irgendwann einmal werden:

„Mögest Du immer recht gesund sein. Dann wirst Du auch stark und groß, ein feiner Soldat." (20.8.18)

Aber Julius irrt sich in seinem Kleinsten: Bei Eddi wird sein Einfluss nicht so weit reichen, dass er seine Laufbahn beeinflussen kann. Eddi wird nie militaristisch werden, im Gegenteil, er wird sich schlau rechtzeitig aus dem Staube machen, bevor der Zweite Weltkrieg ihn erwischt. Vielleicht hätte Julius den Weg gefunden, ihn davon abzuhalten, sein früher Tod aber 1931 hat ihn daran gehindert.

Auch Emma trägt mit ihren rührenden Berichten über den Jungen zur Einheit der Familie bei:

„Ich zeigte ihm nun die Karte, er besah sie, aber gleich hatte er Dich entdeckt und sagte: Da sitzt ja unser Papa, und freute sich dolle. Er drückte Dich auch gleich an sein kleines Herz und legte seine Backe auf das Bild, „nun habe ich unseren Papa aber viel lieb gehabt, nicht wahr Mutti?" Die Karte musste ich öfter vorlesen, ich bekam auch den süßen Kuss für Papa." (11.1.16)

Die Spontaneität des Kindes wirkt sicherlich wohltuend kontrastiv zu den alltäglichen Gräueln des Krieges. Für diese

Reinheit und Unbekümmertheit lohnt es sich noch alle Mühen auf sich zu nehmen. In der gleichen Art wirkt folgende Anekdote aus Emmas Feder:

„Er freut sich sehr auf Muttis Geburtstag, hat schon gefragt, ob ich auch noch mal auf dem Geburtstag klein werde, er fragt überhaupt alles Mögliche und Unmögliche, manchmal ist es schwer, die richtige Antwort auf seine Fragen zu finden." (21.2.16)

Die Berichte über den Jüngsten bringen Julius gewiss etwas Erfrischendes, Unverdorbenes, Heiles in seine langsam zusammenbrechende Welt. Auch hat er wenig Gelegenheit, Umgang mit Kindern zu bekommen. Nur einen Zwischenfall erwähnt er:

„Da war auf dem Bahnhof auch so ein kleiner Junge von 3 Jahren (Sohn eines deutschen Beamten), der so gern die Lokomotiven hat. Da habe ich ihn auf eine raufgehoben, und er war gar nicht bange, wollte gar nicht wieder weg, nur zu heiß wurde es ihm. Da musste ich auch wieder an mein süßes Herzblatt denken." (22.8.16)

Der Papa denkt offensichtlich oft an sein Kindchen und schreibt ihm auch höchstpersönlich, ohne besonderen Anlass, einen Brief:

„Soeben bin ich von einem hübschen Ritt in die Winterlandschaft zurückgekehrt, da habe ich gedacht, wenn nun mein klein Eddi hier wäre mit seinem Schlitten, so spannten wir den Luy (das Pferd) davor, das sollte aber mal schön gehen, nicht wahr? Doch viel schöner, als wenn Mutti Dich schiebt? Oder meinste nicht? Im Frieden komme ich ganz heim. Dann wollen wir aber schön mitsammen spielen, und Du liest mir aus Deinen Weihnachtsbüchern vor. Dann freue ich mich sehr. Dann gehen wir zusammen aus in die Stadt, und Du zeigst mir wieder alle Kirchen, das wird aber fein." (1.2.17)

Ein von ganzem Herzen geschriebener Brief, der dem Kleinen zu verstehen gibt, wie wichtig und ernst er genommen wird. Hier wendet Julius seine fortschrittlichen Erziehungsideen konsequent an. Der perfekte Vater, der sich liebevoll dem Kinde mit seinen Interessensgebieten zuwendet. Nicht von ungefähr wird das 20. Jahrhundert als *„Jahrhundert des Kindes"* bezeichnet und man entwickelt *„eine Pädagogik vom Kinde aus"*. Ellen Key (1849 – 1926), die schwedische Reformpädagogin, spricht von der

„*Majestät des Kindes*", der „*Hoheit*" und der „*Heiligkeit des Kindes*", dem Recht des Kindes auf „*ein volles, starkes, persönliches Kinderleben*" (vgl. Detlef Gaus u. Reinhard Uhle, „*Pädagogik im ersten Jahrzehnt*", in W. Faulstich, ebd., S. 104).

Dass Julius für den Jungen eine unendliche Liebe empfindet, ist offensichtlich:

„*Süß Herzblatt wird Dir auch den ganzen Tag keine Ruhe lassen mit seinem wonnigen Plappermäulchen. So wird der Tag ganz schnell vergehen.*" (22.2.17)

Oder:

„*Ich habe viel Sehnsucht, ihn* (Eddi) *wieder zu sehen und mit ihm zu spielen, mir von ihm alle Blümlein im Garten zeigen zu lassen.*" (19.5.17)

Die banalsten Dinge können den abgehärteten Vater nun begeistern:

„*Nun hat klein Eddi aber wieder eine schöne Schlittenbahn! Schade, dass ich nicht da bin und ihn ein bisschen fahren kann. Das sollte ein Gejauchze werden!*" (16.1.18)

Edgar, das Überraschungskind, das neun Jahre nach Gerolds Geburt in die bereits fünfköpfige Familie hereinplatzt, entwickelt sich, wie es so oft der Fall ist, zum Ein und Alles der etwas älteren Eltern.

Das bizarre Hoffnungskind Helmut

Helmut, der älteste Sohn, auf den Julius und Emma voller Stolz blicken, offenbart sich in seinen 56 kurz gefassten Brieflein an Elfriede in den Jahren zwischen 1915 und 1919 als ein sehr eigentümliches Wesen. Auffallend sind schon seine nur schwer leserlichen Schriftzeichen, manchmal kaum mehr als Strichlein, die wirr zusammengewürfelt erscheinen, die nicht gerade zur mühseligen Arbeit der Entzifferung einladen, eher im Gegenteil, den vermeintlichen Leser davon abhalten wollen. Als mildernder Umstand ist bei Helmut zu erwähnen, dass er im Gegensatz zu seinem Vater all die Kriegsjahre über an der Front eingesetzt ist und nicht immer über die adäquaten Schreibunterlagen oder eine gut ausgestattete Unterkunft verfügt. Er selber beschreibt diese zwar mit Wohlwollen:

„Fühle mich hier ausgezeichnet. Liege in einer kolossal vornehmen Holzbarracke, elektrisches Licht, Wasserleitung, gutes und vor allen Dingen viel Bier." (30.12.14)

Ein Graphologe hätte bei ihm wahrscheinlich ein leichtes Spiel, um seine Charaktermerkmale herauszufinden, die zumindest auf den ersten Blick bestimmt nicht auf der positiven Seite aufzulisten wären. Man bekommt den Eindruck, er sei hart, durcheinander, unstabil, unreif oder gar kindisch, vor allem aber sehr verschlossen, reserviert, alles Eigenschaften, die sich dann durch den Inhalt der Briefe bestätigt sehen. Auf jeden Fall scheint er wenige Züge mit seinem so liebenswürdigen Vater Julius gemein zu haben. Ein schwarzes Schaf in der Familie? Dennoch ein auch in seinem weiteren Leben sehr geachteter Mensch, sowohl von den Verwandten wie von der wissenschaftlichen Welt, in der er als Ornithologe einen festen Platz einnehmen wird.

Eigenartig sind bereits die Anreden, die Helmut für seine Schwester benutzt. Die Süße und Herzlichkeit jener Julius' liegen in weiter Ferne! Helmut begnügt sich mit Abkürzungen, wie *„L. Elfr.", „M. l. Elfr."* oder ganz einfach *„L.E."*, ausnahmsweise mal ein *„Lieb Schwesterlein"* oder *„M.l. Schw."* und einmal ein herablassendes *„Mein liebes Kind"*, wobei zu bedenken ist, dass die Geschwister nur 2 Jahre auseinander sind. Dementsprechend kurz und wiederkehrend sind Helmuts Schlussworte: *„Herzlichst Dein H"* bzw. *„Also herzlichst D H"* oder *„Herzlichst D H"*, einmal *„Dein Bruder"*, dann wieder nur *„Dein H"* oder telegrammartig nur *„GDH"* (für *„Gruß Dein Helmut"*), die drei Buchstaben oft auch versetzt auf drei aufeinanderfolgenden Zeilen.

Wenn man bedenkt, dass es sich laut Julius' wiederholten Angaben in seinen Briefen um zwei sich miteinander gut verstehende Geschwister handelt, die gemeinsame Freunde und Hobbys wie das Musizieren pflegen, so verwundert diese Gefühlskälte umso mehr. Spielt die Kriegssituation etwa auch eine Rolle? Oder ist es gerade diese Nähe zwischen den beiden, die es ihnen erlaubt alle Konventionen eines gepflegten Zusammenlebens zu ignorieren?

Nun aber zu den Briefen selber. Der erste stammt vom 1.10.15 und seine Eiseskälte sowie seine Grobheit kann man als burschikosen Ton deuten.

„Ich glaube tatsächlich, Dir geht es nicht gut! So viel Blödsinn auf einmal ist mir selten vorgekommen. Was scheren mich die verfluchten Weiber! Möchte wohl wissen, wie viel Schnaps Du wieder getrunken hast, als Du diesen merkwürdigen Brief losließt!"

Wie viel Geduld und Verständnis bringt doch Elfriede auf, um ihrem aufbrausenden Bruder weiterhin zu schreiben. Dass sie tatsächlich Alkohol trinkt, ist kaum zu glauben. Auch im nächsten Briefchen vom 1.12.15 erhält sie eine ähnlich starke Rüge:

„Hör mal, wenn Du schreibst, so schreib wenigstens die Adresse richtig."

Und es folgt seine ausführliche Postadresse, wozu zu bemerken ist, dass er diese als Absender nie angibt, höchstens nur seinen Nachnamen hin kritzelt. Woher soll also Elfriede die genaue Adresse kennen? Wahrscheinlich über die Eltern. Weiter geht es, nicht weniger unfreundlich, mit dem Zusatz:

„So, nun merk es Dir endlich!"

Eine ganz schön autoritäre Haltung. Kein Wunder, dass Helmut das Zeug zum Offizier besitzt! Und weiterhin:

„Sonnabend werde ich wohl kommen. Dass der II. Satz ja ordentlich geht. Das Paket ist natürlich wieder zu spät abgeschickt und ist nicht da."

Elfriede muss sich bestimmt ein sehr dickes Fell zulegen, um diese ständige Schelte auszuhalten. Zitternd wird sie sich ans Klavier setzen und so lange üben, bis sie sicher ist, dass sie den Zorn des Bruders am Samstag ja nicht hervorrufen wird. Es stellt sich die Frage, ob Helmut seine Mutter etwa auf die gleiche Weise behandelt. Sie wissen ihn wohl alle zu nehmen und verzeihen ihm seine unfeine Art, die nicht im Geringsten den erzieherischen Vorstellungen des Vaters entspricht, der den gegenseitigen Respekt und das Verständnis füreinander predigt.

Helmuts nächster Brief an Elfriede vom 10.1.16:

„Recht nett, dass Du Dich herablässt, mir zu schreiben. Am Sonnabend ist Kammermusik; Du wirst veranlassen, dass an diesem Abend das beliebte Mädchen erscheint. Du kannst sie jeden Morgen irgendwo treffen; sonst wirst Du ihr einfach eine Ansichtskarte schicken, verstanden? Also, gib Dir Mühe! In Bremen war es total erbaulich, ein tadelloses Bockbier und Wein, etc. Also am Sonnabend errege meine Zufriedenheit."

Elfriede hat eine konkrete Aufgabe: Sie soll Vermittlerin, Kupplerin spielen. Dagegen wird sie wohl kaum etwas einzuwenden haben, solange ihr das Mädchen sympathisch ist. Nur ein wenig unsanft behandelt sie ihr bittender-befehlender Bruder. Der Alkohol wird zum Leitmotiv seiner Briefe werden und ein schlechtes Licht auf den deutschen Soldaten werfen. Das folgende Schreiben enthält nochmals dieses Thema:

„Sind heute auf einer sogenannten Katerreise. Haben gestern mal wieder Abschied gefeiert und zwar schwer... Habe die Nase voll, wenn der Urlaub nicht wäre, würde ich nicht mehr mich hier ärgern. Betrag Dich gut, damit ich keinen Ärger habe. Bis Sonntag habt Ihr beiden zu spielen."

Das musikalische Zusammenspiel üben sie mit konkreten Zielen:

„Wann macht denn Frl. K. wieder einen Vorspielabend? Da können wir vielleicht die 1. Beethovensonate spielen. Mal sehen."

Auffällig, dass Helmut nie Militärisches erwähnt, weder über die erlebten Angriffe, seine Unterkunft, seine Ansichten über die Kriegslage oder seine Umgebung berichtet. Er schweigt kategorisch hierüber, hat wohl genug davon im Alltag, interessiert sich nur noch für Mädchen, Alkohol und ernsthaft für Musik. Eine

Ausnahme bilden die folgenden zwei Sätze:
„*Zu tun ist ja wenig, aber trotzdem kommt man zu nichts. Unsere Stellung ist verdammt dreckig, viel Wasser, sonst ruhig.*" (13.2.18)

Das war es nun. Mehr erfahren wir nicht über seinen Alltag mit seinen Unannehmlichkeiten. Erstaunlich, dass auch er über eine Art Langeweile und Unterbeschäftigung klagt, Zustände, die uns von Julius sowie von Schriftsteller-Soldaten wie Ernst Jünger oder Remarque bekannt sind. Das Bild des ständig schießenden Kriegers muss somit korrigiert werden.

Am 3.2.16 dann:
„*Vom Bierabend herzlichst! Am Sonnabend komme ich. Am Sonntag möchte ich die alte E. bei Dir sehen! Aber wirklich.*"

Die Bierabende häufen sich, denn auch am 16.2.16 die gleichen Worte: „*Herzlichst vom Bierabend.*"

Der Alkohol als Ausgleich für all das, was den jungen Menschen in der grauenvollen Ferne fehlt, auch als billige Stütze:
„*Man ist gleich ein anderer Mensch, wenn man so eine Pulle in der Tasche hat.*" (20.8.15)

Bereits während des Krieges wurde der Alkoholkonsum der Soldaten als übermäßig erkannt. Bei der Mobilmachung war die Alkoholfreiheit verkündet worden; in der Kaiserrede von Mürwik folgte eine Ermahnung und schließlich die Warnung vor dem Alkoholmissbrauch in der Kriegs-Sanitätsordnung, die der Verein abstinenter Philologen deutscher Zunge in Hunderttausenden Flugblättern ins Heer warf. Sogar das Versagen der Truppen im Westen wurde auf den „*überreichlichen Weingenuß in der versuchungsreichen Champagne*" zurückgeführt (s. Richard Ponickau, „*Der Alkohol im Weltkriege*", Hamburg 1919, S. 1). Ähnlich urteilt ein Vizefeldwebel: „*Er* (der Alkohol) *hat unsere Niederlage beschleunigen helfen*" (Walter Uhlig, „*Der Alkohol im Felde, Beobachtungen eines Feldsoldaten vom August 1914 bis Dezember 1918*", Hamburg 1920, S.32). Misshandlung und Tötung von Vorgesetzten so wie die Vergewaltigung von Frauen und Mädchen wird mit dem Rauschzustand von Soldaten in Zusammenhang gebracht. Uhlig berichtet, dass die Soldaten an der Maas „*vom gefundenen Wein so betrunken gewesen* (waren), *daß sie Freund vom Feind nicht mehr unterscheiden konnten. Sie beschossen die Kameraden von Regiment 104* (selber gehörten sie zum Regiment 106) *und diese antworteten, dabei gab es Tote und Verwundete"* (s. Uhlig, ebd., S. 5). Wiederum ein englischer Ingenieur, namens Brunler, der eine englische Pionierkompanie führte, berichtet: *„Mittags gegen ein Uhr* (im März 1918) *wurde Ham von den deutschen Truppen der 18. Armee Hutier eingenommen, ... fiel jedoch fast mühelos zwischen drei und vier Uhr wieder in unsere Hände. Wie war unsere Wiedereroberung, die uns wie ein Kinderspiel vorkam, möglich, nachdem die deutschen Truppen vorher glänzend und zäh gegen uns gestanden hatten? ... zu meinem größten Erstaunen mußte ich feststellen, daß dieselben* (die deutschen Soldaten) *wie von Gas vergiftet erschienen, daß sie nicht mehr auf den Beinen stehen konnten, und daß deshalb an einen Abtransport derselben als Gefangene nicht zu denken war. Die Leute waren durch Alkohol vollkommen paralysiert. Als die Deutschen Ham bald darauf wieder einnahmen, mußten wir diese Leute wieder in ihre Hände fallen lassen. Sie werden kaum bemerkt haben, daß wir inzwischen Herren in Ham waren, und daß sie reihenweise von dem Feuer ihrer eigenen Landsleute dahingemäht wurden"* (s. Hans Schmidt, *„Die Heerführer Deutschlands und der Alkohol im Kriege"*, Berlin 1927, S. 7). *„Was der Alkohol hier* (allgemein im Krieg) *angerichtet, wissen nur die Kriegsgerichte"* (s. Ponickau, ebd., S. 3). *„Ja, die Schuldrechnung des Alkohols im Weltkrieg ist riesengroß"* (s. Ponickau, ebd., S. 9).

Diese Frage des Zusammenhangs zwischen deutscher Niederlage und dem Alkohol hat die Gemüter nach Kriegsende dermaßen beschäftigt, dass sogar Generalfeldmarschall von Hindenburg, der ab 1925 Reichspräsident der Weimarer Republik ist, am 3. Juli 1926 Stellung nimmt: *„Es kann keine Rede davon sein, daß Offensiven deshalb gescheitert seien, weil ganze Truppenteile betrunken waren"* (s. H. Schmidt, ebd., S. 16). Schmidt fühlt sich im immer noch militaristisch eingestellten Deutschland als Nestbeschmutzer: *„Es ist vielmehr der Eindruck, daß meine Schrift die Ehre des alten Heeres, daß sie den Glorienschein, der sich je länger je mehr um das Haupt der Frontkämpfer legt, antaste"* (s. H. Schmidt, ebd., S. 18). Zumindest fühlt er sich von General Erich Ludendorff unterstützt: *„Überall (*in drei Briefen Ludendorffs an Hans Schmidt) *findet* *man, daß er meine Auffassung von der* (verheerenden) *Wirkung des Alkohols auf unsere Offensiven im Jahre 1918 teilt"* (s. Schmidt, ebd., S. 20).

Am verbreitesten scheint die exzessive Trinkgewohnheit bei den Offizieren gewesen zu sein. Ein Kompanieführer fordert beim Bierabend auf: „*Es ist Ehrenpflicht eines jeden, sich zu besaufen"* (s. Uhlig, ebd., S. 19). Abstinenz galt als Verhinderung einer Beförderung, sodass der Kriegsminister von Stein sich am 14. Dezember 1917 dagegen äußert, dass „*junge Leute gegen ihren Willen zum Trinken veranlasst werden und in der Enthaltsamkeit einen Grund zur Ungeeignetheit zum Offizier sehen"* (s. Ponickau, ebd., S. 20). Der Feldwebel Uhlig muss sich „*als Abstinent manche Geschmacklosigkeit sagen lassen"* (s. Uhlig, ebd., S. 8). Die Soldaten bekamen den Alkohol entweder von den Familien als „*Erwärmung"* und als „*Stärkung"* zugesandt, oder sie richteten sich an den „*Marketender, der meist überhaupt fast nichts anderes zu verkaufen hatte als Tabak und geistige Getränke"* (s. Ponickau, ebd., S. 7); sehr oft gab es Freibier von der Kompanie oder man bediente sich beim eroberten Feind.

Obwohl Russland das völlige Alkoholverbot für die Dauer des Krieges hatte durchsetzen wollen, gelang es auch hier nicht: „*Drei Tage nach diesem Angriff* (in der AA-Schlacht 1917 bei Udra) *wurden die Russen von unseren Truppen noch betrunken und schlafend vorgefunden"* (s. Uhlig, ebd., S. 25). Nicht viel besser sieht es bei den Franzosen aus: „*Die Franzosen, die in den schweren Kämpfen (*in der Herbstoffensive bei der Lorettohöhe*) hier gefangen genommen wurden, waren alle mehr oder weniger betrunken"* (s. Uhlig, ebd., S. 14). Auch England sah sich gezwungen, alkoholgegnerische Maßnahmen zu ergreifen.

Leider war „*selbst dem Feinde die deutsche Sitte* (des Trinkens) *bekannt"* (s. Ponickau, ebd., S. 19). Und der verschaffte sich wichtige militärische Informationen, die in verschiedenen Fällen zu deutschen Niederlagen oder hohen Verlusten führten (vgl. Uhlig, ebd. S. 14 u. S. 24). Der Feind verachtete die deutschen Trinksitten: „*Sie* (die Franzosen) *hatten nur zu recht, wenn sie uns „cochons allemands"* („deutsche Schweine") *nannten, die deutschen Soldaten wollten und verdienten es nicht anders"* (s. Uhlig, ebd., S. 11).

Ponickau ist sich bewusst, dass das Verhältnis zum

Alkohol schon in „*Friedenszeiten* (hätte) *vorbereitet werden müssen"* (s. S. 2), übrigens ähnlich wie Julius' Forderungen in seinen zitierten Schriften von 1903! Man braucht nur Heinrich Manns Roman „*Der Untertan"* aus dem Jahre 1914 heranzuziehen, um einen Beleg für die Richtigkeit dieser Aussage zu finden. Die Hauptfigur, Diederich Heßling stattet der Verbindung der Neuteutonen seinen ersten Besuch ab, der so lange dauert, „*bis Diederich unter dem Tisch lag und sie ihn fortschafften. Als er ausgeschlafen hatte, holten sie ihn zum Frühschoppen"* (s. Heinrich Mann, „*Der Untertan"*, Ulm 1983, S. 29). „*Das Bier! Der Alkohol! Da saß man und konnte immer noch mehr davon haben, das Bier war nicht wie kokette Weiber, sondern treu und gemütlich. Beim Bier brauchte man nicht zu handeln, nichts zu wollen und zu erreichen, wie bei den Weibern. Alles kam von selbst. Man schluckte: und da hatte man es schon zu etwas gebracht, fühlte sich auf die Höhen des Lebens befördert und war ein freier Mann, innerlich frei"* (s. S. 32). Ja, so einfach konnte man sich das Erdendasein durch ein paar Gläser Bier machen!

Und Helmut tischt mit einem ähnlichen Inhalt am 7.8.16 auf:

„*Herzlichst für Deine Karte! Also Käse gibt's nicht mehr, schade. Wodurch hast Du denn Trudel wieder geärgert, du alte Hexe? Diese Weiberliköre, die Du zu saufen pflegst, lass man ruhig weg. Cognac oder Rum musst Du saufen; wenn Du davon 'ne Pulle intus hast, wird es Dir sehr gut sein. Schick mir ja keinen Rosenlikör wieder; war nicht gut. Aber Eierkognak schicken. Aber sonst geht's gut. Hast Du Else mal gesehen?"*

Alles im Telegrammstil, fast ein Thema pro Satz, und weiterhin dieser aggressive Ton. Aber an die Grundlagen seiner Erziehung scheint er sich zumindest zu erinnern, denn er bedankt sich für die erhaltene Karte, auch wenn im verkürzten Satz. Manchmal tut er dies sehr sparsam: „*Besten Dank für Brief, usw."*, als würde ihm jedes einzelne Wort große Mühe kosten. Und Elfriede muss sich auch noch die barsche, unfreundliche Bezeichnung „*alte Hexe"* gefallen lassen!

Währenddessen scheint er den Alkohol weiterhin sehr nötig zu haben:

„*Wenn der Eierkognak 7.80 M kostet, schickt Ihr natürlich*

keinen mehr. Dann lieber Sybel oder Cognac. Aber oft. Woher soll ich denn wissen, was Else fehlt." (25.9.16)

Aber für Else scheint er sich dennoch ernsthaft zu interessieren, sodass er fast anderthalb Jahre später über sie schreibt:

„Wenn die Else nicht kommt, so tritt sie doch in einen ganz bestimmten Körperteil. Vielleicht kannst Du Dir denken, welchen ich meine. Wenn sie nicht will, muss sie es lassen. Ist ja ganz Wurst." (13.2.18)

So gleichgültig ist sie ihm wohl nicht, aber er fühlt sich offensichtlich machtlos. Zwischendurch scheint der Kontakt nach Hause abzureißen:

„Na, lebst Du noch? Macht Ihr noch immer nichts wie Unfug?" (9.12.17)

Er spielt zwar den Starken, der auf den Briefkontakt nicht angewiesen ist; den meisten Soldaten, egal welcher Nationalität, lag aber sehr viel an der Verbindung mit Familie und Freunden. Sehr zaghaft, aber stereotypisch, drückt diese Gefühle ein Freund Gerolds in seinen kurzen Postkarten aus:

„Schreibe mir bitte bald einmal wieder." (4.5.16)

„Schreibe nun recht bald einmal wieder Deinem H.H." (30.11.16)

In diesem Falle stellt sogar der Altersunterschied kein Hemmnis in der Beziehung zu dem viel jüngeren Gerold dar. Bei gedrückter Stimmung wie in folgender Karte ist jedes menschliche Zeichen willkommen:

„Heute regnet es wieder mit unverminderter Heftigkeit, und das Postenstehen macht keinen Spaß. Der Wettermantel hält wohl viel ab, aber die Stimmung fehlt bei dieser Witterung." (21.1.16)

Währenddessen verzieht der tapfere Helmut keine Miene, auch in Anbetracht des Weihnachtsfestes nicht:

„Herzlichst für Karte und Paket. Sind heute angekommen. Habt Euch ja sehr angestrengt. Nun könnt Ihr ja wieder schön alle zusammen feiern. Ich werde mal auf Euer Wohl trinken. Fröhliche Weihnachten. Euer H." (20.12.17)

Wortkarg wie immer bleibt Helmut kurz und bündig. Sein Lob über das Paket geht über die Erwähnung der Anstrengung der Familienmitglieder nicht hinaus. Es ist seine Art, seinen Dank und seine Freude auszudrücken. Zu mehr ist er nicht fähig. Ausnahmsweise drückt er sein Interesse für die Bedürfnisse der Familie aus:

„Habt Ihr genug Seife, sonst könnte ich schließlich welche mitbringen."

Dennoch steht es mit der Hygiene an der Front bestimmt nicht optimal:

„Vor allem Läusemittel!", möchte er am 2.2.15 zugeschickt bekommen. Ansonsten benötigt er:

„Wenn Ihr mir Pakete schickt, muss jedes Mal Taschenlampenbatterien drin sein, ebenso Zigarren, Schokolade usw."

Ein anderes Mal geht es um Grundnahrungsmittel:

„Muss wieder essbare Gegenstände haben, und zwar bald." (6.1.16) Er hört sich fast wie ein verhungerter Tiger an, der sich auf das erstbeste Opfer stürzen wird! Im gleichen Jahr wieder der Schrei des Hungers:

„Warum schickt Ihr keinen Schnaps und keine Schlackwurst, he?" (9.7.16)

Zwischendurch möchte er Noten zugeschickt bekommen:

„Die Violinstimme der Beethovensonaten, Konzert von Beethoven, Bruch, Mendelsohn." (14.8.18) Oder: *„Sonaten von Mozart und Haydn, die Violinstimme der Solosonaten von Bach."* (28.8.18) Auch in die Oper geht er gerne: *„Besorge mir eine Karte zur Salome und zu Tristan und Isolde, 1. Sperrsitz oder 1. Rang Mitte. Dazu werde ich nach Braunschweig kommen."*

Er gibt ganz präzise Angaben zu den Karten, die gekauft werden sollen. Und man braucht sich zu Hause nicht denken, er käme der Familie wegen! Die Mutter erwähnt er dementsprechend kurz: *„Grüße die anderen. Mama dank für ihren Brief."* Oder: *„Mamas Brief mit Bildern ist auch da."* (21.6.18)

Wie gehabt auch folgender Brief:

„Na, ich kann Dir doch nicht dauernd schreiben! Ob ich Deine Karte habe! Weiß ich nicht mehr. Ist ja schon 4 Wochen her. In Br. ist nichts los? Na, hier ist noch weniger los. Klar, in Metz war es recht sauber. 'Ne nette kl. Freundin habe ich dort; was für einen alten Mann. War 'ne feine Reise. Besser, wie sämtliche Br. Mädchen zusammen. Grüß man sämtliche Weiber." (21.6.18)

Elfriede scheint sich oft über seinen fehlenden Schreibeifer zu beklagen:

„*Was hast Du denn wieder zu jammern? Schreib doch erst selbst mal!*"

Aber in einem Brief am 18.8.18, d. h. zu Elfriedes 20. Geburtstag, obwohl er diesen in einem ausnahmsweise mehrseitigen Briefchen, genauer gesagt auf zwei in den Feldpostbrief eingelegten Zettelchen, nicht erwähnt, schreibt er zum ersten Mal etwas sehr Persönliches:

„*Heute Abend eine ganze Masse Briefe nachgeschickt gekriegt, habe auch Deinen Brief vom 27.6., wo Du mich fragst, was ich von Dir halte. Na, sei man friedlich, Du bist ein ganz vernünftiges Frauenzimmer und dumm bist Du auch nicht. Du meinst, weil ich meist sehr grob bin, bist Du mir gleichgültig? Na, Du weißt doch, dass ich gar nicht so bösartig bin. Du bist sogar noch eine der vernünftigsten Weiber, die ich kenne. Denn die meisten sind Halbidioten... Es ist übrigens merkwürdig, wie alle meine Freundinnen eifersüchtig auf Dich sind. Meine Metzer Freundin war ein ganz nettes Mädel; man konnte sich zur Not einen Tag mit ihr zeigen... Aber hinterher laufe ich nicht. Wenn Du meinst, Du behandelst mich schlecht, dann irrst Du Dich. Die Zeiten sind vorbei, wo ich mich behandeln ließ. Jetzt behandle ich. Und sehr energisch. So ist das denn doch nicht. Ich mache mit den Weibern, was ich will. Schon lange.*"

Er gibt sich als Don Juan, allem Anschein nach unfähig, zärtlich zu lieben. In Wahrheit ist er aber einfach nur ein Grobian, der zwar hochtrabende Wunschträume äußert, die vorgetragene Härte allerdings nur als Schutzschild vor seiner Unsicherheit und Schüchternheit vortäuscht.

„*In wen bist du augenblicklich verliebt, wenn die Frage nicht unbescheiden ist? In einen der neuen Flieger? Vielleicht nimmt Dich mal einer mit.*" (4.5.17)

Und dann wieder:

„*Die Männer werden an Dir wahrscheinlich dasselbe finden wie an anderen Weibern, dämlicher und hässlicher bist du ja auch kaum. Bilde Dir man bloß nicht ein, dass sie gleich alle in Dich verliebt sind. Ab und zu kommt das ja vor, aber nicht allzu häufig.*" (März 1919)

Weise Worte eines kaum sehr erfahrenen 23-jährigen Jünglings! Und am 24.1.19 endlich ein verstecktes Lob durch den

Ausspruch seines Vertrauens in Elfriedes Können:
„Dass Du Dich als Pianistin ausbilden lässt, ist ja ganz selbstverständlich."

So viele Hymnen auf ihr Können ist aber Elfriede im Allgemeinen von ihm nicht gewohnt:
„Na, die Kuchen - mal sehen, ob Du was kannst. Hoffentlich sind sie nicht schwarz, statt braun. Kannst Du schon Kartoffeln kochen?"

Und über seine eigene Zukunft:
„Ostern gehe ich wahrscheinlich nach Gießen (zum Studium). Hauptsächlich werde ich in nächster Zeit Musik betreiben - das ist das wichtigste."

Musik wird er zwar studieren, aufgrund seiner im Krieg zugezogenen Krankheit aber nicht als Beruf ausüben können. Durch den Lungenspitzenkatarrh wird er sehr viel bettlägerig sein und sich eine Beschäftigung im Hause suchen müssen. Wahrscheinlich über die Tierliebe seines Vaters findet er zur Zucht von Wellensittichen, deren Eigenheiten er zu analysieren beginnt, um schließlich seine tiefgründigen Beobachtungen in mehrfachen Publikationen an die Öffentlichkeit zu bringen. Nach seinem frühen Tode 1939 erhält er mehrere Nachrufe in namhaften ornithologischen Zeitschriften wie *„Der Zoologische Garten"* und einen zum Gedenken an seinen 100. Geburtstag.

Zehn Jahre nach seinem Tode wird beispielsweise in der *„Hannoversche Allgemeine Zeitung"* seiner gedacht:

„Hundert Vögel am Steintorwall
Vor 10 Jahren starb Braunschweigs bedeutendster Ornithologe
Bei einem Vortragsabend des Bundes für Vogelschutz Braunschweig widmete der Braunschweiger Biologe und Leiter der Naturwarte in Riddagshausen, Dr. Rudolf Bernd, dem am 22. August 1939 im Alter von 43 Jahren verstorbenen Helmut Hampe herzliche Worte des Gedenkens. H. Hampe, Sohn des Braunschweiger Arztes, studierte Medizin und Musik und ließ sich in Braunschweig als Musiklehrer und Dozent nieder. In der Hauptsache befasste er sich jedoch mit ornithologischen Studien.
In seinem Haus und Garten pflegte und hegte er über hundert verschiedene in- und ausländische Vogelarten, deren Lebensweise er mit wissenschaftlicher Gründlichkeit beobachtete. Auf dem

Hauptfriedhof an der Helmstedter Straße mit seinem dichten Bestand an Bäumen und Sträuchern machte er unzählige fotografische Aufnahmen von der Vogelwelt. Mehrere Jahre hindurch war er im Auftrage der Helgoländer Vogelwarte als Beringer tätig.
An den Liegestuhl gebannt, schrieb er, von seiner Ehefrau tatkräftig unterstützt, zahlreiche Abhandlungen für deutsche und englische Fachblätter. Eigene Veröffentlichungen in Buchform über Papageien, Stare, Eichelhäher, Schwalben und zahlreiche Sitticharten fanden größte Beachtung.
In einer Schrift „Die Bedeutung der Ameisen zur Gefiederpflege" wies Helmut Hampe nach, dass Ameisen das Vogelgefieder von Parasiten säubern. Seine Sammlung von über 2000 Platten und Diapositiven aus der Vogelwelt wurden zum Bedauern der ornithologischen wissenschaftlichen Welt im zweiten Weltkrieg vernichtet. Im Naturwissenschaftlichen Museum zu Braunschweig und im Besitz seiner Freunde befinden sich jedoch noch zahlreiche Reproduktionen von Helmut Hampes seltenen Aufnahmen. Sie legen neben seinen wissenschaftlichen Veröffentlichungen Zeugnis ab von der umfassenden und intensiven Arbeit dieses ohne Zweifel bedeutendsten Ornithologen der Stadt Braunschweig." (30.8.49)

Papsch und Pipsch, Vater und Tochter

Julius' Verhältnis zu seiner 1898 geborenen Tochter Elfriede, seinem zweiten Kinde, ist ganz anderer Natur als jenes zu Gerold. Schon die Anzahl der an sie persönlich gerichteten Briefe, im ganzen 101 gegen 47 an den Jungen, verdeutlicht, welche Wertstellung sie innehat. Mit ihr kann Julius diskurrieren, von ihm geschätzte Themen, wie beispielsweise jenes der Musik, vertiefen, wissend, dass die junge Dame hierfür mehr Verständnis und Bildung aufbringt als seine Frau Gemahlin. Er kann sie als fast gleichwertig behandeln, obwohl seine leitende, erzieherische Hand immer wieder durchgreift. Es ist ihm aber bewusst, dass sie schon vollständig geformt und erwachsen ist.

Zu den ersten Briefen gehört ein vier Seiten langer, in dem Julius auf Elfriedes Wunsch eingeht, ihr ein Gedicht über Hindenburg für die Schule zu erdichten. Der Vater zögert nicht lange und findet wohl Spaß an der Aufgabe, denn er schafft immerhin ein Werk von 37 äußerst langen Versen. Neben diesem hat er nur ein Geburtstagsgedicht an Emma hinterlassen; er scheint also nicht zu der Menge neu hervorgekommener Dichter zu gehören, die damals mit ihrer mittelmäßigen Produktion die Zeitungen überhäuften: *„Von klischierten Kriegsversen ohne poetischen Wert sind die Zeitungen übervoll; die „Münchner Neuesten Nachrichten" baten neulich, „von weiteren lyrischen Einsendungen abzusehen", da sie seit Kriegsausbruch täglich hundert Gedichte erhalten hätten"* (vgl. Klemperer, ebd., S. 197).

Der Held von Julius' Gedicht, der General von Hindenburg, führt das Oberkommando Ost bei der Schlacht von Tannenberg vom 26. bis zum 30.8.14. Hier schlägt er mit General Ludendorff die Russen in die Flucht und dieser zu einem Symbol aufgestiegene Sieg verhilft Hindenburg zu einer Karriere, die mit seiner Ernennung zum Präsidenten der Weimarer Republik ihren Höhepunkt erreichen wird, eine Stellung, die er später mit einer schicksalsträchtigen Entscheidung für die weitere Geschichte Deutschlands und der Welt benutzen wird: Der Ernennung Hitlers zum Kanzler 1933.

Julius aber kennt derweil in Hindenburg nur den bewundernswerten Heroen:

„Hindenburg, der deutsche Held
(oder: Ostpreußens Retter oder so ähnlich)

Neidvolle Feinde bedrängen allseitig das Deutsche Reich,
Keiner von allen jedoch kommt an Weisheit und Kraft ihm gleich.
Mächtig erwehrt er sich der zahlreichen Heere im Westen und Norden,
Da ins blühende Land des Ostens herein die Russen barbarisch horden.
Grausam zu rauben, zu plündern, erbarmungslos zu sengen, zu morden.
Wer bringt Hilfe, wer führt die Waffen zu siegen heran?
Hindenburg ist der rechte Mann.
Wo so fruchtreich blühte deutsches Leben im östlichen Prussen,
Haben wehrloses Land verwüstet und fühlen sich sicher die Russen.
Ganz in der Stille sammelt der Feldherr die tapferen deutschen Scharen,
Schließt mit ihnen ein die Feinde, so zahlreich sie auch waren,
Schlägt sie siegreich darnieder, den Rest treibt er zu Paaren.
Jubelnd durchhallt es das frohe deutsche Land,
Hindenburg befreite die deutschen Brüder aus Not und Brand.
Flucht sucht der Feind, doch wehe,
welch schreckliches Schreien und Klagen
Schallt ins Land und weit hinaus?
Die Flüchtenden mit Ross und Wagen
Sinken tief ein in weichem Grund im weiten Gebiet der masurischen Seen,
Sinken tiefer und tiefer, es hilft kein Rufen und Flehen,
Bald war's geschehen ums russische Heer, war keiner mehr gesehen
So hat den Schlachtenplan sich kühn und klug erdacht
Hindenburg mit überragender Geistesmacht.
Eilig wirft nach Süden das siegreiche Heer der Feldherr, in Polen
Gilt's zu zwingen den Feind zur Schlacht,
neuen Ruhm den Truppen zu holen.

Abermals ist es ihm im friedlichen Lande herrlich gelungen,
Hat er in gewaltigen Kämpfen unzählige Massen bezwungen,
Glänzenden Sieg zu aller Deutscher höchster Freude errungen
Fest steht sein Ruhm nicht nur in deutscher, nein, in aller Welt,
Hindenburg ist, auch die Gegner müssen's bekennen, ein deutscher Held.
Noch ist der Feind nicht ganz aus ostpreußischem Lande vertrieben.
Unerschöpflich an Zahl sind feindliche Massen noch diesseits der Grenze verblieben.
Frei sei Deutschland vom Feinde, die alten verstärkt der Führer mit neuen Heeren
Gibt, niemand wusst's, Befehl, sich 'gen Norden eilig zu kehren
Jagt die Russen siegreich hinaus, nicht konnten sie sich der Wucht erwehren.
Heil Dir, Befreier von Deutschlands Gauen und Masuren.
In die Zeiten hinein wird ruhmreich der Name Hindenburg dauern!" (23.2.15)

Papsch, der verkannte Schiller, der endlich seinen patriotischen Gefühlen uneingeschränkten, freien Lauf gewähren darf! Was Elfriedes Lehrer zu dieser Hymne kommentiert hat, bleibt unbekannt. Aber die Schülerin wiederholt keine Bitte dieser Art mehr an den poetischen Vater.
In anderen Briefen geht es eher um persönliche Probleme:
„Nun der Ausschlag ist auch weg, da war es gewiss gerade die rechte Zeit, dass ich gekommen bin. Nun musst Du aber auch fleißig baden, jede Woche 2 Mal, damit er nicht wiederkommt und Du schneeweiße Haut behältst, vielleicht auch mit milder Salbe einreiben." (19.5.15)
Die Hautprobleme werden wiederkehren. Pro Woche zweimaliges Baden ist doch wohl nicht ausreichend! Auch die Hautfarbe lässt zu wünschen übrig:
„Über den Teint machst Du Dir immer noch Sorgen? Ich will mal hören und schreibe Dir dann. Das ist ja nur „äußerlich" und geht auch noch weg." (18.1.18)
Welchen hohen Stellenwert dieses Thema inmitten der Kriegswirren für Elfriede besitzt, geht aus folgendem Satz hervor:
„Eddis erste Frage war: Was macht ihr Teint?" (13.4.18)

Eddi, zu Besuch mit seiner Mutter beim Vater in Oldenburg, vergisst nicht die alltäglichen Gespräche zu Hause über Elfriedes Aussehen.

Aber andere „Äußerlichkeiten" beunruhigen Julius hingegen doch:

„*Was machen denn die Frosthände? Sind wohl wieder schlechter geworden, wo kein Mädchen da war? Immer in heißem Wasser baden (nur auf Zeit für das Gesicht: heiße Kompressen machen!)*". (18.1.18)

Klagen über Frostbeulen sind in diesen kalten Wintermonaten des Krieges weit verbreitet, denn für das Spülen des Geschirrs und von Sonstigem in der Küche stand bestimmt nur eiskaltes Wasser zur Verfügung. Aber auch Männer bleiben von diesem Unheil nicht verschont: Der bereits zitierte Victor Klemperer, der in Anbetracht der Krankheit seiner Frau den eigenen Haushalt selber führen muss, leidet im Jahre 1934 ebenfalls darunter, obendrein in einer Zeit, in der nur ungenügend Kohlen zum Heizen vorhanden waren (vgl. V. Klemperer, „*Ich will Zeugnis ablegen bis zum letzten, Tagebücher 1933-1941*", Berlin 1995, S. 72). Klemperer schreibt hier: „*Die letzten Tage grauenvoll. Eva* (seine Ehefrau*), seit anderthalb Wochen zu Haus, fast immer bettlägerig, mit ihrer Nervenkraft zu Ende. Dazu die grausame Kälte - heute fror die Leitung im Badezimmer unterm schadhaften Dach zuschanden. Katastrophe der Ungewaschenheit. Meine Hände ganz und gar wund.*" Elfriedes Familie ging es anderthalb Jahrzehnte vorher bestimmt ebenso.

Über den Besuch des Braunschweiger Herzogspaares bei seinem Bataillon hatte Julius Emma zwar Bericht erstattet, nun beschreibt er ihn aber seiner Tochter von einem anderen Blickwinkel aus:

„*Ja, wenn Du mit dem Herzogspaar hier gewesen wärst, das wäre ja wundervoll gewesen, hättest ja die Hofdame ersetzen können, anstelle der Gräfin Bernsdorff, die mit war. Die Herzogin war reizend, sie hatte Schuhe, Strümpfe, Hut in derselben Farbe, mäusegrau (das habe ich aber nicht beobachtet, sondern ein anderer, der es erzählt hat); sie war sehr einfach, aber äußerst vornehm und geschmackvoll angezogen, hatte 2 Brillantringe (an jeder Hand einen) und 2 Armbänder (das weiß ich wieder von dem anderen), 2 große Brillanten in den Ohrläppchen habe ich gesehen, sonst interessierten mich mehr Gesichtszüge, Körperform, usw. Sie sah ganz reizend aus, viel voller, üppiger als sonst. Sie hat lange mit mir gesprochen. Bei Tisch saß links von mir Frhr. v. Lichtenstern, gegenüber Gräfin Bernsdorff. Na, wenn Du dabei gewesen wärst, wäre es gewiss noch schöner gewesen. Den Herzog nennt die Herzogin „Pol" oder „Podi", das ist die Abkürzung für Pudel, als Kind war der Herzog in Locken = Pudelkopf, konnte aber nicht Pudel sagen, sondern machte Pol, Podi daraus. Darum hieß er so. Einmal hat uns die Herzogin (die stets ihren photograph. Apparat bei sich hat) photographiert, dann der Herzog („du hältst ja ganz schief, nun mach doch zu", sagte die Herzogin zu ihm), dann noch Lichtenstern. Wir bekommen alle Bilder, auch die einzelnen Soldaten. Sie waren beide ganz reizend, wie schlichte Bürgersleute, die zu guten Freunden gereist sind."* (2.7.15)

In diesem Bericht verlauten Einzelheiten, die Elfriede bestimmt voller Stolz im Kreise ihrer Freundinnen erwähnen kann, vor allem unter der Angabe der intimen Quelle ihres eigenen Vaters. Dieser weiß sich, wie so oft, in die Interessensgebiete seiner Kinder zu versetzen und damit ihre Aufmerksamkeit zu packen.

Auch Kriegsvorkommnisse teilt er ihr mit:

„Die Bevölkerung ist da (Umgebung von Lüttich) sehr friedlich gesinnt, aber man ist ihnen tüchtig auf den Kopf gekommen. Vor dem Bajonett haben sie Heidenrespekt. Seit Januar ist nichts mehr vorgekommen, wo die eine Stadt 50.000,- Frank Strafe hat zahlen müssen und 12 Geiseln 48 Stunden draußen im Regen stehen mussten; besonders richten sich die Attentate gegen die Eisenbahn, die sie zerstören wollen, um unsere Truppentransporte zu stören."

Oder:

„Wir sitzen noch immer an der Grenze fest; unsere Wohnung ist der Eisenbahnzug, in dem wir zum dritten Male nächtigen werden, ohne die Uniform vom Leibe zu kriegen. Aber schön ist es doch. Soeben kommt vom Schlachtfeld ein Zug mit 900 Gefangenen, die von einem einzigen Infanterie-Bataillon 72 genommen worden sind. Donnerwetter, waren das Gestalten: Franzosen, Belgier, Engländer. Namentlich die letzten sahen ganz unheimlich aus, wie die reine Verbrechertruppe. Na, das Hallo im

Bahnhof könnt Ihr euch denken! Wir warten seit letzter Nacht 3 Uhr auf weiteren Marschbefehl. Unser braunschweigisches Inf.-Reg. 92 war stark im Feuer, leider (wir sprachen einen verwundeten Hauptmann) mit erheblichen Verlusten. Hoffentlich geht's bald vorwärts."

Diese Schilderung, die den bekannten Hass auf die Engländer beinhaltet, ist offensichtlich nicht nur an Elfriede gerichtet, sondern zur Lektüre für die ganze Familie gedacht.

Auf die gleiche Weise lässt er auch seine Mutmaßungen über den weiteren Kriegsverlauf verlauten:

„Hoffentlich kommt heute die große Niederlage der Russen, dass sie von der Weichsel zurückmüssen, dann wird sich Italien schon besinnen. Wenn I. neutral bleibt, sind wir im Herbst wieder zu Hause." (19.5.15)

Auch im folgenden Jahr bildet das Kriegsgeschehen Briefstoff für den Vater an die Tochter:

„Wie wir hier hören (von ungarisch diplomatischer Seite) sind wieder einmal Friedensverhandlungen mit Russland im Gange. Wenn sie nur dieses Mal Erfolg haben! Für Russland ist jetzt sicherlich der beste Augenblick dazu: einige Erfolge gegen bisher haben sie errungen, mehr haben sie nicht zu erwarten, höchstens das Gewonnene wieder zu verlieren, also wäre die richtige Zeit da. Hoffen wir! Wenn aber die Osttruppen hier sind, geht's natürlich im Westen Hals über Kopf auch mit den Franzosen zu Ende. Wie wir dann mit den Engländern fertig werden, soll es uns zunächst kalt lassen." (26.8.16)

Der Vater erzielt nun sogar „Erfolge" mit seiner Tochter auf dem militärischen Gebiet:

„Ich habe mich sehr gefreut, dass Du so schönes Zutrauen zu unserem Heer hast, dass wir die scheußlichen Rumänen unterkriegen. Wenn das schnell geht - und es muss eigentlich schnell gehen -, so braucht der Krieg darum nicht länger zu dauern. Ist Rumänien erledigt, werden die Russen zum Sonderfrieden geneigt sein. Im Westen können wir jetzt nicht viel erreichen, sondern müssen alle Kraft gegen Osten werfen. Die Österreicher müssen wir sich selbst überlassen. Wir können ihnen in Siebenbürgen nicht helfen; aber die Rumänen können große Heeresmassen dort nicht riskieren, da die Gefahr für sie von Süden aus kommt, also kann es in Siebenbürgen nicht schlimm werden,

und die Österreicher werden sie hier schon an einer kürzeren Strecke aufhalten können. Die Bulgaren werden auch wutentbrannt es erzwingen wollen, den Krieg auf Rumäniens Boden zu tragen. Also ruhig abwarten. Zu Ende müssen wir bis Weihnachten kommen, ehe der eigentliche Winter da ist. Wir werden's sonst wirtschaftlich kaum durchhalten, zumal wenn's nicht aufhört zu regnen. Esst Euer Fleisch in den Gläsern aber ruhig auf, schicken kann ich schon wieder, eher als Butter." (5.9.16)

Die historische Ursache für Julius' Kommentare liegt in der Kriegserklärung Rumäniens am 27.8.16 an Österreich-Ungarn, woraufhin die deutsche Armee am 1.9.16 das Feindesland überrennt. Bereits im Dezember ist Rumänien tatsächlich besiegt, womit der ganze Balkan außer Griechenland von den Mittelmächten besetzt ist.

Über ein Jahr später immer noch die gleiche Siegessicherheit und Bezeugung des immerwährenden Hasses an die Engländer:

„Wie verlautet, soll ja im Februar wohl unser Angriff losgehen. Es heißt, wir wollen die Engländer zum Bewegungskrieg veranlassen, den sie nicht verstehen (es fehlt an der Führung). Hoffentlich geht's dann schnell." (18.1.18)

Dieser erste Weltkrieg charakterisiert sich gerade durch das Gegenteil. Es handelt sich – zumindest an der Westfront - um einen Stellungskrieg, in dem die Regimenter kaum vom Fleck kommen, und um Abnutzungs- oder Materialschlachten, in denen die Ressourcen Mensch und Material in schieren Unmengen verbraucht werden. Eine Art Bewegungskrieg entsteht erst in den letzten Kriegsmonaten, in denen die verachteten Engländer die ersten Panzer einsetzen und damit die in Panik geratenen deutschen Soldaten in die Flucht jagen, nicht gerade die Vision, die sich Julius von dieser Kriegswende gemacht hatte.

Julius' Geburtstagswünsche lauten fast stereotypisch:

„Nur armselig schriftlich kann ich dieses Deines Tages gedenken. Nur was soll ich Dir wünschen, Herzenspipsch? Na, dass Dein großer Bruder und Dein Papsch bald wieder gesund und für immer daheim sind! Nicht wahr, das ist das Allerschönste? Dass Ihr wieder hübsch Musik miteinander macht und ich fein zuhöre. Und sonst kommt ja alles von selbst: im nächsten Jahre wirst Du noch mehr stattlich und schön, eine richtige Dame, die

recht viel gelernt hat und viel kann. Nur hübsch gesund sollst Du bleiben zur Freude Deiner Eltern und Geschwister." (18.8.15)

Julius fördert stets die Familienzusammengehörigkeit, schmelzt die Mitglieder aneinander, verleiht ihnen das Gefühl für die anderen da sein zu müssen, gebraucht zu werden. So auch in Beziehung auf die Mutter:

„Seid recht nett und brav zu Mama, damit sie die Trennung leichter erträgt." (23.2.15)

Diese Ermahnung wiederholt Julius des Öfteren. Er lobt die Kinder auch für ihre Bemühungen auf diesem Gebiet:

„Mama ist in der Fledermaus? Das ist ja recht lieb von Dir, Pipsch, dass Du Mimsch einmal hinausgeschickt hast, damit sie auch einmal lacht und ihre Soldaten vergisst." (26.1.16)

Natürlich sieht er sich selber auch inmitten seiner Familie:

„Ich freue mich schon drauf, auch die schöne Wohnung mitgenießen zu konnen, die nun wirklich „standesgemäß" sein muss nach Deiner Schilderung."

Elfriedes Ansprüche beginnen sich bemerkbar zu machen!

Julius unterlässt es nicht zu wiederholen, wie sehr er sich nach Hause sehnt, vor allem zur Weihnachtszeit:

„Da bin ich nun gar nicht dösig geworden, als ich Eure vielen lieben Briefe gelesen habe, sondern habe große Freude dabei empfunden, auch etwas Wehmut ist mir dabei ins Herz geschlichen. Muss ich doch diese Weihnachten wieder fern von Euch sein und kann mich nicht mit Euch freuen. Vorige Weihnachten ging das schon noch leichter, da sagte man sich: Es ist nur einmal und bald sind wir wieder mit unseren Lieben zusammen, aber nun ist das doch das zweite Mal, und wann die Heimkehr kommt, wer weiß es?" (13.12.15)

Der sentimentale Vater hat sich gehen lassen, aber gleich fasst er sich wieder und bringt zweifelhaft wertvolle Ideen:

„Doch was nützt da Heulen und Zähneklappern? Wir müssen die schuftigen Feinde auf die Knie zwingen, und wenn es auch noch ein bisschen dauert, nieder sollen sie auf unabsehbare Zeiten! Das soll unseren Kindern und Kindeskindern so leicht nicht wieder geschehen, dass sie solchen niederträchtigen Krieg zu führen gezwungen werden! Ich denke, das meinst Du auch, lieber Pipsch."

Oh weh, oh weh! Sucht Julius vielleicht nach einer

Rechtfertigung für den Krieg beziehungsweise für sein Fernbleiben? Er bringt jedenfalls eine sehr tendenziöse Sicht des Geschehens. Auch am 26.1.16 ist seine Auffassung nicht weniger martialisch:

„Wir sind im Westen kolossal stark, ungeheuer viel Artillerie ist dort, 12 Stellungen hintereinander. Wahrscheinlich lassen wir die Franzosen im Frühjahr angreifen, lassen sie sich die Schädel einrennen und brechen dann an einer Stelle durch. Dann wird ja wohl Schluss werden, aber es wird auch viel Opfer kosten."

Will er der Tochter den Eindruck von Stärke und damit Sicherheit vermitteln, damit sie sich nicht ängstigt? Seiner Frau schreibt er nicht in solch einem aggressiven Stil, welcher ihm bei dem Mädchen angebrachter erscheint. Somit schreibt er ihr auch.

„Es ist jetzt wieder aller Urlaub gesperrt bei uns, wahrscheinlich kommen große Truppentransporte durch, oder es geht los im Westen. Ein paar Fühler haben wir ja schon ausgestreckt und den Herren Feinden gezeigt, dass wir bereit sind." (26.1.16)

Julius immer noch in seiner Siegessicherheit und Überlegenheit.
Weiterhin berichtet er Elfriede Einzelheiten von seinen Aufgaben, wo er doch im Allgemeinen auf diesem Gebiet eher schweigsam und zurückhaltend zu sein pflegt:

„Die zweite Kompagnie ist jetzt bei mir. Ich habe jetzt etwas mehr zu tun. Es ist jetzt Typhus in der Bevölkerung, da muss ich nachschauen, ob richtig desinfiziert wird und „die Maßnahmen zum Schutze der Truppen" treffen. Das hat seine Unannehmlichkeiten, weil man dabei auch mal einem belgischen Arzt auf die Hühneraugen treten muss. Auch ein Bataillon hatte einen Typhusfall, den hatte sich der aber aus dem Urlaub von zu Hause mitgebracht. Die hiesigen Fälle sind durch Überschwemmung der Maas entstanden. (Es ist gestern schon wieder ein neuer gemeldet)."

Offensichtlich übernimmt er in Ermangelung eines Tierarztes auch dessen Funktion:

„Noch bin ich nicht zu Hause, kommt der Fleischbeschauer hinter mich her geeilt, damit ich mir eine geschlachtete Kuh ansehe, die tuberkulös ist und sie beanstande."

Nicht genug damit:

„*Mitten im Schreiben werde ich ans Telephon gerufen, wo der Gouverneursarzt mich sprechen will, damit ich nachsehe, ob eine Schule in einem Vorort, der aber gar nicht zu meinem Bezirk gehört, wegen einer Masernepidemie auch wirklich geschlossen ist; anderntags muss ich schon wieder hin, da die Belgier in ihrer Zeitung übertriebene Angaben über die Masern - die Schule war zur Hälfte vom Militär belegt gewesen - gemacht hatten und der Herr Generalgouverneur in Brüssel zufällig diesen Artikel gelesen hatte und näheren Bericht befahl. Also mache ich zahlenmäßige Erhebungen. Dabei ergaben sich Schwierigkeiten, weil sich der Herr stellvertretende Schuldirektor in seiner belgischen Frechheit - die Herren werden so, weil man zu versöhnlich mit ihnen umgeht - auf die Hinterhaken setzt. Na, der wird sich wundern!*"

Julius kann sich wegen fehlender Abwechslung im Beruf nicht beklagen! Aber seine Voreingenommenheit den Belgiern gegenüber bleibt bestehen. Mit der Zeit entsteht eine merkwürdige Verwirrung in ihm:

„*Die Kritik über Albim Nagel in Gent habe ich im Belgischen Kurier gelesen. Man weiß bald nicht mehr, dass man in Feindesland ist.*" (26.1.16)

Aber zu seinen Behandlungsmethoden gehört eine, die uns heutzutage eher erschaudern lässt:

„*Ich behandle jetzt den Hofkapellmeister elektrisch (er hat Nervenschmerzen oberhalb der Augen und im Rücken, ist auch sonst sehr nervös)*". (18.1.18)

Dann mal wieder eine Beschreibung seiner Unterkunft:

„*Von meinem Quartier willst Du was wissen? Na, groß genug ist es, etwa wie unser Eßzimmer, hat auch ganz gutes Bett mit weißer Wäsche, 1 großen Büffetschrank, 1 Spiegelschrank zum Aufbewahren meiner Eßsachen, der noch 1 große Puppe, Damenhüte und dergleichen in sich birgt, einen einfachen Schreibtisch mit Aufsatzbord, 1 große z. T. verschlossene Kommode mit noch größerem Spiegel in vergoldetem Rahmen darüber, noch 1 Wandspiegel mit einem selbstgezimmerten (von früheren Truppen hier) kleinen, unangestrichenen Waschtisch - darauf eine Emailleschüssel zum Waschen und darüber 1 Marmeladenbüchse als Wasserkanne - schließlich noch 1 vierter Spiegel über der Kanne, der zur Hälfte ein verschrumpeltes Ölbild ist mit einem Schäfermotiv, wo ein Jüngling die schlafende Jungfrau mit einem*

Halm an der Wange kitzelt, dann noch ein ovaler Sofatisch mit Tischdecke, ohne Teppich, 2 Rohrflechtstühle, ein uraltes, unbrauchbares Sofa, ein Nachtschränkchen, ohne Gardinen, mit zerrissenen Tapeten und einem ab- und kaputtgetretenen Fußboden, aus dessen Löchern wohl nächtens ein Rattenkopf herausschauen wird. Dabei trampeln mir so 30 Artilleristen mit ihren schweren Kanonen stiefelnd auf der Decke herum, die aber auf dem Boden liegen, rechts und links Pferdeställe. Und das ist so noch das beste Quartier hier mit, wie es einem alten Stabsarzt zukommt. Lt. A. und der Zahlmeister liegen zusammen in einem ¼ so großen Zimmer wie meins ist. Ja, das ist so die „große Kulturnation", Anklänge älteren besseren Wohlstandes mit zeitlichem Druck und Verfall ohne Verständnis für Komfort und Bequemlichkeit. Das solltest Du nur mal sehen, dann würdest Du vielleicht gleich in Ohnmacht fallen. Aber sonst ist's immerhin noch ganz gemütlich, wenn auch in krassem Gegensatz zu Eurer schönen Behaglichkeit." (15.4.17)

Eine sehr detaillierte Schilderung, die Elfriede zu spüren gibt, wie ernst er den kleinsten ihrer Wünsche nimmt. Er zeigt sich ihr auch mal von einer nicht so positiven Seite:

„Wie mir Mutti schrieb, hat E.G ihre Verlobung wieder aufgehoben. Nun ist Deine schöne Aussicht auf die Hochzeitsfeier wieder dahin, das ist ja nicht erfreulich; aber in dieser Zeit hat's auch sein Gutes. Wir sparen viel Geld, was? Ich sehe vor mir Dein Gesicht. Was wir so materiell denken?" (13.10.17)

Ein Vorwurf, den sich vielleicht sehr viele Eltern in allen Zeiten von ihren Kindern anhören müssen.

Julius vergisst aber nicht, Elfriede gebührend Lob auszusprechen:

„Deinen hübschen herzquickenden Brief muss ich immer wieder lesen."

Oder:

„Deinen wunderschönen Brief muss ich Dir ganz danken, er hat mich mit heller Freude erfüllt. Das mach nur öfter so. Deine Erlebnisse als Lehrerin müssen ja köstlich gewesen sein. Natürlich will ich Dich nicht als Berufslehrerin haben, das weißt Du doch. Musst Deinem Papsch doch später kochen und Strümpfe stricken und schön Klavier vorspielen." (28.10.15)

Das Thema Heiraten bzw. ledig bleiben und den Papa

begleiten, haben ihren festen Platz im Briefverkehr mit der heranwachsenden Dame, obgleich in der wilhelminischen Zeit die *„Ehe auf individuelle Entscheidung gegründet (*war)*, nicht auf Arrangement elterlicher Familien, denn die Ehe sollte auf Liebe gegründet sein, nicht sollte wie früher Liebe eine Folge erst der Ehe sein"* (s. Nipperdey, ebd., S. 50*)*. Und dennoch unterstand *„die Frau als Tochter wie als Ehefrau der Autorität des Vaters und Ehemanns"* (s. Nipperdey, ebd., S. 46). Julius missbraucht offensichtlich seine Macht nicht und bringt das Thema Heirat in vielen Variationen:

„So freust Du Dich über die Spitzen? Da bin ich wirklich neugierig, wie schön Ihr damit aussehen werdet. Natürlich müsst Ihr auch nun Kleider dazu haben, und den Brautschleier hätte ich Dir gar zu gern gekauft, für 5-600 Mk. gibt's da wunderbare Sachen (die sonst wohl 1.000,- Mk. wert sind). Aber in diesen bösen Kriegszeiten? Noch ist ja auch der Bräutigam nicht da, dazu hast Du auch noch manches Jährchen Zeit, wenn Du nicht vorziehst, bei Deinem lieben Papsch zu bleiben!!" (20.11.15)

Julius verspürt wohl Angst, dass seine Tochter keinen Lebenspartner finden wird und möchte ihr ein Törchen offen lassen, damit sie ohne Scham die Niederlage einstecken und zu Hause bleiben kann. Denn im Grunde genommen ist die *„Norm des Erwachsenen, verheiratet zu sein"* (s. Nipperdey, ebd., S. 44). Aber immer noch benötigt die Tochter die Zustimmung des Vaters für eine Eheschließung, *„bis 1900 bis zum 25. und seither bis zum 21. Jahr"* (s. ebd., S. 50). Und auf der anderen Seite packt Julius Elfriede immer wieder von der weiblichen Seite, hier mit den Spitzen und dazugehörigen Kleidern, im Brief über das Herzogspaar mit ähnlichen Äußerlichkeiten, wie Farbkombinationen und Schmuck. Zu dieser und vielleicht zu jeder Zeit war *„ein reales Ziel des bürgerlichen Mädchen- und Frauenlebens auch Eleganz, Schönheit und Repräsentation – die Familie war nicht nur Innenraum, sondern auch Raum von gesellschaftlichem Erfolg"* (s. Nipperdey, ebd., S. 73).

Berufsmäßig stellt er auf jeden Fall weder hohe Erwartungen noch Ansprüche an sein einziges Töchterchen:

„Also, Du kochst jetzt? Das ist ja einzig. Und Freude macht's Dir auch? Da kann ich ja ganz beruhigt sein für die Zukunft und mich aufs Nachhausekommen umso mehr freuen... Du

siehst zugleich, dass es doch gar nicht so übel ist, eine tüchtige Hausfrau zu werden und dass häusliche Arbeiten doch auch Spaß machen und Befriedigung schaffen. Also tüchtig so weiter. Die Musik wird ja auch nicht zu kurz dabei kommen." (15.1.16)

Anscheinend hatte Elfriede sich doch andere Ziele gesetzt und die gleichen Argumente genannt, die die Frauenrechtlerinnen 60 Jahre später benutzen würden: die innere Befriedigung. Nur wird sie nie besonders lange bei einer Beschäftigung bleiben, ein wenig Musizieren, einige Vorlesungen an der Universität in Braunschweig besuchen und schließlich doch den einfachsten Weg gehen: Heiraten.

Dass nicht nur zu der damaligen Zeit an eine junge Frau keine zu hohen Ansprüche gestellt wurden, geht auch aus einem 30 Jahre späteren Brief hervor: *„Die Versetzung nach Untersekunda ist erobert und so hat sich der Fleiß Ursulas während der letzten Monate doch gelohnt. Es wird doch unerhört viel von den jungen Menschen verlangt. Hier auf der ausgesprochenen Jungenschule wird auf die Mädels gar keine Rücksicht genommen. Wer von ihnen nicht mitkommt, bleibt einfach hängen."*

Im April 1949, im Nachkriegsdeutschland, verfasste Worte eines besorgten Vaters, für den eine Ausbildung für ein weibliches Wesen aber immerhin einen Wert darstellt: *„Wir Eltern freuen uns mit Ursel, denn die Möglichkeit, ihr dieses Rüstzeug mitzugeben ist das Einzige, was wir dem Kinde aus unserer Lage heraus noch tun können."*

Der Realist Papsch hingegen, schätzt sein Töchterchen ganz anders ein, als diese von der Schule abgegangen ist:

„Es ist doch eigentlich besser so. Eine junge Dame muss doch auch einmal in die Welt und kann nicht immer auf der Schulbank bleiben." (12.8.15)

Nur bricht sie erst mal überhaupt nicht in die weite Welt auf, sondern bleibt im altbekannten Braunschweig, denn für sie kommt letztendlich einzig und allein die Ehe in Frage:

„Verlieb Dich nur nicht in einen schmucken Offizier, sonst geht am Ende die Kochschule für mich, den alten Papsch, doch noch verloren." (26.1.16)

Oder:

„Sonst verlobst Du Dich am Ende auch noch und ich habe das Nachsehen." (26.8.16)

Oder:

„*Vielleicht holt auch Dich einer, aber das wäre gar nicht fein für Deinen Papsch. Der hätte ja dann gar zu wenig von Dir, wo die 3 bösen Kriegsjahre schon dazwischen standen und uns trennten. Wenn Friede ist, wollen wir uns hübsch miteinander unseres Zusammenseins freuen, nicht wahr?*" (13.10.17)

Offensichtlich eine Appetit-Aversion-Haltung bei Julius: Sie soll einerseits schon heiraten, aber verlieren möchte er sie dennoch nicht. Vielleicht reicht sein Einfluss so weit, dass er Elfriede zum Zuhause-Bleiben überzeugen könnte.

„*Übe nur fleißig, dass Du Deinem Papsch schön was vorspielen kannst, wenn Du nun einmal nicht heiraten willst (was ich aber noch nicht glaube) und vergiss den Haushalt dabei nicht, sondern hilf Mutti hübsch.*" (5.9.16)

Aus welchem Grunde er seine Tochter nicht so schnell verlieren wird, weiß Julius indessen mit Genauigkeit. In Bezug auf einen jungen Leutnant schreibt er Elfriede.

„*Ob er Dein Geschmack ist, wage ich nicht zu behaupten bei Deinen Ansprüchen!*" (12.4.16)

Schon zu diesem Zeitpunkt also tritt Elfriedes exklusiver Geschmack zum Vorschein!

Es passt zu Julius, dass er keineswegs enttäuscht ist, als Elfriedes Versuch des Studierens scheitert:

„*Mit der Hochschule ist es nichts mehr? Na, ich hab es doch immer gesagt, dass es keinen rechten Zweck hat. Kannst ja auch zu Hause so viel studieren in Deinem hübschen Stübchen.*" (18.5.17)

Die Frage stellt sich, welchen Beruf sie hätte ergreifen können, denn *„nur der Beruf der Lehrerin... war Frauen zugänglich. Aber die beamteten Lehrerinnen waren an das Zölibat gebunden, Heirat bedeutete Ausscheiden aus dem Beamtenverhältnis"* (s. Nipperdey, ebd., S. 74). Immerhin „*waren 1907 über 70 % der unverheirateten Frauen erwerbstätig, aber nur 26 % der Verheirateten.... und wieder über 40 % der Verwitweten*" (s. Nipperdey, ebd., S. 77). Die Mehrzahl dieser Erwerbstätigen waren Tagelöhnerinnen oder im Dienstbotenbereich tätig. Man bedenke, dass Mädchen erst ab 1896 eine externe Reifeprüfung ablegen konnten und ab 1908 eine an einem Mädchengymnasium. Sehr allmählich setzte sich ein ordentliches Immatrikulationsrecht an Universitäten für Frauen durch. *"Im Jahr 1908 studierten bereits 1172 Frauen, wobei das Gros der Studentinnen den Beruf der Studienrätin anstrebte"* (vgl. Claudia Lilge, *"Frauen und Frauenkultur der Moderne"*, in W. Faulstich, Hrsg., *"Das erste Jahrzehnt"*, München 2006, S. 178). So modern Julius in vielen Aspekten erscheinen mag, so ist er zumindest in puncto Frauen von Rousseaus Lehren des *Émile* aus dem Jahre 1762 geprägt, der immer noch das Fundament der Erziehung darstellte: *"Die ganze Erziehung der Frauen muß daher auf die Männer Bezug nehmen. Ihnen gefallen und nützlich sein, ihnen liebens- und achtenswert sein, sie in der Jugend erziehen und im Alter umsorgen, sie beraten, trösten und ihnen das Leben angenehm machen und versüßen: das sind zu allen Zeiten die Pflichten der Frau, das müssen sie von Kindheit an lernen"* (zit. nach C. Lilge, ebd., S. 176). Diese Vorstellung widerstrebt Julius sicherlich nicht.

Daneben findet das Thema Musik seine ersten Erwähnungen:

"In unseren Bierlokalen in Lüttich, in denen fast nur Offiziere verkehren, höre ich ab und zu etwas von den Unterhaltungsorchestern, wie sie ja jetzt in den Kaffeehäusern auch in Braunschweig Mode sind; 1a ist das natürlich nicht, aber man wird mal abgelenkt." (20.11.15)

Der wahre Musikgenuss hat für ihn eine ganz andere Tragweite:

"Also da war ich im Wagner-Konzert, um auch einmal "Mensch" zu sein und von alten Zeiten zu träumen." (26.1.16)

Es erhebt ihn. Anschließend die Schilderung einer zeitgemäßen Reaktion im Publikum beim Spielen des Kaisermarsches:

"Als der Chor einfiel, erhob sich alles von den Plätzen, so dass ein feierlicher Anstrich sich ergab."

Wo er dann drei Wochen später von seinem jungen Fräulein eine eigene Musikkritik zugeschickt bekommt, schwelgt er begeistert über seinen Sprössling:

"Ganz entzückt bin ich von Deiner hübschen Kritik des Gehörten, die verrät doch schon ein recht gereiftes Verständnis; Du könntest ja schon für Zeitungen schreiben. Übe nur recht fleißig, es ist ein wundervolles Gut, Musik zu hören und zu

verstehen." (13.12.15)

Die Musikbesprechungen werden immer konkreter:

„Also die modernen Sachen magst Du auch nicht? Über Beethoven geht freilich nichts. Aber Du darfst an den Modernen auch nicht achtlos vorübergehen, da hast Du ganz recht; man muss sie kennen lernen als Zeitprodukte und das Körnchen Gutes, das darin ist, heraussuchen; zu lieben braucht man sie ja darum nicht." (12.4.16)

Wie immer gibt Julius sehr weise Tipps, an denen nichts auszusetzen ist. Der Stellenwert der Musik liegt darin begründet, dass sich in ihr *„die Deutschen sich selbst zu finden (*meinen*); mit ihr allein haben die Deutschen im Bereich der Künste international Geltung, ja bis zur Jahrhundertwende die Führung"* (s. Nipperdey, ebd., S. 741).

Leider kann sich Julius nicht damit brüsten, auf dem musikalischen Gebiet verwöhnt zu werden:

„Hier sitze ich ganz auf dem Trockenen. Musik gibt's nicht, abgesehen von unserer kümmerlichen Bataillonsmusik. Da ich aus der Reihe der Musiker wieder einige k. w. (kriegsverwendungsfähig) geschrieben habe, und die an die Front abgegeben sind, stellt sich der Ersatz einstweilen kläglich zurecht: Promenadenmusik auf dem Marktplatz. Die Anbeller erscheinen dazu aber noch nicht, sie munkeln! Wiewohl sie eigentlich deutsch sind, wollen sie von uns nichts wissen. Na, wir kriegen sie schon noch klein." (12.4.16)

Julius unterlässt es nicht, seine Hiebe auf die Feinde auszuteilen.

Und weiter geht es mit Elfriedes musikalischer Zukunft:

„Also eine Gitarre - Zupfgeige heisst's wohl besser. Nun musst' wohl noch schnell Gesangsunterricht haben, damit Du auch schön dazu singen kannst? Aber dabei den Haushalt nicht vergessen!" (27.5.16)

Aus der Gitarre wird wohl nichts, denn sie findet keine Erwähnung mehr, dafür gerät der Gesangsunterricht ziemlich in den Mittelpunkt, ohne dass auch er von Bestand sein wird. *„Musik ist mit bürgerlicher Bildung wie Geselligkeit und den Normen und Pseudonormen des Dazugehörigen eng verbunden, bei den Frauen vielleicht noch mehr als bei den Männern; auch der Unmusikalische muss Musik schätzen. Kaum je zuvor ist* *professionell wie nichtprofessionell so viel Musik gemacht und gehört worden"* (s. Nipperdey, ebd., S. 742). Diese Erkenntnis trifft für die Hampesche Familie perfekt zu!

Auch Bücher bespricht Julius näher mit seiner erwachsenen Tochter, womit er deutlich im Trend seiner Zeit liegt, in der die Lesegewohnheit zunimmt. *"Dies schlägt sich zunächst in den Zahlen der Bücherproduktionen nieder. 1875 erschienen 12.843 neue Buchtitel, 1851 waren es 8.326 gewesen, 1910 waren es dann 30.317"* (s. Nipperdey, ebd., S. 753).

Julius schreibt:

"Ich lese ein Buch von Otto Ernst, "Asmus Sempers Jugendland". Ernst wird ja viel angegriffen, aber ich finde, das einfache Kinderleben ("Roman einer Kindheit") ist wundervoll poetisch ausgestattet. Später kaufen wir uns für unsere Bücherei die Fortsetzung, "Semper, der Jüngling", ein Bildungsroman, und "Semper, der Mann." (13.10.17)

Julius erzielt mit seinen Musikbesprechungen höhere Zielsicherheit als mit seinen Buchbesprechungen. Die von ihm empfohlene Lektüre ist nicht erstrangig, obwohl zu seiner Zeit populär.

Einmal passiert es dem stets umsorgenden Papa, dass er den Geburtstag der geliebten Tochter vergisst:

"Nun ist Dein Geburtstag vorüber und Ihr habt schön gefeiert – ohne Deinen lieben Papsch, der so gern bei Euch gewesen wäre – aber an den Geburtstag natürlich gar nicht gedacht hat. Einige Tage vorher freilich, da ist mir so ein Lichtstrahl in mein geistiges Auge gefallen, aber inmitten der Unruhe hier wieder erloschen. Und Ihr habt mich natürlich hineinlegen wollen: keine Seele verrät sich... Den Geburtstagsbraten schicke ich nun hinterher. Er wird Euch wohl auch noch schmecken. Andere Geschenke habe ich aber nicht als Butter noch zum Brot. Na, das alles ist in der jetzigen Zeit mehr wert als Tand und Schmuck. Der Ansicht bist Du ja auch." (22.8.16)

Der 18-Jährigen bleibt nichts anderes übrig als sich seiner Meinung zu fügen, aber Brüsseler Spitzen haben sie schon einmal voller Freude erfüllt! Und dieser Geburtstag, den er so leichtsinnig vergessen hat, ist gerade der 18., ein so außerordentlich wichtiger Anlass für die Familie in Braunschweig, ihn, den damaligen

Usanzen entsprechend, öffentlich in der Zeitung zu verkünden:

„Deine Zeitungsnotiz betreff Deines Geburtstages hatte ich wohl gesehen und bei ihrem Anblick schon gefürchtet, ihn vergessen zu haben. Da es aber 8 Tage zu früh war, bin ich nachher – ich habe natürlich öfter daran gedacht – doch darüber hinweggekommen." (26.8.16)

Eine ganz schöne Blamage für den verehrten Papsch!

Während Julius bei Gerold so viel auszusetzen hatte, wie Schrift und Rechtschreibung, so übt er bei Elfriede nie Kritik aus; er äußert lediglich seine Meinung, gibt Anleitungen:

„Du musst immer deutsch schreiben. So schreibst Du viel schöner und auch leserlicher ist die deutsche Schrift als die lateinische, weil letztere zu wenig Buchstaben über und unter dem Strich besitzt, z. B. „s" statt „ß"; durch die langen Buchstaben wird die Schrift übersichtlicher. Deshalb hat man ja auch unsere Schriftart erfunden und zusammengestellt aus deutscher und lateinischer, welche letztere wieder den Vorzug der runden Buchstaben hat, die sich schneller schreiben lassen. Du schreibst die deutschen Buchstaben aber auch recht hübsch." (5.9.16)

Julius' eigene Schrift entspricht nicht seinen Maßregelungen: Leserlich ist sie überhaupt nicht, sondern im Gegenteil, sie ist, wie bei einem Arzt zu erwarten, nur schwer entzifferbar. Womit wieder bewiesen ist, welche Diskrepanz doch zwischen Ideal und Wirklichkeit bestehen kann.

So wie er bei Gerold Einfluss auf seine Auswahl von Freunden ausüben möchte, ebenso versucht er es bei Elfriede:

„Dass Du die Damen K. und B. eingeladen hast, hat mich sehr gefreut. Ich halte es überhaupt für angebrachter, wenn Du Dich mehr zu Freundinnen aus studierten Kreisen hältst. Die Anschauungen sind doch eher gleich oder ähnlich, und Du hast manche Anregungen davon. S. kann Dir nichts geben. Man muss danach trachten, immer möglichst höher hinaufzusehen oder wenigstens neben sich, um zu lernen, nicht aber sich mit denen unter sich zu begnügen, sich abzufinden; auf die Dauer ist Letzteres nichts, da es nicht anregt, eher unbefriedigt lässt."

Kein besonderer Geistesblitz, sondern ein Gemeinplatz, den viele Eltern ihren Kindern oder sich selber einzuhämmern versuchen. Es ist klar, was ihm vorschwebt: Elfriede soll in die besseren Kreise der Braunschweiger Gesellschaft aufgenommen werden. Ein anderes Mal wieder ein Tipp für die Privatsphäre:

"Ganz allein sein darfst Du nicht. Freundinnen musst Du haben, da Du doch auch was mitbringst; mit Deinem schönen Klavierspiel kann das ja auch nicht schwierig sein. Natürlich muss auch Zeit fürs Haus bleiben, musst Mama unterstützen." (19.2.17)

Obwohl er Elfriede nie schimpft, wiederholt er seine Forderungen:

"Nicht vergessen, Mama zu helfen und sie ein bisschen zu trösten, sie hat es schwer genug."

Elfriede weiß überhaupt nicht zu schätzen, wie gut es ihr mit der häuslichen Arbeit ergeht. Zwecks Erhöhung der Rüstungsproduktion war am 15. Dezember 1916 das unpopuläre „Gesetz über den vaterländischen Hilfsdienst" erlassen worden, das den Arbeitszwang beinhaltete. Mehrere zehntausend Belgier wurden dadurch zum Arbeitseinsatz nach Deutschland verschickt, im Osten ging es ähnlich zu. *„Ferner ging man zunehmend dazu über, mehr als zuvor Frauen zu Rüstungsarbeiten heranzuziehen; der Anteil weiblicher Beschäftigter in der Rüstungsindustrie, der 1914 noch bei 7% gelegen hatte, stieg dadurch bis 1917 auf 35%"* (s. Grevelhörster, ebd., S. 91).

Bei Abwesenheit der Mama soll Elfriede sogar Sonderaufgaben übernehmen:

"Wir schicken Dir einen Marmeladeneimer mit Johannisbeeren, die sofort eingekocht werden müssen (Saft von kochen)." (4.8.18)

Genauer heißt es dann aus der Feder Emmas, die gerade mal bei Julius zu Besuch weilt:

"Nun seid Ihr gewiss mit den Johannisbeeren fertig und habt hübsch Saft bekommen, nicht wahr? Ich war sehr froh darüber, dass mir Frau K. 11 Pfund abgab." (8.8.18)

Keine geringe Leistung für die 20-Jährige nebenbei noch Saft zu kochen, eine Tätigkeit, bei der sie ihrer Mutter wahrscheinlich schon Jahre lang geholfen hat. Aber nicht nur der Mutter soll sie beistehen:

"Was macht der Gerold? Übt er, macht er ordentlich seine Schularbeiten? Halt ihn nur ständig dazu an, dass er vorwärts kommt. Musst ihm ins Gewissen reden, wie schön es sei, wenn er später was Ordentliches kann und ich meine Freude daran habe. Ihr müsst mich doch mit besonderer Liebe entschädigen für diese

scheußlichen Kriegsjahre, wo ich so wenig oder nichts von Euch Lieben habe. Ist's nicht so?" (8.12.16)

Julius kann es nicht lassen, Druck auszuüben. Ob die Liebe zum Vater als Motiv stark genug ist, damit Gerold seine Hausaufgaben anfertigt, ist fraglich, aber der Gedankengang einer Zielsetzung für Gerolds Tun ist bestimmt psychologisch richtig. Ein Jahr später immer noch die gleiche Besorgnis:

„Wie steht's denn mit Gerold? Kümmere Dich man wieder um ihn und arbeitet zusammen. Auch Latein wird notwendig sein. Aber sine ira et studio! Immer ruhig Blut dabei behalten. Zum Lehren gehört Ruhe, sonst wird der Schüler ängstlich und verbiestert. Das Griechisch begriff er ganz gut. Dann kriege ihn nur zum Cello ran. Musst ihn einfach auffordern: komm her, wir wollen zusammen üben. Seid immer recht nett miteinander, dann kommt Ihr am weitesten." (18.1.18)

Ob Elfriede nicht langsam überfordert ist in ihren verschiedentlichen Aufgaben? Auf jeden Fall schafft Julius das Verantwortungsgefühl füreinander innerhalb der Familie. Julius sucht ständig die Nähe seiner Kinder, trachtet danach, ein inniges Verständnis ihres Denkens und ihres Wesens zu erreichen. Er stellt fest, wie nahe ihn das Briefeschreiben an seine Kinder rückt:

„Solchen schönen, langen Brief hast Du mir geschenkt! Das war recht lieb von Dir. Es ist doch ganz gut mal wieder, dass ich fern von Euch bin, sonst bekäme ich ja nicht so hübsche Briefe und wüsste nicht Bescheid um das Innenleben meiner Lieben. Deine Musikbegeisterung hat mich sehr beglückt. Du scheinst ein sicheres musikalisches Empfinden zu haben und hast nun, wo Du selbst mit gut vorgeschrittenem Instinkt die Möglichkeit hast, tiefer einzudringen in Geist und Sinn der Werke, erst den rechten Genuss beim Anhören dieser. Es ist deshalb für mich von großem Wert, dass Du „Deinem Herzen mal ordentlich Luft gemacht" hast, da ich doch nun nach diesem Herzenserguss mein Töchterchen erst recht beurteilen kann. Das mach durchaus öfter so, dann haben wir beide Genuss davon und durch die Niederschrift der Gedanken und Empfindungen hast Du länger dauernden, nachhaltigen Gewinn von dem Gehörten. Wenn Du nicht mein süßes Töchterchen wärst, möchte ich Dich fast beneiden. Denn so hohen künstlerischen Genuss habe ich nicht, da es mir zu sehr an Instinkt fehlt, der erst vollkommenes Durchdringen der Werke ermöglicht.

Ein neuer Ansporn für Dich, immer noch vollkommener Dich zu gestalten, denn man müsste sonst sehr viel und oft die Werke hören, wollte man so weit kommen bei gutem musikalischen Verständnis wie die vollendete Musik einem leichter die Wege ebnet. - Das Urteil Frl. K.s über Dein Können hat mich sehr entzückt, denn so möchte ich es haben." (19.1.17)

Julius erwartet nicht nur hohe Leistungen von seinen Kindern, er geizt auch nicht mit Lob oder äußert sein Vertrauen in ihr Können:

"Und die Meistersinger hast Du vorgespielt? Ging denn das? Aber natürlich." (13.11.17)

Oder:

"Wie ist denn neulich das große Vorspielen bei Frl. K. ausgefallen? Natürlich tadellos, was Dich betrifft."

Aber auch allgemeines Vertrauen möchte er zwischen sich und seiner Tochter hergestellt wissen:

"Wie mir Mutti schreibt, ist Dein R. S. nun auch gefallen. Armes Pipsch, nun ist das auch wieder nicht vom Geschick bestimmt gewesen. Seid Ihr Euch denn wirklich näher getreten gewesen? Sei nur nicht traurig... Nun kannst Du ja ruhig darüber Dich aussprechen, nicht wahr?" (7.12.17)

Wie vielen Mädchen ist es in Europa während des Krieges nicht ähnlich ergangen? Wie viele junge Hoffnungen waren nicht mit einem Male zerschlagen? Auch für Elfriede ist dies nicht der einzige Fall von Herzensleid:

"Inzwischen könntest Du ja Gesangstunde nehmen. Wenn Du bei Frl. W. magst, so sage nur Mutti, ich wäre einverstanden. Versuchen können wir es ja einmal. Dann hast Du auch wieder Abwechslung und Befriedigung. Sein muss es ja doch. Hast Du mit Deinem Freund P. mal darüber gesprochen? Vielleicht kommt Deine Neigung zu ihm doch noch. Brich nur den Verkehr nicht ab. Über die Zukunft brauchst Du Dir keine Sorgen zu machen. Das Heiraten braucht ja nicht gleich zu sein. Wenn ich erst wieder daheim bin und meine Praxis ausübe, hat es wohl keine Not. Ums Geld wird er Dich wohl nicht lieben? Ich will Dir natürlich nicht zuraten. Du musst Dich selbst prüfen. Aber Du weißt ja - wir sprachen schon darüber - mit der „Liebe" ist es ein eigen Ding. Mit 29 Jahren, wie er, ist man ja auch nicht mehr so leidenschaftlich. Eine Ehe, auf gegenseitiger Achtung gegründet,

gibt oft eine noch sicherere Grundlage, wenn gemeinsame Interessen, ein geistiges Band, vorhanden ist. Nur nicht gleich abbrechen! Wenn's auch nichts mit der Heirat werden sollte, so könntet Ihr doch zunächst gute Freunde sein und bleiben. Ein solcher Verkehr ist ja auch für Dich anregend; umso unbefangener, desto besser. Ihr habt ja beide noch Zeit. So Junggesellenmanieren – was sind es denn für welche? – schleifen sich allmählich schon ab. Oberlehrer sind ja leicht ein bisschen pedantisch, vielleicht ist er das. Doch ein wichtiger Hinderungsgrund wäre das nicht. Na, nur nichts überstürzen. Was dann kommen soll, kommt schon allein." (18.1.18)

Hier ist nicht mehr oberflächlich von einer Phantomfigur als Ehemann die Rede. Es hat sich ein konkreter Anwärter eingestellt, und der Vater mischt ganz schön mit. Er kann es sich offensichtlich erlauben, ohne der Gefahr ausgesetzt zu sein, von seiner Tochter abgewiesen zu werden. Sie nimmt seine Gedankengänge bestimmt sehr ernst und wohlwollend auf. Das Thema wird ihn auch einige Wochen später noch beschäftigen:

„Was ist mit Deinem Freund P.? Ist es denn so schlimm? Musst mir mal erzählen, wie das eigentlich war. Sei nur nicht zu böse, wenn er doch wirklich verliebt ist, sei nicht zu hart mit ihm, so lange er es ehrlich meint. Kannst ihn ja doch in Schranken halten. Nur nicht gleich Feindschaft machen. Oder ist es schon ganz aus? Geschrieben habt Ihr Euch nicht mehr. Du musst ja freilich wissen, wie es um Dein Herz steht, aber Du kennst ja auch die Zeitverhältnisse. Raten kann ich Dir ja nichts in solchen Sachen. Du brauchst ja aber auch wohl keinen." (22.2.18)

Julius möchte immer noch ein Törchen offen wissen, einen sicheren Hafen für seine Tochter kennen, sozusagen die Sicherheit einer Lebensversicherung für sie besitzen. Gewissenhaft wie er ist, macht er sich voll Sorge Gedanken über ihre Zukunft. So gelangt er auch über die Glückwünsche zum 20. Geburtstag zum Thema der Heirat, wobei er zuerst in fernen Erinnerungen schwelgt:

„20 Jahre sind es ja nun. Wie warst Du ein kleines Würmchen vor 20 Jahren, als Du da ankamst an einem recht süßen Augustabend, von der Welt gar nichts wissen wolltest, sondern immer die Augen fest geschlossen hieltst. Und danach, das ganze erste Jahr lang, so still und artig. Ja, du warst recht wonnig mit Deinen schon langen kohlschwarzen Haaren, aus denen ich schon

einen Scheitel kämmte. Nun, schau Dich mal an, wie ich Dich auf dem einen Bild so im Arm habe. Und als ich mit Mutti ein Jahr später aus dem Harz zurückkam, während wir Dich bei der Großmutter allein zurückgelassen hatten (es waren aber nur höchstens 8 Tage!), da konntest Du allein, ganz allein laufen und kamst uns so entgegen, das war Omas Stolz! Erst machtest Du große Augen und wolltest Mutti gar nicht erkennen. Dann aber brach die Erinnerung sich Bahn und Du stürzest freudig auf sie los, sie zu umarmen. Ja, Du warst ein kleines süßes Püppchen. Nun bist Du ein stattlich Fräulein, eine junge Dame. Könntest wohl heiraten und auch solch süße Püppchen haben! Na, soll ich sie Dir wünschen zu Deinem Geburtstage? Ja, lass es mich man tun. Es ist doch besser, Frau und Mutter zu werden. Also, einen recht guten und hübschen - einen klugen natürlich - in jeder Art zu Dir passenden Mann wünsch ich Dir von ganzem Herzen! Es ist doch wohl auch Dein Herzenswunsch...? Nun, sei nur recht vergnügt, lass keine Grillen und Sorgen aufkommen im Kreise Deiner 14 Freundinnen, die hoffentlich nicht darben werden, sondern sich wohl satt essen können an Euren selbstgebackenen Kuchen. Ich werde mit meinen Gedanken den ganzen Tag bei Dir weilen." (18.8.18)

Eine rührende Schilderung aus dem Kleinstkindesalter, wohlgemerkt aus dem Munde eines Vaters, nicht der Mutter. Wieder ein Beweis für die Stärke der Gefühle bei Julius. Diesmal entspricht der Geburtstagswunsch bestimmt den Vorstellungen Elfriedes, nur wird sie nie eigene Kinder in die Welt setzen können; dieser Segen bleibt ihr versagt.

Seiner Tochter gegenüber kann er sich nochmals erlauben, rührselig zu werden:

„Möchtest Du nicht in diesem schönen Schlosse wohnen? Wundervolle französische Bücherei. Auch ein Babybettchen ist darin, das unseren alten Papsch ordentlich gerührt hat." In der nächsten Zeile dann zeigt er sich aber sofort wieder von der männlichen Seite: *„Wir haben wieder Ordnung geschaffen."*

Die geistige Nähe zu seiner Tochter führt Julius sogar dazu, von einer Art von Gedankenübertragung zu sprechen:

„Unsere Briefe haben sich gekreuzt: Ein Zeichen, dass wir beide das Bedürfnis hatten, miteinander zu plaudern." (17.10.17)

Noch mehr als bloße Kommunikation bedeuten ihm die

Lebenszeichen seiner Tochter:

„Nun ist auch heute Dein lieber Geburtstagsbrief angekommen, der ja ganz köstlich ist und mich aus dem Lachen gar nicht herauskommen ließ." (22.3.15)

So wie Julius nun einerseits das Seelenleben seines Kindes in Erfahrung bringt, so scheut er nicht davor zurück, sein eigenes darzulegen:

„Nun will ich aber endlich Deine zwei lieben Briefe beantworten. Zeit dazu hätte ich wohl schon gehabt, aber es fehlt oft am rechten Trieb, an der richtigen Muße, an der Stimmung. Jetzt macht mir Helmut wieder Sorge. Sage aber nichts zu Mutti, dass sie sich nicht ängstigt. Sein langes Schweigen ist doch verdächtig. Sicherlich ist er wieder im Felde und hat vielleicht Postsperre, sonst hätte er doch wohl geschrieben." (13.11.17)

Julius nimmt Elfriede zu Hilfe fast als seine Seelsorgerin, mit der er ein Geheimnis teilt. Er weiß, inwieweit die junge Frau im Gegensatz zu seiner Gemahlin belastbar ist. Diese konspirative Haltung ist nicht einmalig:

„Jetzt schreibe ich auch nur Helmuts wegen. Er hat doch wieder Blutungen gehabt und jetzt wieder eine schwere, die die Überführung zu dem Facharzt nötig gemacht hat. Sage nur Mutti nichts davon. Es muss ziemlich böse gewesen sein, auch höheres Fieber ist wieder eingetreten. Dazu schreibt der Kommerzienrat, dass nach Aussage der Pflegerin er viel grübelt, gedrückter Stimmung ist und offenbar Heimweh hat. Es muss also jemand von uns mal für einige Zeit hin. Da denke ich an Dich, lieber Pipsch. Ihr beide versteht Euch ja gut. Du kannst ihm vorlesen und was erzählen. Dann wird er wohl wieder ruhiger. Ich hoffe, dass der Kommerzienrat sich Deiner annimmt. Ich habe heute an diesen geschrieben wegen einer Pension für Dich, usw. Vielleicht lässt sich's machen. Es ist ja nicht so einfach in dieser Zeit mit der Ernährung für Dich. Aber 1-2 Wochen wird's schon mal gehen. Was meinst Du dazu? Kannst Du das auf Dich nehmen? Mutti kann ja doch nicht längere Zeit."

Wie erwachsen muss sich doch Elfriede fühlen! Wie viel Vertrauen setzt doch ihr Vater in sie! Und alles hinter Mamas Rücken, die später selbstverständlich eingeweiht werden soll. Aber so wie er die Mutti oft ein wenig betrügt mit seinen Auslegungen der militärischen Funktionen ihres Sohnes, so tut er es ebenfalls mit Elfriede, die gleichermaßen um ihren heißgeliebten Bruder bangen würde:

"Was Helmut schrieb (JKF.) heißt wahrscheinlich „Jagdkommandoführer". Was das ist, kannst Du Dir ungefähr denken: Soviel wie Stoßtrupp, Sturmtrupp. Daher auch wahrscheinlich der Kurs. Aber soll ja nicht so gefährlich sein, wie es aussieht. Sie machen den ersten Ansturm und ziehen sich dann gleich wieder zurück, nachdem sie überrascht haben, während den Hauptangriff dann die Übrigen machen müssen." (21.1.18)

Ob Elfriede so naiv ist, dieses wohlgemeinte Märchen zu glauben, dass ihr Brüderchen nicht höchsten Gefahren ausgesetzt sei? Wohl kaum.

Ein weiteres Mal wieder das Aussprechen der innerlichen Verfassung des Arztes:

„Hast wohl schon lange meinen Antwortbrief erwartet? Ja, es will nicht immer so passen, wenn auch Zeit genug da ist; die Stimmung muss auch dabei sein, meinst Du nicht auch? Nun schicke ich Euch wieder was zum Futtern, wenn alles gut geht, damit Ihr auch einen Geburtstags- und Hochzeitstag-Festbraten habt. Ja, Pipsch, die Zeit geht hin. Es ist schon der 21. Hochzeitstag. Man wird allmählich alt, und Kriegsjahre zählen doppelt. Doch es wird ja nun wohl mit dem Kriege zu Ende gehen, noch 3 Monate und wer weiß, wie es dann aussieht. Futtert nur tüchtig, so viel es geht, dass Ihr nicht schwach und krank seid, wenn ich heimkomme." (19.2.17)

Im Jahr 1917 bahnen sich die Depressionen bei Julius an, aber er wird immer darauf aus sein, sie nicht ständig durchsickern zu lassen, um seine Familie nicht mit seinen Sorgen zu belästigen oder zu belasten. Und dennoch:

„Ja, es ist schade, dass Du nicht mit hier bist. Ich bin immer noch in miesepetriger Stimmung. Zu zweien wäre es entschieden erfreulicher, aber ich glaube doch, für Dich reichlich langweilig." (18.1.18)

Aber dann doch die Aussicht auf ihren Besuch und die innige Freude, die er auslöst:

„So freust Du Dich? So recht viel? Dass Du kommen sollst? Nun, dann geht es ja gar nicht anders. Ich freue mich auch, wir wollen hübsch beisammen sein, das umso schneller und leichter die böse Zeit meiner Trennung vom Hause hingeht."

(22.2.18)
Aber nachdem sie ihn wieder verlassen hat, erlebt er wie gehabt einen Tiefpunkt:

"Meine Stube kommt mir so öde und leer vor, es fehlt mir was. Vor dem Alleinsein graut mir ordentlich. Das Essen hat gar nicht so gut geschmeckt wie sonst. Nun will ich nochmals bei W. vorsprechen, um den Abend nicht allein zu hocken, sonst werde ich melancholisch (eigentlich bin ich es schon). Ich freue mich wenigstens mit Euch allen zusammen, Euch so hübsch beieinander zu wissen. Helmut muss doch auch seine ungetrübte Freude haben." (26.4.18)

Wer kann denn besser seine Gemütslage erkennen als Julius selbst! Und die Medizin gegen seine Melancholie verschreibt er sich auch gleich: Unter Menschen gehen. Daneben immer die positive Haltung seiner Familie gegenüber: Sie soll genießen, wenn es ihm schon nicht gegönnt ist.

Nach der Bestätigung von Elfriedes wohlbehaltener Ankunft in Braunschweig fast ein Liebesbekenntnis:

"Das ist ja schön, dass Du glücklich gelandet bist. Ich habe Dich im Geiste ständig auf Deiner Reise verfolgt und mir ausgemalt, wo Du nun seist und wie es Dir wohl ginge. Abends konnte ich gar nicht allein sein, ich ging zu W." (28.4.18)

Knapp einen Monat später noch keine Besserung in seiner Stimmung:

"Es ist recht lieb von Dir, Deines einsamen Papschs zu gedenken. Ich glaube auch, dass Du wohl wiederkommen musst. Meine Gemütsverfassung bedarf allerdings einer Aufbesserung. Doch schließlich – aber ich will Dir nichts vorjammern." (24.5.18)

Und er tut es ja doch, ihr etwas vorjammern! Der noch nicht 20-Jährigen! Aber die Lasten müssen in dieser harten Zeit verteilt werden, wenn schon 18-Jährige ahnungslos in den Krieg und damit oft in den Tod ziehen.

Julius wird im November 1918 das Ende des Krieges erleben, die Heirat seiner Tochter 1922 und vieles mehr, bis er 1931 dieses Erdenleben verlässt. Am 25. April 1931 erscheint ein Nachruf in der *"Braunschweigischen Landeszeitung"*, in der Zeitung, in der er so viele Veröffentlichungen gebracht hatte:

"Am 23. April starb im 61. Lebensjahre der Nervenarzt Dr. Hampe, eine Persönlichkeit, die ihrer menschlich hervorragenden

Eigenschaften wegen in weiten Kreisen hohe Wertschätzung genoss, insbesondere dadurch, dass Dr. Hampe den Gedanken der Humanität warmherzig verfolgte und überall, wo der nun Verstorbene seinen Einfluss geltend machen konnte, für diesen Gedanken warb und ihn nach Möglichkeit in die Tat umsetzte. Namentlich hat sich Dr. Hampe als langjähriger Vorsitzender des Braunschweiger Tierschutzvereins große Verdienste um Tierschutz und Tierpflege erworben. Seine unermüdliche Tätigkeit auf diesem Gebiet hat erheblich dazu beigetragen, dass frühere Missbräuche beseitigt wurden. Wenn Dr. Hampe von irgendwelchen Notständen in Bezug auf Tierbehandlung hörte, so scheute er sich nicht, sich unverzüglich auf den Weg zu machen und persönlich einzugreifen, wo es nottat. So ist das in den letzten Jahren durch den Tierschutzverein geschaffene Tierheim in der Abtstraße wesentlich sein Werk. Der Heimgegangene war früher auch eine Reihe von Jahren lang Vorsitzender des Naturwissenschaftlichen Vereins gewesen und hat außerdem auch tätige Anteilnahme für Heimatgeschichte und Heimatschutz gezeigt."

Und am 17. Februar 1932 wird anlässlich des 50. Jubiläums des Braunschweiger Tierschutzvereins in der gleichen Zeitung seiner gedacht:

„Im Jahre 1912 übernahm dann der Nervenarzt Dr. J. Hampe den Vorsitz. Er hat 19 Jahre den Verein in unvergleichlicher Aufopferung und Treue geführt. 1914 wurde er auch in den Vorstand des Reichsverbandes des Deutschen Tierschutzvereins gewählt. Dr. Hampe gründete den Landesverband, zu dem auch die Tierschutzvereine in Wolfenbüttel, Schöppenstedt und Bad Harzburg gehörten. Auf verschiedenen Tagungen hielt er wissenschaftlich hervorragende Vorträge über Tierpsychologie, die seinen Ruf im Kreise der Tierschützer begründeten. Seiner Anregung folgend, wurden tüchtige, bewährte Tierpfleger in Stadt und Land durch Anerkennungsschreiben ausgezeichnet und manche Tierschützer mit Preisen erfreut. An Tierschutzkalendern wurden über 16.000 Stück jährlich vertrieben."

Bibliographie

W. Faulstich, Hrsg., „*Das erste Jahrzehnt*", München 2006

C. Gispert, Hrsg., „*Historia Universal*", Band 4, Barcelona 1998

L. Grevelhörster, „*Der erste Weltkrieg und das Ende des Kaiserreiches*", Münster 2004

S. Haffner, „*Von Bismarck zu Hitler*", München 1987

J. Hampe, „*Über die Prügelstrafe*", Separatdruck aus Sexual Probleme, Zeitschrift für Sexualwissenschaft und Sexualpolitik, 5. Jahrgang, 4. Heft, April 1909

J. Hampe, „*Beitrag zur Psychologie des Aussage*", Sonderdruck aus „*Klinik für psychische und nervöse Krankheiten*"

V. Klemperer, „*Ich will Zeugnis ablegen bis zum letzten, Tagebücher 1933-1941*", Berlin 1995

V. Klemperer, „*Curriculum Vitae*", Berlin 1996

J. Kocka, Hrsg., „*Bürger und Bürgerlichkeit im 19. Jahrhundert*", Göttingen 1987

B. Lilge, „*Erziehung zum Krieg im Deutschen Kaiserreich*", München 1997

E. Ludwig, „*Wilhelm der Zweite*", Berlin 1926

E. Ludwig, „*Entretiens avec Mussolini*", Paris 1932

H. Mann, „*Der Untertan*", Ulm 1983

H. Mann, „*Professor Unrat*", Düsseldorf 1976

G. Mai, *„Das Ende des Kaiserreichs"*, München 1997

A. Miller, *„Am Anfang war Erziehung"*, Frankfurt 1983

W. Mommsen, *„Bürgerliche Kultur und künstlerische Avantgarde 1870 – 1918"*, Frankfurt 1994

Th. Nipperdey, *„Deutsche Geschichte"*, Band I, München 2013

R. Ponickau, *„Der Alkohol im Weltkriege"*, Hamburg 1919

E. M. Remarque, *„Im Westen nichts Neues"*, Köln 1998

K. Rusky, Hrsg., *„Schwarze Pädagogik"*, Frankfurt 1993

H. Schmid, *„Die Heerführer Deutschlands und der Alkohol im Kriege"*, Berlin 1927

A. Schulz, *„Lebenswelt und Kultur des Bürgertums im 19. und 20. Jahrhundert"*, München 2005

W. Uhlig, *„Der Alkohol im Felde"*, Hamburg 1920

M. Zeidler, *„Chronik der Stadt Braunschweig"*, Braunschweig 1980

S. Zweig, *„Die Welt von gestern"*, Stuttgart 1981